中华现代学术名著丛书

墨学源流

方授楚 著

2017年·北京

图书在版编目(CIP)数据

墨学源流 / 方授楚著. —北京：商务印书馆，2015（2017.1 重印）
（中华现代学术名著丛书）
ISBN 978-7-100-11711-1

Ⅰ.①墨… Ⅱ.①方… Ⅲ.①墨家—研究 Ⅳ.①B224.5

中国版本图书馆 CIP 数据核字（2015）第 256647 号

所有权利保留。
未经许可，不得以任何方式使用。

本书据中华书局 1934 年版排印

中华现代学术名著丛书

墨 学 源 流

方授楚 著

商 务 印 书 馆 出 版
（北京王府井大街36号 邮政编码 100710）
商 务 印 书 馆 发 行
北 京 冠 中 印 刷 厂 印 刷
ISBN 978-7-100-11711-1

2015 年 12 月第 1 版　　开本 880×1240　1/32
2017 年 1 月北京第 2 次印刷　　印张 11¾

定价：35.00 元

出版说明

百年前,张之洞尝劝学曰:"世运之明晦,人才之盛衰,其表在政,其里在学。"是时,国势颓危,列强环伺,传统频遭质疑,西学新知亟亟而入。一时间,中西学并立,文史哲分家,经济、政治、社会等新学科勃兴,令国人乱花迷眼。然而,淆乱之中,自有元气淋漓之象。中华现代学术之转型正是完成于这一混沌时期,于切磋琢磨、交锋碰撞中不断前行,涌现了一大批学术名家与经典之作。而学术与思想之新变,亦带动了社会各领域的全面转型,为中华复兴奠定了坚实基础。

时至今日,中华现代学术已走过百余年,其间百家林立、论辩蜂起,沉浮消长瞬息万变,情势之复杂自不待言。温故而知新,述往事而思来者。"中华现代学术名著丛书"之编纂,其意正在于此,冀辨章学术,考镜源流,收纳各学科学派名家名作,以展现中华传统文化之新变,探求中华现代学术之根基。

"中华现代学术名著丛书"收录上自晚清下至20世纪80年代末中国大陆及港澳台地区、海外华人学者的原创学术名著(包括外文著作),以人文社会科学为主体兼及其他,涵盖文学、历史、哲学、政治、经济、法律和社会学等众多学科。

出版说明

出版"中华现代学术名著丛书",为本馆一大夙愿。自1897年始创起,本馆以"昌明教育,开启民智"为己任,有幸首刊了中华现代学术史上诸多开山之著、扛鼎之作;于中华现代学术之建立与变迁而言,既为参与者,也是见证者。作为对前人出版成绩与文化理念的承续,本馆倾力谋划,经学界通人擘画,并得国家出版基金支持,终以此丛书呈现于读者面前。唯望无论多少年,皆能傲立于书架,并希冀其能与"汉译世界学术名著丛书"共相辉映。如此宏愿,难免汲深绠短之忧,诚盼专家学者和广大读者共襄助之。

商务印书馆编辑部

2010年12月

凡　　例

一、"中华现代学术名著丛书"收录晚清以迄20世纪80年代末,为中华学人所著,成就斐然、泽被学林之学术著作。入选著作以名著为主,酌量选录名篇合集。

二、入选著作内容、编次一仍其旧,唯各书卷首冠以作者照片、手迹等。卷末附作者学术年表和题解文章,诚邀专家学者撰写而成,意在介绍作者学术成就,著作成书背景、学术价值及版本流变等情况。

三、入选著作率以原刊或作者修订、校阅本为底本,参校他本,正其讹误。前人引书,时有省略更改,倘不失原意,则不以原书文字改动引文;如确需校改,则出脚注说明版本依据,以"编者注"或"校者注"形式说明。

四、作者自有其文字风格,各时代均有其语言习惯,故不按现行用法、写法及表现手法改动原文;原书专名(人名、地名、术语)及译名与今不统一者,亦不作改动。如确系作者笔误、排印舛误、数据计算与外文拼写错误等,则予径改。

五、原书为直(横)排繁体者,除个别特殊情况,均改作横排简体。其中原书无标点或仅有简单断句者,一律改为新式标点,专名号从略。

六、除特殊情况外,原书篇后注移作脚注,双行夹注改为单行夹注。文献著录则从其原貌,稍加统一。

七、原书因年代久远而字迹模糊或纸页残缺者,据所缺字数用"□"表示;字数难以确定者,则用"(下缺)"表示。

目 录

自序 ··· 1
附言 ··· 4

上卷　墨子之生平及其学派

导言 ··· 7
第一章　墨子之身世 ··· 9
　一　姓名 ··· 9
　二　生地 ·· 13
　三　生卒年代 ··· 16
第二章　墨子之事迹 ·· 21
第三章　《墨子》书之考证 ······································ 45
第四章　墨学发生之背景 ·· 65
第五章　墨子之学说 ·· 78
　一　墨学之渊源 ·· 78
　二　墨子学说之体系 ··· 81
　三　墨子之政治思想 ··· 83
　四　墨子之经济学说 ··· 93
　五　墨子之宗教信仰 ·· 104

v

目 录

  六 墨子之根本精神 ················· 114

第六章 墨家之组织 ····················· 123

第七章 墨学之传授 ····················· 129

  一 墨子之教育 ····················· 129

  二 传授之情形 ····················· 140

第八章 墨学之进步 ····················· 156

  一 后期墨者之系统 ················· 156

  二 真墨、别墨与非墨 ··············· 157

  三 《墨经》之作者 ················· 163

  四 《墨经》之概要 ················· 166

  五 墨义之修正与发展 ··············· 168

  六 兼爱非攻之新解 ················· 179

  七 知识论与辩学 ··················· 182

  八 与他家之论难 ··················· 194

  九 实用科学 ······················· 204

  十 《墨经》释疑 ··················· 206

第九章 墨学之衰微 ····················· 208

第十章 墨学之复活 ····················· 218

下卷 墨子之姓氏国籍学说辨

第一章 驳墨子非姓墨说 ················· 237

  附录 驳墨为刑徒奴役说 ············· 248

第二章 驳墨子为印度佛教徒说 ··········· 251

  一 墨子非印度人论 ················· 252

  附 胡怀琛:《墨翟为印度人辨》 ······· 258

二 驳《墨翟续辨》………………………………… 264
第三章 驳墨子为印度婆罗门教徒说 ………………… 278
一 《墨子学辨》商兑 ………………………………… 278
二 评古史研究者之墨子国籍观 …………………… 298
第四章 驳墨子为亚拉伯回教徒说 …………………… 318

墨学余论

只要种子不死,无虑花果飘零
——方授楚和他的《墨学源流》 ………………… 黄蕉风 342

自序

予自弱冠读章太炎、梁任公、谭复生（嗣同）诸人著作，见其时时称道墨义，窃私心好之，而未暇钻研也。后得曹镜初《墨子笺》，于其评论墨家学说，虽所心折，而《墨子》原文，诠释甚略，颇难索解。迨读孙仲容《墨子间诂》，见其于奥晦讹夺之文，详为校释，昭若发蒙，最为快适。其时胡适之《中国哲学史》及梁氏《墨子学案》《墨经校释》诸书，先后刊布。一时风会所趋，讨论墨学，笺释《墨》书之作，时见于出版界。倘汇而集之，则其所有，不难充栋梁，汗牛马也。凡此诸家之作，于墨学皆有所见，有所明，而蔽亦随之：以《墨》书为墨子一人所著，其书又包罗万有，而备深湛广博之思；而其人救世捍患，更具坚苦卓绝之行；则视墨子为全知全能之天帝矣。此一蔽也。不察墨学发生之背景与其演变进步之经过，于其勃兴骤衰之理，无所了解，则视墨家如光彩炫目之彗星，乍视而终不复见，俨同神迹矣。此又一蔽也。墨家一宗，自有限界，他派若惠施、宋钘、公孙龙辈，不复稽其异同，均援之以入墨而张大焉；仿若"驱蛇龙而放之菹"，以示墨为深渊大泽。此又一蔽也。凡此三蔽，皆缘尊墨太过，考之未审耳。相激相荡，是生二种反响。恐墨夺儒家正宗之席而丑诋之，此一反响也。更有于墨学未能深研，徒从梁胡诸人之著作中，震惊墨家学说之高远，若河汉而无极，则疑为战国时代之中国所万万不能产生者，于是漫然曰，墨子非中国人也，禽滑厘非中国人也。虽游移,矛盾,不能自安其说,而终无以祛其所惑。此又一反响也。然则《墨》书虽复显于一时,而研究者之态度,或推之使高,或凿之使深,或进加诸膝,或退坠诸渊,其于取真求信之道,不亦相远矣乎？此则鄙心所不能自已,而欲有所言议也。

往年在湘,校课之暇,欲为《先秦诸子钩沉》,凡《汉书·艺文志》所著录诸子之书,其后亡逸者,则于先辈辑佚以外,更加搜采。其或《汉志》所未著录,在战国确成一家之学,有言论可以考见者,如告子、公孟子之类,广为搜讨,粗有撰述,亦未完成。然因此之故,则于诸子流别,及墨家与他宗之关系,略得比较研究之机会矣。民国十七年秋,任教沪上,友人发刊杂志,属为撰文。适胡寄尘怀琛发表墨子为印度佛教徒说,予乃先后草论五篇与之商榷。迨至无锡,教课有暇,复撰《驳墨子非姓墨》诸文。胡氏后以自知佛教徒之说为未安,乃改为婆罗门教徒说,予亦作《墨子学辨商兑》,继续讨论,惟未发表,此十九年事也。二十四年春,见卫聚贤《古史研究》第二集中,有其自作墨子为婆罗门教徒说及所收墨子为回教徒说,乃草《墨子果印度或亚拉伯人欤》一文,以献所疑。继念墨子国籍问题之臆说,所以层出不穷者,其症结所在,乃墨学源流不明也。暑假既至,爰尽屏他事,而撰《墨子之生平及其学派》一书,计自七月初著手,迨八月二十六日深夜始成。其间仅以院中襄理考试,评阅文卷,稍辍数日。而所寓居室,一楼逼窄,酷热如蒸,正午以后,常达华氏寒暑表百度,汗流脑胀,亦时检核陈编,执笔写缀。平日草百字短文,或吸纸烟二三支,始能脱稿,此时则尽废而不用。更值小儿女辈亦放假家居,尽日哗笑啼哭跳掷于左右,予亦不暇顾视。幸得脱稿,始觉如释重负也,此书既成,列为上卷,而就往时所作,加以沙汰,名曰《墨子氏籍学说辨》,列为下卷。不幸去春所草一文，因故遗失，乃更重写为二篇，一曰《评古史研究者之墨子国籍观》，一曰《驳墨子为亚拉伯回教徒说》，以成完帙。于是合上下两卷而名之曰《墨学源流》，即此戋戋之一束也。

忆近十年来，国难日深，而先父母亦于二十年及二十一年，前后弃养，家祸亦酷。哀抚育之劬劳与民生之多艰，校课之余，戚戚寡欢。而所以消永昼与长夜而稍纾我抑郁悲塞之胸怀者，无他娱乐，惟日于故纸堆中讨生活，藉以排遣。亦尝搜集春秋战国之典籍，妄欲于断代通史有所撰述，皆未完书。今此所谓《墨学源流》者，虽于困苦之中，粗有成就，未知于世果有何补益也！是以写成以后，藏之箧笥，初未尝即欲灾祸梨枣，重劳手民。惟间尝寄陈朋好，求其指摘疵病；而直谅多闻之友，或承是正文字，商定体例，更有怂恿问世，而任介绍出版者。此于乐成之美意，固未便过拂。且念曩所为《诸子钩沉》稿本，以变乱散失，不知化为灰烬，随风飞扬；抑漂沉海底，难以复钩？至今犹在萦想也。是书虽敝帚之微，亦复颇费心血；世变愈亟，来日茫茫，安可久置箧中，用以自累耶？况人苦不自知，有明足以察秋毫之末，而不能视己之眉睫者；予以人于墨学有所蔽，发愤而写是书；然则我之所蔽，又不知伊于胡底？用特觍颜布之，而期读者有以匡其阙失尔！至墨子之道，摩顶放踵以利天下，而救世之急；今内忧外患深矣，守御无方，利之无术。若腐心于区区文字之末，而曰此墨学也！是则辱我子墨子于地下矣！尤愚之所万不敢存此心，而惶悚无穷者也！

一九三六，四月二十四日方授楚

附言

一　墨家尚质而不文,今写此书,亦用质家言;故篇中于极尊敬之先辈与时贤,一律直书姓名,不用别号。惟下卷于姓名下,間系尊称之词者,亦不复追改。

二　下卷第二章及第三章之《墨子学辨》商兑内,或小有与上卷不同者,以上卷之言为准。

上卷

墨子之生平及其学派

导言

当二千四百年前,春秋战国递嬗之际,有一所谓"贱人"起于鲁,倡为学说,以教其时人民,而徒属充满天下,以为一时代之显学者,则墨翟其人也。墨子之学说,固陈义圆满,而其人格之伟大崇高,及所以救世之急者,不独在二千年之中国史中,无其俦匹,即求之世界史中,亦不一二觏也!徒以其学派在楚汉之际而微,至司马迁作《史记》,不能为之立传,乃于《孟子荀卿列传》附著云:

  盖墨翟宋之大夫,善守御,为节用。或曰,并孔子时;或曰,在其后。

一名史家为圣哲如墨子者记述生平,仅此二十四字草草缴卷,如无其他原因,则亦史迁之疏矣。自汉武以后,学术既为儒家所垄断,墨子之书,士人多不诵习,而熟闻儒家诋毁之辞,辅以庄氏剽剥之说,于是一孔之士,其意识之中,《墨》书尽属邪说,墨氏诚非人类,二千年中,学者之"倒霉",均无墨子若也。自清中叶以后,时势已异,汪中诸人出,于墨书稍加肄习,墨子事迹略事申理,然已负谤于时矣。迨后西学所渐日深,由孙诒让以及今人,多用新知以印证旧学,于《墨经》亦稍理董,然犹未得其十之五六也。惟谬说则因以益多,初学转生迷惑;后生欲探讨墨学者,未及披读本书,则疑问丛起：如墨子姓墨耶？非姓墨耶？名翟耶？非名翟耶？鲁人耶？非鲁人耶？抑印度人耶？亚拉伯人耶？此其氏籍方面也。其主张，创造耶？因袭耶？窃自印度之佛教耶？婆罗门教耶？抑亚拉伯之回教耶？此其学说渊源也。至墨学在中国社会"其兴也勃焉，其亡也忽焉"，如飘风，如暴雨，如光芒万丈之彗星，未收除旧布新之功，一逝而不可复见。此其盛衰之理，则亦人人所有疑问，虽有加以解释者，而未能切理餍心也。吾以此故，不自揣其陋劣爰述墨子之生平及其学派。

第一章 墨子之身世

一 姓名

墨子姓墨名翟,历来无异辞。自元伊世珍逞其妖妄之臆说,始云墨子姓翟名乌。清周亮工《因树屋书影》本其说,谓"以墨为道,今以姓为名,以墨为姓,是老子当姓老耶?"近人江瑔著《读子卮言》有论《墨子非姓墨》一章,亦以伊氏之说为一大证而推演者也。江氏之言曰:

> 《墨子》原书多称子墨子,夫称曰子者,皆尊美之词,不系于别号,即系于姓。然皆称曰某子,断无以子字加于姓之上者。若子思子,上子思二字合为孔伋之字,下子字乃尊称之词耳。唐宋以后去古日远,名称亦漓,始有以子字加于姓之上。若唐之刘禹锡,自称子刘子,宋之程颐,自称子程子,明之刘宗周,亦自称子刘子,于例绝无所据,于理更不可通。禹锡不学,无足深怪;程刘二氏为当世大儒,乃亦不免,此则因言宋学者绌于考据,故有此陋妄之称谓。秦汉以前则绝无之。自注,惟荀子书引宋钘语,或称子宋子,显为后人所乱列子书亦称子列子,然见于庄子者俱无之。今称子墨子,适与子思子之称同。若云墨为姓,则孔子

亦可称子孔子,庄子亦可称子庄子乎?

江氏虽列多证,此则其中坚所在。其以"子思子"为喻,则彼"疑墨子既发扬墨学,因而以墨自名,或别字为'子墨',故《墨》书亦称子墨子"江氏所以有此假定,或因"道藏"本《大取》篇有"天下无人,'子墨'之言也",而致疑。其实《墨》书言子墨子者百数,"子墨"仅此一见,孙氏《间诂》已据吴钞本改为子墨子矣。涵芬楼影印明嘉靖本亦正作"子墨子之言也",更可明白子墨子非与子思子同类也已。而所以使其疑墨非姓者,则误认秦汉以前,绝无加子于姓上以称子某子之例也。然自称"子某子"固两刘及程氏之陋妄,而谓秦汉以前无称"子某子"者,则江氏之陋妄或甚于程刘矣。《列子》书中常称子列子,此或晋人伪作,姑置不论。然《庄子》中称列御寇为子列子者五,一在《达生》篇,如"子列子问关尹曰";四在《让王》篇,如"子列子穷"等。江氏谓《庄子》内无称子列子者谬矣。(按《吕氏春秋·审己》篇言子列子者二,《观世》篇言子列子者三,《不二》篇言子列子者一。)《荀子》书中之子宋子,江氏武断为后人所乱,乃未观其义例所在也。荀子泛论宋钘,则称宋子,与宋钘之徒讨论,则称子宋子,其用显然不同。《天论》篇(第十七)"宋子有见于少,无见于多。"此与慎子老子墨子相提并论也。其次为《正论》篇(第十八)称子宋子者八。杨倞注云:"言此者盖以难宋子之徒也。"观篇中有言"二三子之善于子宋子者,殆不若止之,恐将伤其体也。"则杨氏之说确不可,易,岂得谓为后人所乱乎?且自《庄》《荀》二子外,《公羊传》言子沈子者三(一在隐十一年,一在庄十,一在定元年。定元年,《穀梁传》作沈子),言子公羊子者二(一在桓六,一在宣五),言子女子(闵元)子司马子(庄二十九)子北宫子(哀四年)者,各一。此皆"子某子"之明征,江氏何以置而不举耶?然此犹可曰,《公羊》晚出,至汉始写定,未必为秦以前所有也。战国时人之著作,《荀子》既有子宋子,《庄子》亦有子列子矣;《墨子》书于子墨子外,又称子禽子,禽滑厘非姓禽耶?《吕氏春秋》有子华子(今本《子华子》则宋人所伪造)。《庄子》亦有华子与子华子;《则阳》篇载"华子闻而丑之",《释文》,"华子,魏臣也。"《让王》篇载子华子见昭僖侯,以下文子列子例之,华固当为姓。《释文》引司马云:"子华子魏人也。"合两篇所述华子与子华子之思想言之,亦大略相同,当系一人而姓华者也。然则华也,禽也,宋也,列也,非秦汉以前,系子于姓,以称"子某子"之显例乎?然此虽出周代,或在墨子以后,其灼然知其在墨子以前者,《国语·越语》下,王孙雒称范蠡,一则曰"子范子!先人有言曰,无助天为虐!"再则曰"子范子!助天为虐不祥。"范明明为姓,且在春秋之末;以此而例墨书之"子墨子",墨之为姓,又何疑乎?至不称"某子",而曰"子某子",此语言演变之例也。春秋之世,尊称则曰子,弟子称师亦用之,如孔门称仲尼曰"子"是矣。师于弟子则直呼其名,或代称"尔汝",《论语》中其例甚多。战国则不然,师称弟子亦曰"子",呼为汝尔则甚不敬,孟子所谓"充无受汝尔之实"也。弟子于师,欲尊美之以示异于常人,不得不加以区别。故何休《公羊解诂》释子沈子云:"沈子称子冠氏上者,著其为师也。不但言子曰者,避孔子也。其不冠子者,他师也。"墨门称翟为子墨子,系子于墨,著其为师,与彼相类耳。江氏不达此理,疏矣!

江氏不独疑墨子非姓墨已也,且曰:

> 墨家诸人,无一称姓。……窃疑墨家之学,内则薄葬,外

则兼爱,无亲疏之分,无人我之辨,示大同于天下。……以宗族姓氏为畛域之所由生,故去姓而称号,以充其兼爱尚同之量,又与释氏之法同。……此亦墨氏之学所以独异于千古也。

此亦无据之妄言。按墨家诸子,其姓可考者,甚多。如禽滑厘之姓禽,此无可疑者;高石子自称曰石(《耕柱》篇),则高当为姓;公尚过自称曰过(《鲁问》篇),则公尚亦当为姓;胜绰,墨子称之为绰(《鲁问》篇),则胜亦姓也。此就《墨子》书中直接推证,知墨家未尝废姓也。更以此法推断,则夷之自称曰之,尊称则曰夷子,(《孟子·滕文公上》)是夷当为姓;徐弱自称曰弱,(《吕氏春秋·上德》篇)则徐当为姓;屈将子见胡非子,自称曰将,(《太平御览》卷496引《胡非子》)则屈亦姓也。《韩非子》言有相里氏、相夫氏、邓陵氏之墨,以与颜氏、孟氏、漆雕氏、仲良氏、孙氏、乐正氏之儒相对,而别于子张、子思之儒(均见《显学》篇),已足知相里、相夫、邓陵为姓。《庄子》则曰"相里勤之弟子,……邓陵子之属"(《天下》篇),以此互证,则相里邓陵之为姓,尚何疑哉!此皆自先秦古籍推证而得,灼然知其未废姓也。他如墨子弟子有高何,高孙子禽子弟子有许犯,索卢参;犯弟子有田系;墨家钜子有孟胜,腹䵍,田襄子;均当为姓名具备者。而曰墨家无一称姓,何江氏之不考耶!

江氏之说,讹谬矛盾,不可备录,(详下卷驳《墨子非姓墨说》)而今人不察,多信从之,如顾实之《汉书艺文志讲疏》,陈柱之《墨学十论》,钱穆之《墨子》,冯友兰之《中国哲学史》,及张纯一《墨子集解附录》是也。更有因此推演而谓墨子非中国人者,则胡怀琛之《墨子学辨》及卫聚贤之《古史研究》第二集,是也。习非几将胜是,故不惮其烦,一为辩之。

墨非姓之说既破,则吾人仍可结之曰:

> 墨子名翟,姓墨氏。按《墨子》书中,墨子常自称曰翟,则翟之为名,毫无可疑。江氏既谓墨家废姓,又误从伊氏之说,疑翟为姓,自相矛盾,已不足辩,《吕氏春秋·尊师》篇一称子墨子,《高义》篇称子墨子者三,称墨子者二,自称亦曰翟。此亦足证为姓墨名翟也。

二 生地

墨子之生地,亦自来传说不一:有以为宋人者,葛洪《神仙传》《文选·长笛赋》李注引《抱朴子》,《荀子·修身》篇杨注,《元和姓纂》。有以为楚人者,毕沅《墨子注序》,武亿《授堂文钞跋墨子》。而《吕览·当染慎大》篇高诱注,则独以为鲁人。最近则有以为印度人,更有以为亚拉伯人者,众说纷纭,果何者为可信耶?

按楚人之说,毕沅、武亿均由误解《吕览》高注,谓鲁人即是楚之鲁阳,而非鲁卫之鲁。考《贵义》篇称"墨子南游于楚,"若自楚之鲁阳往,当云游郢,不当云游楚。又称:"墨子南游使卫",若自鲁阳往卫,当云北游。《渚宫旧事》载"鲁阳文君说楚惠王曰,墨子北方贤圣人",其非楚人可知。(梁任公《墨子学案》说)宋人之说则以《史记》《汉书》均有墨翟宋大夫之语,因而误传。然墨子之止楚攻宋也,则"自鲁往",从孙诒让《墨子间诂》校改。"归过宋,天雨庇其闾中,守闾者不内。"均见《公输》篇。而《鲁问》篇则言"子墨子出曹公子于宋,三年而反睹。子墨子。"曰过;曰出而反,此均足以证墨子非宋人也。

鲁人之说,最得其实。孙诒让曰:

> 以本书考之,似当以鲁人为是。《贵义》篇云,"墨子自鲁即齐。"《鲁问》篇云,"楚王为公尚过束车五十乘,以迎子墨子于鲁。"《吕氏春秋·爱类》篇云,"公输般为云梯欲以攻宋,墨子闻之自鲁往,见荆王曰,臣北方之鄙人也。"《淮南子·修务训》亦云,"自鲁趋而往,十日十夜至于郢。"并墨子为鲁人之塙证(《墨子传略》)

张纯一更举证以实之曰:

> 《非攻》中篇,东方有莒之国者,莒在鲁东也。《贵义》篇曰"北之齐,至淄水,不遂而返",鲁在齐南也。……《鲁问》篇,鲁君与墨子问答者再,设非鲁人,何不云游于鲁见鲁君耶?又鲁人有因子墨子而学其子者,观此鲁人,必居距墨子不远。又鲁之南鄙人有吴虑者。冬陶夏耕,自比于舜,子墨子闻而见之;显见墨子居鲁北境,故曰南鄙;曰闻而见之,不甚远故也。……《备梯》篇,禽滑厘子事子墨子三年,子墨子甚哀之,乃管酒块脯寄于太山,灭茅坐之。太山即鲁北境也。……《淮南子·泛论训》曰:"总邹鲁之儒墨,通先圣之遗教。"凡此皆足为墨子是鲁国人之确证。(《墨子鲁人说》)

孙、张所举之外,墨子平日交接者如公输般辈,以鲁人为多,亦足为一旁证。然则墨子为鲁人,则铁案如山不可动摇矣!

其谓墨子非中国人者,以墨子之思想学说偶有与回教相似者,因附会为亚拉伯人。以墨子之思想学说偶有与释迦牟尼相似者,因附会为印度佛教徒;经数月之辩论,自知佛教徒之未安也,乃遁而为之辞曰,墨子,印度婆罗门教徒也。其实无丝毫证据,足以指墨子为外国人者。反之,其可证墨子非外国人。则不一而足。如《鲁问》篇载公尚过束车五十乘为越王迎墨子于鲁,墨子语公尚过曰:

> 抑越不听吾言,不用吾道,而吾往焉,则是我以义粜也。钧之粜,亦于中国耳,何必于越哉!

《吕氏春秋·高义》篇载墨子之言则曰:

> 若越王听吾言,用吾道,翟度身而衣,量腹而食,比于"宾萌",未敢求仕。……越王不听吾言,不用吾道,而受其国,是以义翟(粜)也。义翟,何必越?虽于中国亦可?按"宾萌"即"客民"也。

此与《论语》记柳下惠言,"枉道而事人,何必去父母之邦?"其意正同。若墨子为外国人而流寓于鲁,则越与鲁无甚分别,何民外越而内其所居之鲁国哉?即此足证墨子为鲁国之土著,而非流寓之外人也。(说详下卷《驳墨子为印度佛教徒说》《驳墨子为印度婆罗门人教徒说》《驳墨子为亚拉伯回教徒说》三章。)

三　生卒年代

墨子之年代，在司马迁时，已无可考，故为疑辞曰，或并孔子时，或在其后。近世汪中始事稽核，其言曰：

> 墨子实与楚惠王同时，其仕宋当景公昭公之世，其年于孔子差后，或犹及见孔子矣。《艺文志》以为在孔子后者，是也。……《非攻下》篇。言"今天下好战之国，齐晋楚越。"又言"唐叔吕尚邦齐晋，今与楚越四分天下。"《节葬下》篇言"诸侯力征，南有楚越之王，北有齐晋之君。"明在勾践称伯之后，秦献公未得志之前，全晋之时，三家未分，齐未为陈氏也。（《墨子》序：《述学》内篇三）

汪氏所定，本甚确当，而孙诒让《墨子年表》序则不以为然曰：

> 近代治《墨子》书者，毕沅以为六国时人，至周末犹存，既失之太后；汪中沿宋鲍彪之说，谓仕宋得当景公世，又失之太前；殆皆不考之过。窃以今五十三篇之书推校之：墨子前及与公输般鲁阳文子相问答，而后及见齐太公和，与齐康公兴乐，楚吴起之死；上距孔子之卒，几及百年，则墨子之后孔子盖信。审核前后，约略计之，墨子当与子思并时，而生年尚在其后。当生于周定王之初年，而卒于安王之季，盖八九十岁，亦寿考矣。

第一章　墨子之身世

梁启超《墨子年代考》于诒让所考稍有修正。曰：

> 孙氏作《墨子年表》，大段不谬。但是据《亲士》篇言吴起之死，则谓墨子至周安王二十一年犹存；此亦不确。胡适谓墨子决不及见吴起之死，谅矣。（《中国哲学史大纲》一四六页）……以吾所考证，则如下：
>
> 墨子生于周定王初年（元年至十年之间）约当孔子卒后十余年。
>
> 墨子卒于周安王中叶（十二年至二十年之间）约当孟子生前十余年。（《墨子学案》）

三说既不同，细数之，尚有其他种种拟议，然则孰可信耶？曰梁氏所考证，专以墨子所曾交接之人为根据，参伍其年代以求之者。盖书中所言及之事或有讹误，而所交接之人则多可信，其方法固甚善。惜其运用，未能精密，故其所考定之年代，仍有可议耳。

按墨子所曾交接之人，有公输般。般之年代虽难考。然《礼记·檀弓》言：季康子之母死，般请以机封。康子母卒年亦无考，但季桓子卒于鲁哀三年，不曰桓子之妻，明在哀三年以后也。康子卒于哀二十七年，其母卒当在前。《檀弓》又称：季康子之母死，陈亵衣。敬姜……命彻之。敬姜即《鲁语》"公父文伯之母，季康子之从祖叔母也。"敬姜行辈之尊而能临其丧，则年代不可太后，其在哀三四年至十年之间乎！梁氏假定其时般年十七八，必生于鲁哀初年，则似误矣。般之生年果如何？赵岐《孟子》注："公输子，鲁班，鲁之巧人也。或以为鲁昭公之子。"此说颇可信。昭公卒于敬王十年，至哀公十年即敬王三十五年，盖二十五年矣。昭公之子，公为公衍均见于《左传》，然昭公卒时仅五十一岁，其有幼子甚或遗腹子，亦可能也。是般之生年，最迟当为昭公之卒年。（孙氏《墨子传略》亦云："公输子当生于鲁昭定之间，至楚惠王四十年以后，五十年以前，约六十岁左右。"）迨季康子之母死最少亦十八九矣。若如梁氏所说"今假定墨子少于公输般二十岁，"则墨子之生年当为敬王三十年，（西纪前四〇九）而在孔子卒前十年也。至墨子之卒年，当在威烈王二十三年左右（西纪前四〇三）据《吕氏春秋·上德》篇吴起死时墨者钜子为孟胜。墨门祭酒禽滑厘不为钜子，则不独墨子已卒，即禽子亦必前卒矣。吴起死于周安王二十一年，梁氏定墨子卒年，仍嫌失之过迟。若依予所考定，则上距敬王三十年，为八十余岁。盖墨子必甚寿考，故后世言长生久视者引为同调，抱朴子亦列之《神仙传》。此所假定或于事实不相远也。按此所推定之生卒年代，亦不过大略如是，惟可以相信者，则似尚可移前，而不能再晚也。

兹将墨子行事，列为简表如下：

西纪	君主纪元		当时大事	墨子事略	次第
前490	辛亥	周敬王30	鲁哀公五年	墨子生于鲁（？）	一
488	癸丑	32	楚惠王元年		二
479	壬戌	41	孔子卒		十二
475	丙寅	元王元年			十六
前473	戊辰	3	越灭吴	《非攻中》篇言南则荆吴之王，北则齐晋之君。	十八
468	癸酉	贞定王元年	鲁哀公卒		二十三
465	丙子	4	越勾践卒	《鲁问》篇：越王请裂故吴之地以封墨子，或系勾践晚年事。	二十六

续表

西纪	君主纪元		当时大事	墨子事略	次第
464	丁丑	5	越王鹿郢元年	《鲁问》篇:公输般至楚为舟战器,亟败越人,墨子与论钩拒,当在此时。	二十七
455	丙戌	14	郑人弑其君哀公	《鲁问》篇:郑人三世杀其君,哀或即其一。	三十六
454	丁亥	15		《非攻中》篇:智伯攻中行氏范氏并三以为一家。	三十七
453	戊子	16	赵与韩魏灭智伯。	《非攻中》篇:智伯围赵襄子于晋阳,韩魏赵氏击智伯,大败之。	三十八
447	甲午	22	楚灭蔡	《非攻中》篇:蔡亡于吴越之间。	四十二
445	丙申	24	楚灭杞	《公输》篇:般为云梯将攻宋,墨子至郢见楚王,乃不攻宋。当在惠王灭杞之后。	四十六
440	辛丑	考王元年			五十一
439	壬寅	2	楚惠王五十年	《贵义》篇:墨子见楚惠王,王以老辞。《渚宫旧事》:惠王以书社封墨子,不受而归。	五十二
431	庚戌	10	楚简王元年灭莒		六十
425	丙辰	威烈王元年			六十六
423	戊午	3	斡武子伐郑杀幽公	幽公被杀或亦所谓郑人三世杀其君之一。	六十八

续表

西纪	君主纪元		当时大事	墨子事略	次第
412	己巳	14	田庄子伐鲁,攻葛及安陵。	《鲁问》篇:齐项子中三侵鲁地此或三侵之一。	七十九
411	庚午	15	齐伐鲁取都 田和继为相	取都或亦为三侵之一。《鲁问》篇:墨子见齐太王,当在此后。	八十
409	壬申	17	鲁穆公元年	《鲁问》篇:鲁君谓墨子曰,恐齐攻我,或即穆公。	八十二
408	癸酉	18	齐伐鲁取郕	取郕或亦三侵之一。	八十三
406	乙亥	20	魏灭中山		八十五
404	丁丑	22	齐康公元年	《非乐上》篇,齐康公与乐万,或其初年事。	八十七
403	戊寅	23		墨子或卒于此年以前。	八十八

第二章　墨子之事迹

墨子生平行事,旧史不详。今以《墨》书为主,参以其他有关之载籍,述其事迹如下:

(甲)盖出身于匠人

墨子之家庭如何,不可得而知也。然出身贫贱,始终为平民,则有可考《贵义》篇:

> 子墨子,南游于楚,见楚惠王。献书,惠王受而读之,曰,"良书也!"不用,使穆贺以老辞。穆贺见子墨子,子墨子说穆贺;穆贺大说,谓子墨子曰,"子之言则诚善矣,而君王,天下之大王也,毋乃曰'贱人'之所为而不用乎?"

墨子献书惠王,盖年逾五十矣,犹为贱人,则始终为平民可知。然观墨子之所辩护,则曰:

> 今农夫入其税于大人,大人为酒体粢盛,以祭上帝鬼神,岂曰贱人之所为而不享哉?或虽贱人也,上比之农,下比之药,曾不若一草之本乎?且主君亦尝闻汤之说乎?昔者汤将

> 往见伊尹,令彭氏之子御。……彭氏之子曰,"伊尹,天下之贱人也!……"汤曰,"非女所知也!……"因下彭氏之子,不使御。

由此则知当时所谓贱人,与后世良贱之分不同,凡士以下之庶民皆贱人也。故孔子为破落贵族,当其未得为士也,亦自承贱人,曰"吾少也贱,故多能鄙事。"《史记·仲尼弟子列传》亦言仲弓父贱人是已。

然则墨子果为何等贱人?农耶?工耶?奴隶耶?曰,殆工人也。《贵义》篇又曰:

> 子墨子南游使卫,关中载书甚多,弦唐子见而怪之。……子墨子曰,"昔者周公旦朝读百篇,夕见七十士;故周公旦佐相天子,其修至于今。翟上无君上之事,下无耕农之难,吾安敢废此?……"

是墨子之职业,既非官亦非农也。

《鲁问》篇云:

> 公输子削竹木以为鹊,鹊成而飞之,三日不下。公输子自以为至巧。子墨子谓公输子曰,"子之为鹊也,不如翟之为车辖。须臾刘(同斲)三寸之木,而任五十石之重。故所为巧,利于人谓之巧,不利于人谓之拙。"

是墨子实匠人中之车工也。然墨子究为工人出身之学者与社会改

革家,其工艺之精,视公输子之专业者,固有逊色。《韩非子·外储说左上》云:

> 墨子为木鸢三年而成,蜚一日而败。弟子曰:"先生之巧,至能使木鸢飞!"墨子曰:"不如为车輗之巧也,用咫尺之木,不费一朝之事,而引三十石之任;致远力多,久于岁数。今我为鸢三年成,蜚一日而败。"
>
> 惠子闻之曰:"墨子大巧,巧为輗,拙为鸢!"

以墨子之鸢与公输子之鹊两相比较,则高下自见。汉以后之书,有谓墨子技艺极巧者,盖傅闻之异,所谓"语增"也。

知墨子之为工人,则自《备城门》以下诸篇所载,不独深于战略,亦长于兵器,固无足异也。

(乙)受学于史角之后与儒者

墨子既为贱人,在古代则受学不易。幸春秋季年,已开私人讲学之风,尚得有所承业。《吕氏春秋·当染》篇:

> 鲁惠公使宰让请郊庙之礼于天子,桓王使史角往。惠公止之,其后在于鲁,墨子学焉。

按惠公与桓王不相值,二者必有一误。但自惠公至哀公,十三君十世;桓王至敬王十二君十一世。史角至墨子时,当亦逾十世矣。然则史角之后人,明非史官而以私人讲学也。《汉书·艺文志》因此谓"墨家者流,出于清庙之守",误已。但墨子之生,孔子尚在,墨子居鲁北境之太山,又与曲阜邻接,《孟子》所谓"去圣人之世,若此其未远也;近圣人之居,若此其甚也。"于墨子更为恰切,当然受其影响。《淮南子·要略训》:

> 墨子学儒者之业,受孔子之术,以为其礼烦扰而不悦,许注云,悦、易也。厚葬靡财而贫民,久服伤生而害事,故背周道而用夏政。

墨子是否用夏政,尚有问题,其背周道则诚然矣。盖孔子"从周",就周道而理想化之,墨子背周,则欲破攘而有所建立。然同出一源,则无可疑,观儒家习六艺,重《诗》《书》《春秋》,初期之墨家,亦喜征引《诗》《书》《春秋》,即其证也。

(丙)初讲学之时

墨子何时始授徒讲学?不易确定。然《非攻中》篇云:

> 饰攻战者言曰,"南则荆吴之王,北则齐晋之君,始封于天下之时,其土地之方,未至有数百里也,人徒之众,未至有数十万人也。以攻战之故,土地之博,至有数千里,人徒之众,至有数百万人;故当攻战而不可已也。"

是此主战派破墨子非攻之义,吴尚未亡也。故其始讲学之时,当在越未灭吴之日。孙诒让以墨子生定王初年,改荆吴之吴为越,曰

"墨子时吴已亡",殊非是。按《墨子》中言楚越者,如:

> 今天下好战之国,齐、晋、楚、越。《非攻下》
> 昔者楚熊丽始讨此睢山之间,越王系亏出自有遽,始邦于越,唐叔与吕尚邦齐晋。《非攻下》
> 南有楚越之王,北有齐晋之君。《节葬下》
> 譬之若楚越之君。《天志下》

皆楚越对举,未尝言荆越也。《大取》篇言:

> 诸以居运命者,若乡里,齐荆者皆是。

古人虽无四声之说,然对齐则言荆,对越则言楚,似与声调有关,则荆吴不得改为荆越也。且墨子之答此"饰攻战者,"则曰:

> 东方有莒之国者。……计莒之所以亡于齐越之间者,以攻战也。虽南者陈蔡其所以亡于吴越之间者,亦以攻战。《非攻下》

若吴已亡,则但言越可耳。与齐越对言而称吴越,明吴尚在也。然则墨子之倡非攻,必在越未灭吴,正其少壮之时也。盖战争之反对,除一二野心之家外,本民众所同然。是以晋楚会诸侯之大夫于宋,以谋弭兵,在周灵王二十六年(西纪前五四六)乃墨子降生以前五十六年也。墨子生时,各国战事愈烈,故仅依常识,即可非之,不必有甚深之研究,此非攻一义,所以首倡欤!《墨子》之书,非翟自著,乃后人编辑,《非攻》中此段自为起讫,下段言吴之亡,以为戒,又自为起讫,盖非墨子一时之言也,不可泥。

墨子在少年,即从事倡导,年寿又高,宜其学之有成,而显于当世也。

(丁) 居鲁

墨子为鲁人,与鲁之政府,则关系殊少。盖墨子背周道,而鲁则周代文化之代表也。且周尚亲亲,墨子时则三桓专政,季氏尤横,墨子倡尚贤,似针对此贵族政治而发,宜其不相容也。在民间则孔子一派之儒学甚盛,墨子受其排斥,《非儒》一篇,则怒而有溢恶之言矣。故墨子在鲁,极不易实现其说。然平日所与讨论者,仍以鲁人为多,如:

> 巫马子,盖鲁之儒者,其谓墨子曰,"我与子异,我不能兼爱。我爱邹人于越人,爱鲁人于邹人,爱我乡人于鲁人。……以为近我也。"前后与墨子辩论者四。见《耕柱》篇。
>
> 公孟子,惠栋谓即公明子,孔子之徒,盖鲁人也。与墨子辩论者十,见《耕柱》及《公孟》两篇。
>
> 程繁,一称程子,孙氏谓"盖兼治儒墨之学者",就其思想言,乃儒者也,未知其为鲁人否耳,曾与墨子辩论。见《三辩》及《公孟》。
>
> 子夏之徒,亦曾与墨子辩论,未知其鲁人否也?见《耕柱》。

墨子与儒家辩难之多,亦可见其在鲁论争之激烈也。

其于三桓,则《耕柱》篇:

> 子墨子曰:季孙绍与孟伯常治鲁国之政,不能相信,而祝于丛社曰,"苟使我和!"是犹弇其目而祝于丛社曰,"苟使我皆视!"岂不缪哉!

所言及者既小,而存鄙夷之意,可见其关系矣!

此外则讥鲁祝以一豚祭而求百福于鬼神。(《公孟》篇)鲁人说而用诔,墨子亦讥焉。(《鲁问》篇)皆为琐事,无关宏旨。

惟《鲁问篇》则载鲁君与墨子问答之辞,或以为即穆公,岂墨子晚年名誉已高,始动国君之问欤!

> 鲁君谓子墨子曰,"吾恐齐之攻我也,可救乎?"子墨子曰,"可。……吾愿主君之上者尊天事鬼,下者爱利百姓。厚为皮币,卑辞令,亟偏礼四邻诸侯;驱国而以事齐,患可救也。非此,愿无可为者!"

> 鲁君谓子墨子曰,"我有二子,一人者好学,一人者好分人财,孰以为太子而可?"子墨子曰,"未可知也,或为赏誉为是也。钓者之恭,非赐鱼也;饵鼠以虫,非爱之也。吾愿主君之合其志功而观焉。"

墨子与本国政府之关系止此,岂迕当局之疑忌,与为儒家攻击;又或栖栖皇皇,席不暇暖,突不得黔,而未尝安居于鲁而然耶?故其关系转不如他国之密也。

(戊) 与宋之关系

墨子之道,既不易行于鲁,自然向国外发展。当时与鲁邻接,与周道系统不同者,宋是也。宋行殷道与周政不同,晚周诸子中寓言多以宋人为愚,如孟子言揠苗助长、韩非子言守株待兔之类。不知宋以战败民族为周人所侮笑欤,抑文化程度实视各国为低耶,则无从断定矣,然以前说为较可信。故墨子与宋,关系颇深。

《公输》篇言:

> 公输般为楚造云梯之械,成,将以攻宋。子墨子闻之,起于鲁。行十日十夜,而至于郢。见公输般。……公输般服。……子墨子见〔楚〕王。……王曰,"善哉!虽然,公输般为我造云梯,必取宋!"于是见公输般,子墨子解带为城,以牒为械。公输般九设攻城之械变,子墨子九距之。公输般之攻械尽,子墨子之守圉有余。公输般诎,而曰,"吾知所以距子矣,吾不言。"子墨子亦曰,"吾知子之所以距我者,吾不言。"楚王问其故。子墨子曰,"公输子之意,不过欲杀臣;杀臣,宋莫能守,可攻也。然臣之弟子禽滑厘等三百人,已持臣守圉之器,在宋城上而待楚寇矣。虽杀臣,不能绝也。"楚王曰,"善哉!吾请无攻宋矣。"子墨子归,过宋,天雨,庇其闾中,守闾者不纳也。故曰:治于神者,众人不知其功,争于明者,众人知之。

凡此所载,吾人可明白三事:一、《史记·孟荀列传》及《汉书·艺文

志》并言墨子为宋大夫,想系因止楚攻宋而讹。梁启超曰:

> 查本书中,绝无曾经仕宋的痕迹。……其实墨子救宋,专为实行他的兼爱非攻主义,那里论做官不做官呢?墨子曾说:"道不行不受其赏,义不听不处其朝。"《贵义》篇当时的宋国,就会行其道听其义吗?墨子是言行一致的人,如何肯立宋之朝?所以我想:墨子始终是个平民,没有做过官的。——《墨子学案》页三

梁氏所言,颇为近理。即如墨子止楚,其往也则起于鲁,其归也则言过宋,且守闾者不纳,其非宋大夫明矣。当墨子献书楚惠王,乃在止楚攻宋以后,穆贺告墨子曰,"君王天下之大王也,毋乃曰贱人之所为而不用乎!"若墨子已为宋大夫,不得云"贱人"也。此足为墨子始终是平民之证。

二、有谓墨子之学与宋有关者。俞正燮云:

> 《管子·立政九败解》云:"不能令彼无攻我,彼以教士,我以驱众;彼以良将,我以无能;其败必覆军杀将。"如此正宋襄公之谓。《左传》公子目夷谓襄公未知战:"若爱重伤,则如勿伤;爱其二毛,则如服焉!"兼爱,非攻,盖宋人之蔽。……据《左传》,襄公殁后,华元,向戌皆以止兵为务。墨子出,始讲守御之法,不如《九败解》所讥。……荀子言儒者法后王,所以为儒;墨以殷后,多感激,不法周而法古,所以为墨。——《癸巳类稿》卷十四。

俞氏以墨子为宋人，宋大夫，故有此附会。今人冯友兰知墨子为鲁人矣，乃本俞氏之说而推演焉，曰：

> 宋人以愚著称。……墨子之道，"其生也勤，其死也薄，其道大觳"，"以自苦为极"，(《庄子·天下》篇)所谓"其智可及也，其愚不可及也。"亦有宋人之风。或者墨子先在鲁受孔子……之影响。及后为宋大夫，又合宋人兼爱非攻之教，遂成墨学欤？——《中国哲学史》上册，页一〇九。

按墨子，庄子以为"才士"《天下》篇，冯氏举其言而谥曰"愚人"，窃所未喻也。宋襄公败于泓，非以攻人，乃不能守御；愚儒始加赞赏。《墨子》书中未尝称道及之，且以此类滑稽喜剧为非。《非儒》篇：

> （儒者）又曰：君子胜不逐奔，掩函弗射，施则助之胥车。应之曰：若皆仁人也，则无说而相"与"。与，敌也。仁人以其取舍是非之理相告，无故从有故也，弗知从有知也；无辞必服，见善必迁，何故相"与"？若两暴交争，其胜者欲不逐奔，掩函弗射，施则助之胥车，虽尽能，犹且不得为君子也。意暴残之国也，圣王将为世除害，兴师诛罚。胜将因用儒术令士卒曰，"毋逐奔，掩函勿射，施则助之胥车！"暴乱之人得活，天下之害不除，是为群残父母而深贼世也。不义莫大焉！

曹耀湘《墨子笺》曰："此言儒者好言仁而究归于不仁也，若宋襄公不重伤，不禽二毛之类。"然则俞冯二氏谓兼爱非攻之教，本于襄公，为宋人精神，甚至称之为愚者，其诬墨子不亦太甚矣乎！非攻之义,墨子提倡最早,已见于前。

三、墨子之学,虽不渊源于宋,然其弟子禽滑厘等三百人,已持守围之器以待楚寇,则关系之密切可知。《鲁问》篇载:"子墨子出曹公子于宋",而此曹公子并非高第弟子也,能介绍于宋国当局,使"家厚于始""处高爵禄""多财",岂泛泛者所能乎?但墨子虽与宋之政府关系甚深,然其主张乃代表贱人者,与统治阶级不易融洽,故墨子本人虽未仕,亦不能不见忌于权门。《史记·邹阳列传》所以言"宋信子罕之计,而囚墨翟。"孙诒让谓宋昭公末年,皇喜(子罕)专政劫君而囚墨子。(《墨子传略》)其实墨子之被囚,不必即在子罕劫君之日,而囚墨子者或以观点不同,亦不必即为恶人也。

(己) 与卫之关系

自宋以外,则与卫之关系亦不浅。《贵义》篇:

> 子墨子南游"使"卫关中载书甚多。弦唐子见而怪之,曰:"吾夫子教公尚过曰,'揣曲直而已。'今夫子载书甚多,何有也?"子墨子曰:"昔者周公旦朝读书百篇,夕见七十士,故周公旦佐相天子,其修至于今。翟上无君上之事,下无耕农之难,吾安敢废此?……"

孙氏《传略》列此事于仕宋时,曰:"或……奉宋君之命而使卫也。"案孙说殊非。"南游使卫",张氏《集解》云:"杨校:'孔本《书钞》一百一引无使字。'纯一案无使字是,此文疑本作子墨子南游于卫。"按以地势言,卫在宋北,如由宋出发,不得言南游也。墨子自言上无君上之事,不敢废书。若仕宋为大夫而出使,岂得有此语乎? 故实墨子南游于卫也。

墨子于卫守御之事,亦甚注意。

> 子墨子谓公良桓子曰:"卫小国也,处于齐晋之间,犹贫家之处于富家之间也;贫家而学富家之衣食多用,则速亡必矣。今简之子家,饰车数百乘,马食菽粟者数百匹,妇人衣文绣者数百人。若取饰车食马之费,与绣衣之财,以畜士,必千人有余。若有患难,则使数百人处于前,数百人处于后,与妇人数百人处前后,孰安? 吾以为不若畜士之安也!"(《贵义》篇)

因与卫之执政交往,故亦能仕其弟子于卫。

> 子墨子仕人于卫。据《荀子·富国》篇杨注,人当作弟子。所仕者至而反。子墨子曰:"何故反?"对曰:"与我言而不当曰,'待女以千盆。'授我五百盆,故去之也。"子墨子曰:"授子过千盆,则子去之乎?"对曰:"不去。"子墨子曰:"然则非为其不审也,为其寡也!"(《贵义》篇)

《耕柱》篇则言:

> 子墨子使管黔敖游高石子于卫,卫君致禄甚厚,设之于卿。高石子三朝必尽言,而言无行者。去而之齐,见子墨子曰:"卫君以夫子之故,致禄甚厚,设我于卿。石三朝必尽言,而言无行者,是以去之也。卫君无乃以石为狂乎?"子墨子曰:

"去之苟道，受狂何伤！"……

总以上四事，是墨子于卫，关系颇密，但仍未能行其道也。

（庚）屡游楚而善鲁阳文君

楚人与越人《渚宫旧事》，"越人"作"吴越"，下同，似较妥。舟载于江，越人亟败楚人。楚惠王时，公输子自鲁南游楚，于是始为舟战之器，作为钩拒之备。楚人因此若势亟败越人。公输子善其巧，以语墨子曰："我舟载有钩拒，不知子之义亦有钩拒乎？"子墨子曰：

> 我义之钩拒，贤于子舟战之钩拒。我钩拒，我钩之以爱，拒之以恭。弗钩以爱则不亲，弗拒以恭则速狎。狎而不亲则速离；故交相爱，交相恭，犹若相利也。今子钩而止人，人亦钩而止子；子强而距人，人亦强而距子。交相钩，交相拒，犹若相害也。故我义之钩拒，贤于子舟战之钩拒。（《鲁问》篇）

公输般与墨子同为鲁人，观此所论，两者间似有相当交谊。但不知其相遇也，在鲁欤？在楚欤？然以在楚为近。其后能止楚攻宋，亦赖般之力也。

> 公输般为楚造云梯之械成，将以攻宋。子墨子闻之，自鲁往，……至于郢，见公输般。公输般曰："夫子何命焉为？"子墨子曰："北方有侮臣者，愿藉子杀之。"公输般不说。子墨子曰："请献千金。"公输般曰："吾义固不杀人。"子墨子起，再拜曰，

"请说之:吾从北方闻子为梯,将以攻宋。宋何罪之有?荆国有余于地,而不足于民;杀所不足,而争所有余,不可谓智。宋无罪而攻之,不可谓仁。知而不争,不可谓忠。争而不得,不可谓强。义不杀少而杀众,不可谓知类。"公输般服。子墨子曰:"然,胡不已乎?"公输般曰:"不可。吾既已言之王矣。"子墨子曰:"胡不见我于王?"公输般曰:"诺。"(《公输》篇)

公输般既心服而介绍于楚惠王,则般之不欲攻宋,已决矣。其于楚王前之九攻九距,乃以掩楚王耳目而已。故

公输子谓子墨子曰:"吾未得见之时。我欲得宋。自我得见之后,予我宋而不义,我不为!"子墨子曰:"翟之未得见之时也,子欲得宋;自翟得见之后,予子宋而不义,子弗为:是我予子宋也。子务为义,翟又将予子天下!"(《鲁问》篇)

观此,则般于墨子之道,固甚同情也。
然墨子之告楚惠王,其言亦甚辩。曰:

"今有人于此,舍其文轩,邻有敝舆,而欲窃之;舍其锦绣,邻有短褐,而欲窃之;舍其梁肉,邻有糠糟,而欲窃之:此为何若人?"王曰:"必为有窃疾矣。"

子墨子曰:"荆之地,方五千里,宋之地,方五百里:此犹文轩之与敝舆也。荆有云梦,犀兕麋鹿满之,江汉之鱼龟鳖鼋鼍,为天下富;宋所谓无雉兔鲋鱼也:此犹梁肉之与糠糟也。荆有长松文梓梗枏豫章,宋无长木;此犹锦绣之与短褐也。臣以三事言之，王之攻宋也，为与此同类。臣见大王之必伤义，而不得宋。"王曰："善哉！……"

《吕氏春秋·贵因》篇："墨子见荆王，锦衣吹笙，因也。"疑即此时事。孙诒让云："盖以救宋之急，权为之也。"观其行事之通脱与言语之犀利，视今人所想像为愚不可及者微异矣。

楚惠王五十年，墨子复南游于楚，献书惠王，王受而读之，曰："良书也。寡人虽不得天下，而乐养贤人。"墨子辞曰："翟闻贤人进，道不行不受其赏，义不听不处其朝。今书未用，请行矣！"将辞王而归。王使穆贺以老辞。《渚宫旧事》二穆贺见墨子，墨子说穆贺。穆贺大说，谓墨子曰："子之言则诚善矣，而君王天下之大王也，毋乃曰贱人之所为而不用乎？"（《贵义》篇）墨子加以解释，穆贺无所表示。（其言引见本章之甲）鲁阳文君乃言于王曰："墨子北方贤圣人，君王不见又不为礼，毋乃失士？"乃使文君追墨子，以"书社"五里孙氏疑当作五百里封之；不受而去。《渚宫旧事》三

墨子与鲁阳文君问答之辞甚多，大抵皆言非攻之义。如：

> 子墨子谓鲁阳文君曰："大国之攻小国，譬犹童子之为马也。童子之为马，足用而劳。今大国之攻小国也，攻者农夫不得耕，妇女不得织，以守为事。攻人者亦农夫不得耕，妇人不得织，以攻为事。故大国之攻小国也，譬犹童子之为马也。"（《耕柱》篇）

此犹泛述非攻之说也。又云：

> 子墨子谓鲁阳文君曰:"今有一人于此,羊牛刍豢,维人但割而和之,食之不可胜食也。见人之作饼,则还然窃之,曰'舍余食!'不知甘肥安不足乎?其有窃疾乎?"鲁阳文君曰,"有窃疾也。"子墨子曰:"楚四境之田,旷芜而不可胜辟,壏墟数千,不可胜入。见宋郑之闲邑,则还然窃之,此与彼异乎?"鲁阳文君曰:"是犹彼也,实有窃疾也"。(同上)

此与止楚攻宋,取譬相同,殆一时之事乎?

《鲁问》篇曰:

> 鲁阳文君将攻郑,子墨子闻而止之。谓鲁阳文君曰:"今使鲁四境之内,大都攻其小都,大家伐其小家,杀其人民,取其牛马狗豕,布帛米粟货财,则何若?"鲁阳文君曰:"鲁四境之内,皆寡人之臣也;今大都攻其小都,大家伐其小家,夺之货财,则寡人必将厚罚之。"子墨子曰:"夫天之兼有天下也,亦犹君之有四境之内也。今举兵将以攻郑,天诛其不至乎?"鲁阳文君曰:"先生何止我攻郑也?我攻郑顺于天之志。郑人三世杀其父,天加诛焉,使三年不全;我将助天诛也。"子墨子曰:"郑人三世杀其父,而天加诛焉,使三年不全,天诛足矣。今又举兵将以攻郑,曰'吾攻郑也,顺于天之志。'譬有人于此,其子强梁不材,故其父笞之;其邻家之父,举木而击之,曰'吾击之也,顺于其父之志,'则岂不悖哉!"郑人三世杀其父之事,孙氏疑为二世杀其君,即哀公幽公也。

墨子又告鲁阳文君以攻其邻国,杀其民人,取其牛马粟米货财,则

书之于竹帛,镂之于金石,以为铭于钟鼎,传遗后世子孙之不可。鲁阳文君曰:"然。吾以子之言观之,则天下之所谓可者,未必然也。"(《鲁问》篇)观此则鲁阳文君于墨子之说,颇具相当信仰,则攻宋郑,其因此而止欤?

按鲁阳,其地在鲁山之阳,《汉书·地理志》云:南阳鲁阳有鲁山。《国语·楚语》曰:惠王以梁与鲁阳文子,文子辞,与之鲁阳。以地势言之,则楚欲进攻中原,鲁阳殆为重镇。鲁阳文子据《文选注》引贾逵《国语注》即司马子期之子公孙宽;《左传》哀十六年宽即为司马矣,当墨子时年寿已高,殆亦楚之重臣。故欲行非攻之说于楚,则不惮反覆以晓鲁阳文君也。墨子告鲁阳文君之语,书中尚多,不备录。

墨子尝批评叶公子高问政于仲尼(《耕柱》篇),并与孟山论王子闾(《鲁问》篇),或均为在楚时事。《耕柱》篇:"子墨子游耕柱子于楚。"毕沅注:"游谓游扬其名而使之仕。"亦可见墨子与楚之关系也。

(辛)屡游齐晚见齐太王和

墨子之游齐,《贵义》篇曰:

> 子墨子北之齐,遇日者。日者曰:"帝以今日杀黑龙于北方,而先生之色黑,不可以北。"子墨子不听,遂北至淄水,不遂而反焉。

此言其游齐而未果也。

《贵义》篇又言"子墨子自鲁即齐,遇故人。"《耕柱》篇言:

> 子墨子使管黔敖游高石子于卫。……高石子三朝必尽言,而言无行者。去而之齐见子墨子。……

见子墨子而必之齐,是墨子有时居齐也。按《公输》篇言"公输般为楚造云梯之械成,将以攻宋。子墨子闻之。起于齐,行十日十夜而至于郢。"此虽可通,但就十日十夜言,则以诸作"起于鲁"者为可信也。

《鲁问》篇:

> 齐将伐鲁,子墨子谓项子牛曰:"伐鲁,齐之大过也。昔者吴王东伐越,栖诸会稽;西伐楚,葆昭王于随;北伐齐,取国子以归于吴。诸侯报其仇,百姓苦其劳而弗为用;是以国为虚戾,身为刑戮也。昔者智伯伐范氏与中行氏,兼三晋之地。诸侯报其仇,百姓苦其劳而弗为用;是以国为虚戾,身为刑戮也。故大国之攻小国也。是交相贼也,祸必反于国!"

此事结果如何,书未明言。梁启超曰:"齐欲攻鲁,墨子见项子牛及齐王,说而罢之。"《墨子学案》页七十四。按梁说未确。如《鲁问》篇又云:

> 子墨子使胜绰事项子牛。项子牛三侵鲁地,而胜绰三从。子墨子闻之,使高孙子请而退之。曰:"我使绰也,将以济骄而正嬖也;今绰也禄厚而谲夫子。夫子三侵鲁,而绰三从,是鼓鞭于马靳也。翟闻之:言义而弗行,是犯明也。绰非弗之知

也,禄胜义也!"

是项子牛未止伐鲁,侵而至于三也。

《鲁问》篇又载:

> 子墨子见齐大王曰:"今有刀于此,试之人头,倅然断之,可谓利乎?"大王曰:"利。"子墨子曰:"刀则利矣,孰将受其不祥?"大王曰:"刀受其利,试者受其不祥。"子墨子曰:"并国覆军,贼敖(敖同杀)百姓,孰将受其不祥?"大王俯仰而思之曰:"我受其不祥!"

此或田和初为执政,墨子以非攻之义晓之也。

《非乐上》篇言齐康公兴乐万。按史言康公"淫于酒妇人,不听政。"(《史记·田敬仲完世家》)兴乐必初即位事,田和(大王)纵其如此,以便迁之海上。墨子或犹及见闻之也。

(壬)游越及魏

《鲁问》篇:

> 子墨子游公尚过于越。公尚过说越王,越王大说。谓公尚过曰:"先生苟能使子墨子至于越而教寡人,请裂'故吴'之地方五百里,以封子墨子。"公尚过许诺。遂为公尚过束车五十乘以迎子墨子于鲁。曰:"吾以夫子之道说越王,越王大说。谓过曰,'苟能使子墨子至于越而教寡人,请裂故吴之地方五

百里以封子。'"子墨子谓公尚过曰:"子观越王之志何若?意越王将听吾言,用吾道,则翟将往,量腹而食,度身而衣,自比于群臣,奚能以封为哉?抑越王不听吾言,不用吾道,而我往焉,则是我以义粜也。钧之粜,亦于中国耳,何必于越哉!"

此越王不知何人,然以"故吴"之称,则知距吴灭不久,或即勾践欤?
墨子虽不欲受越王之封,然越则尝欲往游矣。《鲁问》篇继上节即曰:

> 子墨子游,魏越曰:"既得见四方之君子则将先语?"苏云,即"子将奚先"之意。子墨子曰:"凡入国必择务而从事焉。国家熹音湛湎,则语之非乐非命;国家淫僻无礼,则语之尊天事鬼;国家务夺侵凌,则语之兼爱非攻。故曰择务而从事焉。"

"魏越"孙氏以为"墨子弟子"似误。盖墨子实欲西游魏而南游越,所过不止一国,故问者曰"得见四方之君子则将先语"也。若果为墨子之弟子,则《间诂》引"子将奚先"之语,亦翩其反矣。然游魏越是否成行,则本书及他书无所考见,以意度之,大抵尝往,此墨子所以见称栖栖遑遑,席不暇暖,突不得黔也欤!

附墨子时代疆域简图

（其行踪虽不能确定于此图中可得其大概）

(癸) 为义之精神

墨子之周游宋卫齐楚魏越诸国也，非以干禄，曰为义耳。《耕柱》篇云：

> 治徒娱县子硕问于子墨子曰："为义孰为大务？"子墨子

曰:"譬若筑墙然,能筑者筑,能实壤者实壤,能欣者欣,然后墙成也。为义犹是也,能谈辩者谈辩,能说书者说书,能从事者从事,然后义事成也。"

墨子之意,以为"万事莫贵于义",《贵义》篇故强聒不已。人虽有信之者,亦或以其汲汲施教为多事。如:

> 子墨子自鲁即齐,遇故人,谓子墨子曰:"今天下莫为义,子独自苦而为义,子不若已!"(《贵义》篇)

此故人以为多事也。

> 公孟子谓子墨子曰:"实为善人孰不知?譬若良巫,处而不出有余糈。譬若美女,处而不出,人争求之;行而自炫,人莫之取也。今子遍从人而说之,何其劳也!"(《公孟》篇)

是公孟子以为多事也。

《鲁问》篇一则曰:

> 吴虑谓子墨子曰:"义耳!义耳!焉用言之哉?"

再则曰:

> 吴虑谓子墨子曰:"义耳!义耳?焉用言之哉?"

是此"自比于舜"之高人,以墨子为多事也。

巫马子则更以为有狂疾。

> 巫马子谓子墨子曰:"子之为义也,人不见而服,鬼不见而富。而子为之,有狂疾!"（《耕柱》篇）

然墨子之告高石子也,曰"去之苟道,受狂何伤!"（《耕柱》篇）而其答巫马子则曰:

> "今使子有二臣于此,其一人者,见子从事,不见子则不从事。其一人者,见子亦从事,不见子亦从事。子谁贵于此二人?"巫马子曰:"我贵其见我亦从事,不见我亦从事者。"子墨子曰:"然则是子亦贵有狂疾者!"（《耕柱》篇）

墨子之答故人,其言尤可注意。曰:

> 今有人于此,有子十人,一人耕而九人处,则耕者不可以不益急矣。何故?则食者众而耕者寡也。今天下莫为义,则子如劝我者也,（如,犹宜也。）何故止我!（《贵义》篇）

盖墨子重实行,《耕柱》篇曰:

> 言足以复行者常之,不足以举行者勿常;不足以举行而常之,是荡口也。《间诂》:荡口,盖谓不可行而空言,是徒敝其口也。

《贵义》篇则曰：

> 言足以迁行者常之，不足以迁行者勿常。不足以迁行而常之，是荡口也。

言行一致，是墨子平日所反覆而叮咛者也。

《贵义》篇又言：

> 子墨子曰：必去六辟，嘿则思，言则诲，动则事：使三者代御，必为圣人。必去喜去怒，去乐去悲，去爱去恶，而用仁义；手足口鼻耳目，从事于义：必为圣人！《曹笺》：辟，偏也，六辟、即六情也。

有理智而无感情，以日从事于义，此墨子之精神也。

墨家之所以自道者如此，殆为实录。故虽反对其主张者，述其牺牲精神，亦复吻合。如孟子距杨墨者也，则曰：

> 墨子兼爱，摩顶放踵，利天下为之。（《告子下》篇）

庄子剽剥儒墨者也，则曰：

> 墨者多以裘褐为衣，以跂蹻为服，日夜不休，以自苦为极。……墨子真天下之好也，将求之不得也，虽枯槁不舍也，才士也夫！

其立义之坚，与为义之勇，此墨子所以夐绝千古也！

第三章 《墨子》书之考证

墨子未尝自著书也,今所传《墨子》书,乃墨翟弟子及其后学所记述,缀缉而成者。(言墨子未自著书,于墨子之价值无损,在古代文具艰难,而识字者不多,在一时之效用,著述未必优于口说。故释迦牟尼,耶稣基督,均未自著书也,其于世界宗教之影响何如?苏格拉底亦未自著书也,于西洋学术,影响又何如?在墨子以前,孔子明言述而不作,虽作《春秋》,然因鲁史,实犹未作也。)《汉书·艺文志》著录《墨子》七十一篇,《隋书·经籍志》则云十五卷,目一卷。庾仲容《子钞》见高似孙《子略》则十六卷,马总《意林》仍之,盖合目于本书也。《唐书·经籍志》则言十五卷,与今本卷数同。毕沅云:"宋亡九篇为六十一篇,见《中兴馆阁书目》。实六十三篇。后又亡十篇,为五十三篇,即今本也。本存《道藏》中,缺宋讳字,知即宋本。"《墨子注叙》

今本《墨子》十五卷,五十三篇,既非墨子所著,亦非某一人所著,又非一时所成者。故视如"墨学丛书"最为恰切。

此五十三篇,胡适、梁启超均分为五组,颇便说明,兹取其分类,有未安者,别为解释:

第一组（卷一）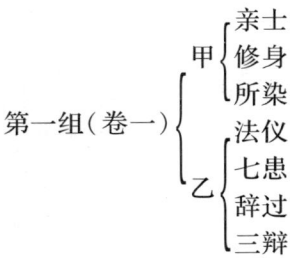

甲 { 亲士 / 修身 / 所染 }
乙 { 法仪 / 七患 / 辞过 / 三辩 }

甲三篇中，《亲士》杂道家言，如"恬者必先挫，错者必先靡""甘井近竭，招木近伐""太盛难守"之类是也。《修身》为儒家言，汪中《墨子序》谓："其言淳实，与《曾子立事》相表里，为七十子后学者所述。"最近实情。毕沅以此二篇"无称子墨子云，疑翟所著也。"今人尚有从其说者，殊未确。《所染》篇亦见《吕氏春秋》。汪中谓："墨子盖尝见染丝者而叹之，为之学者增成其说耳。故本篇称禽子，《吕氏春秋》并称墨子。"然染苍则苍，染黄则黄，有似性论，殆出各家性说已盛之后欤？故梁氏谓"道三篇非墨家言，纯出伪托。"乙类四篇，《间诂》谓：盖《天志》《节用》《非乐》之余义。梁氏谓："这四篇是墨家记墨学概要，很能提纲挈领，当先读。"

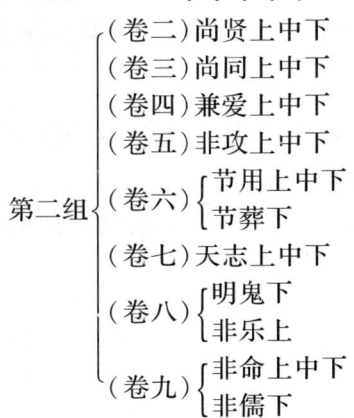

第二组 {
（卷二）尚贤上中下
（卷三）尚同上中下
（卷四）兼爱上中下
（卷五）非攻上中下
（卷六） { 节用上中下 / 节葬下 }
（卷七）天志上中下
（卷八） { 明鬼下 / 非乐上 }
（卷九） { 非命上中下 / 非儒下 }
}

右二十四篇多"子墨子曰"字,乃门弟子记墨子之言。惟《非攻上》《非儒下》则否,虽非记墨子之言,然于墨氏宗旨,固无悖也。至每题各有三篇,俞樾《墨子间诂序》曰:

> 墨子死而墨分为三:有相里氏之墨,有相夫氏之墨,有邓陵氏之墨。今观《尚贤》《尚同》《兼爱》《非攻》《节用》《节葬》《天志》《明鬼》《非乐》《非命》,皆分上中下三篇,字句小异而大旨无殊;意者此乃相里相夫邓陵三家相传之本不同,后人合以成书,故一篇而有三乎?

梁氏本之则曰:"每题各有三篇,文义大同小异,盖墨家分为三派,各记所闻。"此殆不然。盖仅字句之繁简不同,而非相对立也。今人陈柱曰:

> 余意墨子随地演说,弟子各有纪录,言有时而详略,记有时而繁简,是以各有三篇。当时演说,或不止三次,所记亦不止三篇。然古人以三为成数,……故编辑《墨子》书者,仅存三篇,以备参考,其或以此乎?(《墨学十论》页二十四)

按陈氏之言,较得其实,惟尚未注意时代先后,与其进步之故耳。

$$\text{第三组}\begin{cases}(\text{卷十})\begin{cases}\text{经上下}\\ \text{经说上下}\end{cases}\\ (\text{卷十一})\begin{cases}\text{大取}\\ \text{小取}\end{cases}\end{cases}$$

鲁胜《墨辩注叙》云："墨子著书作《辩经》以立名本。"又曰："《墨辩》有上下《经》，《经》各有《说》，凡四篇。"即指卷十各篇，似以为墨子所自著也。毕于《经上》云："此翟自著，故号曰《经》，中亦无'子墨子曰'云云。"梁氏亦言"《经上下》当是墨子自著。"然汪中即不以此说为然，曰："《经上》至《小取》六篇，当时谓之《墨经》。庄周称'相里勤之弟子，五侯之徒；南方之墨者，苦获，已齿，邓陵子之属，以坚白异同之辨相訾，以觭偶不仵之辞相应'者也。公孙龙为平原君客，当赵惠文孝成二王之世，惠施相魏，当惠襄二王之世，二子实始为是学。是时墨子之没久矣，其徒诵之，并非《墨子》本书。"(《墨子序》)孙氏《间诂》亦与汪氏之说相类，曰："四篇皆名家言，又有算术及光学重学之说，精妙简奥，未易宜究。其坚白异同之辩，则与《公孙龙》书，及《庄子·天下》篇所述惠施之言相出入。……则似战国之时，墨家别传之学，不尽墨子之本旨。毕谓翟所自著，考之未审。"胡适因汪、孙之说，乃谓其中所言，与惠施、公孙龙最为接近。惠施、公孙龙之学说，几全在此六篇内。故以为此六篇乃惠施、公孙龙时代之别墨所作。翟自著与施龙所著，两说不同，究以何者为是乎？曰《经上下》决非墨子所自著，即鲁胜谓之《辩经》，名亦不当。盖所研讨者非仅名学，实包形算诸科也。墨子重谈辩而尚制器，故谓墨子自著固非，谓乃施龙一派所为，则亦失当。殆如荀子《正名》与孔子"必也正名"之说，由略而详，由粗而精乎？其非施龙一派所作，则章士钊《名墨訾应论》始述其故。曰：

  墨惠两家，凡所同论之事，其义莫不相反。且细绎两家之辞意，似惠子诸义先立，而墨家攻之；公输般九设攻城之机变，而墨子九拒之者。然以如此互相冰炭之两宗，并为一宗，谓此是一二,夫亦可谓不思之甚矣。

其后作《名墨訾应考》言之尤详。其意以为不独《墨经》非施龙之徒所作,即施龙亦不得谓"别墨"也。此六篇盖均墨家后学所著。

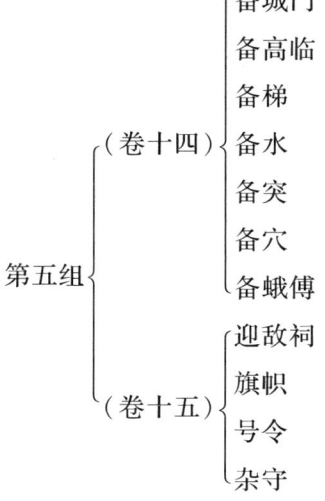

第四组
- (卷十一)耕柱
- (卷十二)贵义、公孟
- (卷十三)鲁问、公输

此五篇乃墨家后学记墨子一生言论行事,体裁颇近《论语》,作"墨子言行录"读可也。

第五组
- (卷十四)备城门、备高临、备梯、备水、备突、备穴、备蛾傅
- (卷十五)迎敌祠、旗帜、号令、杂守

此十一篇言守城备敌之法,盖墨家后学,因墨子非攻御寇之术,精研以成者。《史记》言墨翟善守御,盖指此。《汉书·

艺文志》兵技巧家注云:"省《墨子》重",则刘氏《七略》入兵技巧家者,当即此《备城门》以下诸篇也。

《墨子》书之内容,大致如上。然七十一篇之本,乃由刘向校定,著于《别录》,而刘歆《七略》及班固《艺文志》因之者也。是则由墨子弟子迄刘向之世,皆有造作之可能。今之五十三篇,其作成之期,果何如乎?此亦颇堪研讨者也。

夫墨子学说之中坚,在《尚贤》《尚同》《兼爱》《非攻》《节用》《节葬》《天志》《明鬼》《非乐》《非命》《非儒》,即前所谓第二组诸篇也。此诸篇文字繁衍而质朴,多与其他各组不同。何以如此?则观田鸠之对楚王,可明其故矣。《韩非子·外储说左上》篇云:

> 楚王谓田鸠曰:"墨子者,显学也,其身体则可,其言多而不辩,何也?"
>
> 曰:"昔秦伯嫁其女于晋公子,令鲁为之饰装,从文衣之媵七十人;至晋,晋人爱其妾而贱公女。此可谓善嫁妾,而未可谓善嫁女也。楚人有卖其珠于郑者,为木兰之柜,薰以桂椒,缀以珠玉,饰以玫瑰,辑以羽翠;郑人买其椟而还其珠。此可谓善卖椟矣,未可谓善鬻珠也。今世之谈也,皆道辩说文辞之言,人主览其文而忘其用。墨子之说,传先王之道,论圣人之言,以宣告人;若辩其辞,则恐人怀其文,忘其用,直以文害用也;此与楚人鬻珠,秦伯嫁女同类。故其言多不辩。"

此所谓"不辩"即"不文",故曰"若辩其辞则恐人怀其文,直以文害用也",盖文字朴僿,而无修辞之功也。"其言多"者,则字句繁衍而不简要,是也。合此"多而不辩"之条件者,则以第三组各篇为多。

按第三组各篇字数,据卫聚贤所统计如左:《古史研究集》二、册下、页五五二。

篇次\字数\篇名	尚贤	尚同	兼爱	非攻	节用	节葬	天志	明鬼	非乐	非命	非儒	总数	每篇平均数	百分比
上	八二〇	八二四	五八〇	四二〇	六〇三		一三八一		一四五〇	一四七五		七五六二	九四五	二一
中	二三三八	一三九六	一三〇五	一二七六	五七七		二三一九			九八〇		一〇一九一	一四五六	三二
下	一五一九	一八八五	一八八五	二〇〇六		二六五一	二三〇二	二四三三		一四三六	一九四〇	一六八五〇	二一〇六	四七

由此观之,则自《天志》《非乐》《非命》上篇外,大抵以中下篇之文为多也。

至其不辩,亦有可得而言者:盖此诸篇乃弟子就墨氏语录,连缀成篇,亦有称之为演讲体者。其中语句或为当时方言俚语。今尚有可言者:

(甲)引《诗》多散文化。如《尚贤中》云:

> 《周颂》道之曰:"圣人之德,若天之高,若地之普。其有昭于天下也,若地之固。若山之承,不坼不崩。若日之光,若月之明,与天地同常。"

"其有昭于天下也",俞樾云:"……增'其有''也'三虚字,则非颂体矣",因疑有错误。又《非攻中》云:

> 《诗》曰:"鱼水不务,陆将何及乎?"

王念孙《读书杂志》云:"陆将何及乎,不类诗词,乎字盖浅人所加"

（或云："乎盖兮字形近之讹。"恐亦未谛）。

《兼爱下》引《周诗》："君子之所履,小人之所视。"今《小雅·大东》篇无两"之"字也。又云：

> 先王之书,《大雅》之所道曰："无言而不雠,无德而不报。"

今《大雅抑》篇,无两"而"字也。

凡此改诗为散文以就当时口语之体,昔人多未达其故。盖墨子非乐,而古所谓乐,即《诗》之加以弦歌者也,故亦非《诗》而改为散文。俞王诸氏疑非颂体,或不类诗词,欲加删改以就古诗之形式,皆失墨子本旨矣。

（乙）引古书多改为当代语。《尚同下》云：

> 于先王之书也,《大誓》之言然曰："小人见奸巧,乃闻。不言也,发,罪钧。"

《明鬼下》云：

> 然则姑尝上观乎《夏书》,《禹誓》曰："……予非尔田野葆士之欲也,予共行天之罚也。"

若此类增助词"也"字者甚多,非今本《尚书》所有,盖改以就当时口语也。

《非乐上》云：

> 于《武观》曰:"启乃淫溢康乐,野于饮食。……"

在肯定句中,以所介之目的格"野",置于介词"于"之上,此古今所少有者,亦与下文"湛浊于酒,渝食于野"不同。惟《左传》有云:

> 谚所谓"室于怒,市于色"者,楚之谓矣。——昭十九年。

语法正相巧合。或墨子偶改以同当时之俗谚欤?

(丙)多采通俗之语词入文。如《尚贤中》:

> 古者圣王"唯毋"得贤人而使之。
> 贤人"唯毋"得明君而事之。

《尚贤下》:

> 今"唯毋"以尚贤为政其国家百姓。
> 然昔吾所以贵尧舜禹汤文武之道者,何故以哉?以其"唯毋"临众发政而治民,使天下之为善者,"可而"劝也,为暴者"可而"沮也。"可而"宜与天志上、"且语有之曰、'焉而'晏曰、'焉而'得罪、将恶避逃之"之"焉而"参阅。盖皆俗语也。

《节葬下》:

> 今"虽毋"法执厚葬久丧者言以为事乎国家。
> 今"唯无"以厚葬久丧者为政。

书中用"唯毋"者甚多,虽毋,亦作唯毋解。其字或作"毋",或作"无",皆是语词,非有实义也。向来多不得其解,毕本改"毋"为"母",苏疑毋为"务"字之假借,均非;惟王氏《读书杂志》始知其义。按"唯"作"唯毋"此乃当时俗词,《墨子》初采以入文,《管子·立政九败解》篇亦用之,乃袭《墨子》之文也。此外"可而""焉而"若此类者甚众,恐均为俗词。

在春秋战国之际,虽曰言文一致,然尚有"雅言"与非雅言之别,《论语》,子所雅言,诗书执礼,皆雅言也。亦犹今日所谓"官话"与方言也。墨子中此第二组诸篇,既多用方言;又以宣传其说于当时贱人之前,故多反复申说,不厌其详。此所以有多而不辩之讥也欤?

但在第二组中,各篇亦不一致,如《兼爱上》《非攻上》,推理缜密,措辞简要,则"辩而不多"矣。持以与中下篇比较,则有一绝大鸿沟,上篇应用《墨经》之辩证法,求于论理上获一根据;且《非攻上》无"子墨子曰",《兼爱上》仅云"故子墨子曰,不可以不劝爱人者,此也。"(《非攻上》之辞句,大都取之《天志下》篇末段。然一经改易,优劣迥殊,真有点铁成金,化臭腐为神奇之妙也。)此乃墨家辩学进步后之产物,决非与中下篇同时写成也。以吾所观察,《兼爱》《非攻》乃均下篇最先写成,次有中篇,再次始有上篇,今本就质以分,故列为上中下也。论字数则下篇最多,中篇次之,上篇最简。以古代帛书之繁,有如是现象,颇可异也。就思想言,其方法则中下篇应用墨子三表之法,所谓有本之者,有原之者;故多引传说及《诗》《书》以为上本之于古者圣王之事。上篇则应用推论也。中篇与下篇孰先孰后,颇难断定。《兼爱中》言"譬若挈太山越河济也",下篇则曰"犹挈太山以超江河也",语更夸诞,似"中"先于

"下"矣。然下篇举汤不惮以身为牺牲作兼爱之证，犹明鬼之习也。《非攻中》篇言南则荆吴之王，北则齐晋之君，又言陈蔡亡于吴越之间，似有吴未亡时之背景。下篇则言天下好战之国，齐晋楚越，是吴已亡矣。而于禹征有苗，汤伐桀，武王伐纣，言非所谓攻，所谓诛也，既已矛盾，又各举鬼神迷信之事为证，则又似下篇先于中篇也。此虽不易断定，惟较上篇多而不辩，固无可疑矣。

据此多而不辩之说，吾颇疑楚王与田鸠之时，墨家学说所发表者（最少为二人所得见者），仅为《尚贤》《尚同》《兼爱》《非攻》之中下，《节葬》《明鬼下》《天志上中下》《非乐上》《非命上下》诸篇，盖皆多而不辩也。余如《非儒》则多而辩，《尚贤》《尚同》《兼爱》《非攻上》《节用上中》《非命中》，或少而不辩，或辩而不多，固非田鸠与楚王所论及也。

田鸠时代之墨学书，仅此多而不辩之诸篇。已如上述。然则田鸠果何时人乎？按此楚王不知为谁，但《吕氏春秋·首时》篇言：

> 田鸠欲见秦惠王，留秦三年而弗得见。客有言之于楚王者，往见楚王，楚王说之。与将军之节以如秦，至因见惠王。告人曰："之秦之道，乃之楚乎？"

《史记·苏秦列传》言："秦孝公卒，惠王方诛商鞅疾辩士。"故弗用苏秦之言。田鸠三年弗得见，则必在此时也。其后则腹䵍唐姑果均见信于惠王矣。惠王在位（西纪前337—前311）适当楚威王怀王之世，惠王晚年，秦楚国交不睦，战争时作。然则田鸠为楚使秦，或在惠王初年，其当楚威王之世乎？（西纪前337—前328之十年内）此时约当墨子卒后七十年左右也。

《墨子》书中有辩而不多者,则第三组各篇是已。此果何时所写成?则当然在田鸠与楚王讨论以后。《庄子·天下》篇曰:

> 相里勤之弟子,五侯之徒;南方之墨者苦获,已齿,邓陵子之属,俱诵《墨经》而倍谲不同,相谓"别墨"。以坚白同异之辩相訾,以觭偶不仵之辞相应。

是《天下》篇之著者,已见《经上下》《经说上下》四篇之写成也,《骈拇》篇曰:

> 骈于"辩"者,累瓦结绳,窜句游心于坚白同异之间,而敝跬誉无用之言,非乎;而杨墨是已。

鲁胜以《经》及《经说》四篇为《墨辩》,是《骈拇》篇著者,亦见此四篇之写成也。《天下》《骈拇》如真为庄周所著,是在庄子以前已通行于墨家矣。《大取》《小取》二篇,此时尚无所闻,至《荀子·正名》篇则有曰:

> 见侮不辱,圣人不爱己,杀盗非杀人也,此惑于用名以乱名者也。验之所为有名,而观其孰行,则能禁之矣。

按荀子所驳乃见《大取》《小取》二篇中。《大取》篇曰:

> 爱人不外己,己在所爱之中。己在所爱,爱加于己;伦列之爱己,爱人也。

此即"圣人不爱己"也。《小取》篇曰：

> 盗，人也；多盗，非多人也；无盗，非无人也。奚以明之？恶多盗，非恶多人也；欲无盗，非欲无人也；世相与共是之。若若是，则虽"盗，人也；爱盗，非爱人也；不爱盗，非不爱人也；杀盗，非杀人也；"无难矣。

此即所驳"杀盗非杀人也"。（按《庄子·天运》篇亦言："杀盗非杀，人自为种而天下耳，是以天下大骇，而儒墨皆起。"此似泛论，非专驳墨家，故不取。）然则此六篇殆楚威王以后，至荀子以前，始先后写成，而《兼爱上》与《非攻上》应用"墨辩"之严密推理，简净深刻，无丝毫天鬼迷信之见，亦产生于是时欤？

第四组各篇，迟早颇不一律。但早者亦在第二组以后，盖其言均辩而不多也。《公输》篇文甚辩而无盈辞，视《战国策·宋策》《吕氏春秋·爱类》篇为早；故篇中无"百舍重茧"《宋策》语"裂裳裹足，日夜不休"《爱类》篇语一类夸饰之辞。惟《耕柱》篇有云：

> 昔者夏后开使蜚廉折金于山。以铸鼎于昆吾，是使翁难雉乙（孙云当作益都雉以）卜于白若之龟……乙又言兆之由，曰："飨矣。逢逢白云，一南一北，一西一东。九鼎既成，迁于三国。"

此以"国""北"为韵而句不顺，王树枏、刘师培、张纯一并改"国"为"邦"则东邦韵也。按邦而为国，此汉人避高祖讳改之；夏后启作开，亦汉人避景帝讳改之也。此虽不能断定《耕柱》为汉景帝以后人所作,最少此一节为景帝以后人所加,则无可疑,盖他篇之"邦""启"字均未改也。《耕柱》篇又有"子墨子说而召子禽子"之语,则此篇必为禽滑厘派之后学所述者也。然则由《耕柱》至《公输》五篇,或起于第二组以后,至汉而始完成之也。

第五组诸篇,今人朱希祖论此十一篇乃汉人伪书。其证有四:

(一)多汉代官名。(如城门司马,城门侯,都司空,执盾,中涓,曹,关内侯,五大夫,公乘,二百石之吏,三百石之吏等。)

(二)有汉代刑法制定。(如城旦、蔺石等。)

(三)多袭战国末及秦汉诸子。(如《备城门》袭《管子·九变》。)

(四)多言铁器,与墨子时代不符。

他说:"《号令》《杂守》诸篇,皆言边县,系汉代燕赵诸侯王备边塞时所作守城书,而托之墨子。"(原文见《清华周刊》三十卷九期。此据钱穆著"墨子"转录。)

按《号令》篇苏氏《刊误》谓"盖出于商鞅辈所为",《杂守》篇多与《备高临》诸篇重复,予向草《墨子学辨商兑》一文,即疑其伪,朱氏定为汉人所作是也。但其他诸篇则为战国时,墨家后学,因墨子守御之法,推衍以成者,尚非汉人之作也。盖朱氏所举汉代官名及刑法制度,则均出于《号令》《杂守》。《备城门》与《管子·九变》,其中结构相似,而一简奥,一明畅。试录于下以资比较:

《墨子》:凡守围之法。城厚以高;壕池深以广。楼撕揗,守备缮利;薪食足以支三月以上。人众以选;吏民和。大臣有功劳于上者多。主信以义;万民乐之无穷。不然,父母坟墓在焉。不然,山林草泽之饶足利。不然,地形之难攻而易守也。不然,则有深怨于适,(敌)而有大功于上。不然,则赏明可信而罚严足畏也。——《备城门》。

《管子》:凡民之所以守战至死而不德其上者,有数以至焉。曰:大者亲戚坟墓之所在也;田宅富厚足居也。不然,则州县乡党与宗族足怀乐也。不然,则上之教训习俗慈爱之于民也厚,无所往而得之。不然,则山林泽谷之利足生也。不然,则地形险阻易守而难攻也。不然,则罚严而可畏也。不然,则赏明而足劝也。不然,则有深怨于敌人也。不然,则有厚功于上也。——《九变》

读者于文体方面加意审察,则《管》之袭《墨》而非《墨》之袭《管》,不亦灼然可见矣乎?朱氏谓"剿袭《管子》而故为顺倒错乱",殆过言也。

墨子生前数十年,已有铁器。如《左传》昭二十九年云:

> 冬,晋赵鞅,荀寅,帅师城汝滨,遂赋晋国一鼓铁,以铸刑鼎,著范宣子所为《刑书》焉。

鼎而能铸《刑书》,则当时冶铁之业,似已有相当程度。今世出土之鼎乃有铜而无铁者,以铁易养化而锈蚀,不能保存于土中,非古无铁鼎也。然此乃生铁所铸,而由熟铁锻炼而成者,则见《管子》《荀子》《韩非子》及《史记·范雎传》等,则战国实已入铁器时代也。今人多据秦始皇销兵器以为金人十二,金人乃铜人,因谓战国兵器尚用铜。其实始皇所销者,或为无用之钝器,时方备胡,利器亦销之,始皇似不尔也。墨子时代铁器固未发达,推及战国全期,则又不符矣。

凡第五组中由《备城门》至《备蛾傅》七篇,为战国时代作品,当无可疑。盖所为设计者,规模均小,似为晚周弱国,勉图守御之方,于汉无所用之也。在十五卷中四篇则《号令》《杂守》固为汉人所作,即《迎敌祠》《旗帜》两篇亦有可疑。《迎敌祠》云:

> 敌以东方来,迎之东坛,……主祭青旗青神,……将服必青,其牲以鸡。
>
> 敌以南方来,迎之南坛,……主祭赤旗赤神,……将服必赤,其牲以狗。
>
> 敌以西方来,迎之西坛,……主祭白旗素神,……将服必白,其牲以羊。
>
> 敌以北方来,迎之北坛,……主祭黑旗黑神,……将服必黑,其牲以彘。

《旗帜》篇云:

> 守城之法:木为苍旗,火为赤旗,薪樵为黄旗,石为白旗,水为黑旗。……

此皆阴阳五行之说,战国末年驺衍诸人始盛倡之者也。本为墨家所反对,如《经下》云:

> 五行毋常胜,说在多。多旧作宜
>
> 《经说》曰:五:合水土。火木木旧作火离,丽也然。火铄金,火多也;金靡炭,金多也。合之府同腐木。木离木,若识麋与鱼之数,惟所利。

此文虽不易尽解,然驳五行相胜论,固甚明显也。今采以论兵,有违墨家实用之旨。《迎敌祠》又云:

> 凡望气:有大将气,有中将气,有小将气,有往气,有来气,有败气,能得明此者,可知成败吉凶。

此与《贵义》篇日者谓墨子之色黑不可以北,同属阴阳家之说,《汉书·艺文志》有别成子望军气六篇,在兵书阴阳家。而为墨子所不信也。今亦采之,失其旨矣。且十四卷中如《备突》《备水》亦有无"子墨子曰"者乃蒙上文而来,尚可解释;此二篇前无所承,亦无"子墨子曰",盖别为篇,与墨子无关在"兵书"中,乃"阴阳"之言,尚不足以言"技巧"也!

第一组各篇《修身》《亲士》本与墨学无关,其文似作于汉初,黄老之说正盛,而《易文言》已写成之日也。《修身》篇有道家之说已详前。《易文言》为秦以后作品,《修身》篇似袭其文而衍之者。如《坤文言》:

> 美在其中而畅于四支,发于事业,美之至也。

《乾文言》:

> 知进退存亡而不失其正者,其为圣人乎!

《修身》篇:

> 藏于心者,无以竭爱;动于身者,无以竭恭;出于口者,无以竭驯。

似演绎"美在其中"一语。而其

> 畅之四支,接之肌肤,华发隳颠而犹弗舍者,其唯圣人乎!

则袭《文言》之辞句,显而易见。所以知此袭《文言》,而非《文言》取之于此者,篇中辞句尤丽,文气尤靡也,故必在《文言》以后。而《所染》篇乃袭自《吕氏春秋》之《当染》,则亦显而易见者也。

惟《法仪》《七患》《辞过》《三辩》四篇,虽文辞稍丽,而其旨与墨家之说无忤,盖犹是先秦之书,似非后人所伪托也。

此论各篇作期,言过繁冗,试概括为下表:

(《墨子》各篇作期表)

第一期		第二期	第三期	儒篇 其宗旨与墨家相反者
墨子弟子		墨家后学	秦汉之际	西汉时
尚贤中	尚贤上	兼爱上	所染	亲士

续表

第一期	第二期	第三期	儒篇 其宗旨与墨家相反者
尚贤下	非攻上		修身
尚同中	尚同上	经上	
尚同下		经下	经说下
兼爱中		大取	
兼爱下		小取	
非攻中	贵义	耕柱	
非攻下	公孟		
节用上	鲁问		
节用中	公输		
节葬下		法仪	
天志中	天志上	七患	
天志下		辞过	
明鬼下	非乐上	三辩	
非命上		备城门	迎敌祠
非命中		备高临	旗帜
非命下	非儒下	备梯	号令
		备水	杂守
		备突	
		备穴	
		备蛾傅	

附注:当此章属草时深以未见朱希祖《墨子·备城门》以下二十篇系汉人为书说全文为憾。后于罗泽根编著之《诸子丛考》中见之,知朱氏以《迎敌祠》篇剿袭《黄帝兵法》、《旗帜》篇剿袭《尉缭子》,足为吾说增一佐

证。其他则不敢苟同。今亦不暇详论，以占篇幅。要之，墨家守御之术，在当时必有其说，否则其学既非如黄老阴阳之盛于汉初，又无征求遗书，如表章六经之举，时代又近，言兵者何必托之墨子乎！

第四章　墨学发生之背景

墨子生于春秋之末,长于战国之初,而春秋战国之际。实历史上一大变革之枢纽也。此种变革何自发生?盖社会生产状况已呈蜕化之迹,旧有制度文物自随之动摇,崩溃,而别立一适应此新状况之组织也。此种变革固非墨子一生所能见其发轫与完成,然不察其环境,则无以明墨学之渊源矣。

西周时代中国之产业,以牧畜为主而农业副之,春秋初期犹以牧畜与农业并重。迨春秋末年则农业有高速度之发展,及战国则以农业为主,商业渐盛矣。此种关系则半由新工具之使用,如铁器之发生是已。在墨子生前数十年,晋铸铁鼎以著范宣子所为《刑书》,已见可信之载籍,前已言之矣。(见第三章)《国语·齐语》云:

> 美金以铸剑戟,试诸狗马;恶金以铸钽夷斤欘,试诸壤土。

或谓美金为铜,恶金为铁,盖初应用时尚未熟练也。《管子·小匡》篇云:

> 美金以铸戈剑矛戟,试诸狗马;恶金以铸斤斧钽夷锯欘,试诸土木。

《管子》书晚出，袭《国语》而改"壤土"为"土木"，一字之异，足见两书著者之间，其时冶铁之进步。盖土壤之农器，尚可以恶金为之，而木匠之斧，岂可以恶金为之也？《海王》篇曰：

> 今铁官之数曰，一女必有一针一刀，若然后也。其事立；耕者必有一耒一耜一铫，若其事立；行服连轺輂者，必有一斤一锯一锥一凿，若其事立；不尔而成事者，天下无有。

曩所谓恶金，今能制作器具如此之多，已足见其进步。《轻重乙》篇所载，则铁制品尤复杂。曰：

> "衡"谓寡人曰，一农之事，必有一耜一铫，一镰一耨，一椎一铚，"然后"成为农；一车必有一斤一锯，一釭一钻，一凿一銶一軻，然后成为车；一女必有一刀一锥，一针一鉥，然后成为女。请以令断山木，鼓山铁！

故由《管子》一书之中而铁器之进步，显然可寻。盖管仲乃春秋中叶人，而《管子》书为伪托，其著者不一，自春秋末以迄战国晚年，均有其人，故此时期中，用铁之蜕变，亦反映于书内也。
《史记·范雎传》言：

> 昭王曰：吾闻楚之铁剑利而倡优拙。夫铁剑利则士勇……。

《荀子·议兵》篇言：

> 楚人……宛钜铁𬭁，矛也惨如蜂虿，轻利僄速，卒如飘风。

《韩非子·五蠹》篇言：

> 铁铦短者及乎敌，铠甲不坚者伤乎体。

铁剑，铁𬭁，铁铦，皆铁兵之证也。其他"铁甲""铁室"之属，则不暇备举。《墨子》书中言铁者则《备城门》篇有：

1. 杀沙砾铁。
2. 以锢金若铁鍱之，（又）鍱之以铁必坚。
3. 铁夫。_{夫即铁}
4. 灶有铁镡（又）灶置铁镡焉。
5. 藉车必有铁纂。
6. 诸藉车皆针什。

《备穴》篇有：

7. 铁锁，县正当穴口，（又）铁锁长三丈。
8. 穴矛以铁，长四尺半，大如"铁服"。_{王注：服，耙也，广二尺。}
9. 难近穴，为铁铁。
10. 为铁钩钜，长四尺者。
11. 为铁校卫穴四。

《备蛾傅》篇有：

> 12. 居县陴中以铁璅，（又）中为铁镍。

凡此所举之铁，仅就十四卷中灼然知为墨家后学所撰者而言，第十五卷汉人伪撰者不与焉。是知春秋季年至战国，乃中国由铜器时代蜕变而为铁器时代也。铁器采用，于古代社会之影响，殆犹蒸汽发明之与欧洲产业革命，机器输入之与吾国现代社会；故生产状况，社会组织，政治制度，莫不从而蜕变矣。

西周本为宗法社会，贵族专政，社会之等级甚严，在春秋时犹可见也。《左传》桓二年：

> 师服。曰：吾闻国家之立也，本大而末小，是以能固。故天子建国，诸侯立家，卿置侧室，大夫有二宗，士有隶子弟，庶人工商，各有分亲，皆有等衰。是以民服事其上，而下无觊觎。

又昭七年所载芊尹无宇之言尤详，曰：

> 天子经略，诸侯正封，古之制也。封略之内，何非君土？食土之毛，谁非君臣？……天有十日，人有十等，下所以事上，上所以共神也。故王臣公，公臣大夫，大夫臣士，士臣皂，皂臣舆，舆臣隶，隶臣僚，僚臣仆，仆臣台；马有圉，牛有牧；以待百事。

等级重重，所谓平等之义，则当时所难梦想及之也。而其统治者之心理，视此为天经地义，能维持之而不敝，则视为盛事。故

> 子囊曰：……晋君类能而使之，举不失选，官不易方。其卿让于善，其大夫不失守，其士竞于教，其庶人力于农穑，商工皂隶不知迁业——襄九年《左传》。

此种各安其分之主张，加以理论化，则曰：

> 士之子恒为士，农之子恒为农，工之子恒为工，商之子恒为商。

乃《国语》《齐语》与《管子·小匡》篇所竭力发挥而演为长论者也。概括言之，则

> 知武子曰：君子劳心，小人劳力，先王之制也。（襄九年《左传》）
>
> 公父文伯之母曰：君子劳心，小人劳力，先王之训也。（《国语·鲁语》）

此种先王之制与训，即后来《孟子》之"天下通义"。所谓：

> 或劳心，或劳力；劳心者治人，劳力者治于人；治于人者食人，治人者食于人：天下之通义也。（《滕文公上》篇）

但春秋时代之"世风",已与现在同一"不古"矣,是以此种"上天下泽"即今所谓"天渊之别",易履象曰,"上天下泽、履、君子以辩上下、定民志"。之制与训,或天下通义,亦不易维持。襄十三年《左传》,载一"君子"之议论,最可玩味。

> 君子曰:让,礼之主也。……世之治也,君子尚能而让其下,小人农力以事其上;是以上下有礼,而谗慝黜远,由不争也,谓之懿德。及其乱也,君子称其功以加小人,小人伐其技以凭君子;是以上下无礼,乱虐并生,由争善也,谓之昏德。国家之敝,恒必由之。

然自"君子"观之,春秋,乱世也,故相争日繁,上下无礼。

> 王叔之宰曰:筚门闺窦之人,而皆陵其上,其难为上矣!
> (襄十年《左传》)
> 盗入于北宫,(子西)乃归授甲,臣妾多逃,器用多丧。同上。
> 王孙贾曰:苟卫国有难,工商未尝不为患;使皆行而后可。
> (定二年《左传》)
> 今发徒隶而作之,则逃亡而不守;发民则下疾怨上,边境有兵,则怀宿怨而不战。(《管子·轻重乙》)

是小人不安于劳力以事其上也。至于君子,则

> 叔向曰:……民闻公命,如逃寇雠。乐,郤,胥,原,狐,续,

> 庆,伯,降在皂隶。……晋之公族尽矣!……肸之宗十一族,唯羊舌氏在而已。(昭三年《左传》)
>
> 窦犨曰:夫中行范氏不恤庶难,而欲擅晋国,今其子孙将耕于齐。宗庙之牺,为畎亩之勤,人之化也,何日之有!(《晋语》九)

此种剧变之发生,似可求其故于经济,而与农业之发展有关。昭三年《左传》:

> 晏子曰:齐其为陈氏矣!公弃其民,而归于陈氏。齐旧四量:豆,区,釜,钟。四升为豆,各以其四,以登于釜,釜十则钟;陈氏三量,皆登一焉,钟乃大矣。以家量贷而以公量收之。山木如市,弗加于山;鱼盐蜃蛤,弗加于海。民参其力,二入于公,而衣食其一。公聚朽蠹而三老冻馁;国之诸市,屦贱踊贵。民之痛疾,而或燠休之,……欲无获民,将焉避之?

进步之贵族,开发采地之农业,因其产品,以擅一国之政权,此种事例,岂春秋以前所能有耶?

其始也,因生活简单,文化方面,亦至朴僿。迨后社会关系复杂,纠纷日多,向之官学不足以应付此种需要,于是文化水准较高之国,私学日盛。其在鲁也,则孔子起于前,墨子继于后矣。

孔墨何为皆起于鲁耶?似与鲁之固有文化相关。鲁,周公之后也,周公为宗法社会之圣人,制礼作乐。伯禽封鲁,祝佗言:"分之土田倍敦,祝宗卜史,备物典策,官司彝器。"所谓"备物典策",非他国所能得也。故:

晋侯使韩宣子来聘,……观书于太史氏,见《易象》与鲁《春秋》,曰,"周礼尽在鲁矣。吾乃知周公之德与周之所以王也!"(昭二年《左传》)

鲁国所存此类文献,必有富于他国者。诸书所记孔子之言,亦可印证。

　　子曰:夏礼吾能言之,杞不足征也;殷礼吾能言之,宋不足征也;文献不足故也。足,则吾能征之矣。(《论语·八佾》)
　　子曰:吾说夏礼,杞不足征也;吾学殷礼。有宋存焉。吾学周礼,今用之,吾从周。(《礼记·中庸》)
　　孔子曰:我欲观夏道,是故之杞,而不足征也;吾得夏时焉。我欲观殷道,是故之宋,而不足征也;吾得《坤乾》焉。……于乎哀哉!我观周道,幽厉伤之。吾舍鲁何适矣?(《礼记·礼运》)

各国皆无足征,周自幽厉以后,亦已缺坏,惟鲁则"文武之政布在方策",《中庸》记孔子告哀公之说。故舍鲁则无所适也。孔子又曰:"齐一变,至于鲁,鲁一变,至于道。"《论语·雍也》其所用以比较之观点,虽未得而详,但齐之军事政治,在春秋时颇有所表见,而鲁为积弱之邦,尚驾乎其上,则鲁必有以异于他国矣。

　　且鲁不独精神文明如此,即物质文明,亦似较他国为发达。《左传》襄二十九年云:

> 叔侯曰：鲁之于晋也，职贡不乏，玩好时至。

又成二年：

> 楚侵及杨桥，孟孙请往；赂之以执斲，执针，织纴，皆百人。

前者如玩好时至，则似奢侈品颇发达。后者如执斲，执针，织纴，皆工人也，每种至百人之多，其技术人才可谓盛矣。惟古代尚在奴隶生产，故不如今世聘请技师之隆重，乃举以赠遗也。此种事实春秋二百余年间仅此一举，他处仅言"归乐"、"献俘"等。设非鲁国制造之精，何必出此耶？抑不独春秋时为然，即在战国中叶，犹有翘举鲁国以为物质文明之模范国家者。如

> 商君曰：始秦戎翟之教，父子无别，同室而居，今我更制其教，而为男女之别；大筑冀阙，营如鲁卫矣，《史记·商君传》。
>
> 注：卫自春秋以来，国势虽日削弱，孔子所谓"鲁卫之政，兄弟也。"但"卫多君子"，已见称于当时。其国又为新乐发生之地，古人所讥"郑卫之声"是已。战国时，卫之人才见用于各国者，多著特殊成绩，如商鞅即其最显者。吴起之政治军事，人多知之，然《吕氏春秋·义赏》篇云：
>
> "郢人之以两版垣也，吴起变之而见恶。赏罚易而民安乐。"
>
> 高诱注云：
>
> "郢，楚都也，楚人以两版筑垣。吴起，卫人也，楚以为将变其两版，教之用四。楚俗习久见怨也。"
>
> 据此，则起殆以卫之建筑方法输入于楚，而卫之物质文明必有可观也。战国中叶犹如此，则商君所谓"大筑冀阙，营如鲁卫"，必非泛辞而有实事可指者矣。

盖鲁虽国力不竞，其俗喜学术，好技艺，颇似希腊之雅典。明乎此

种环境关系,则鲁为儒术最盛之邦,又为墨学渊源之地;以技巧言,输之攻,墨之守,乃同出于鲁人;庶可恍然知其故矣。

墨子与孔子环境大抵相同,时间相去又近,儒墨之道,何为水火不相容耶?此乃其所持之观点不同,或所代表之立场有异也。墨子为贱人,前已言之矣,孔子既自称"吾少也贱"(《论语·子罕》),《史记》则言孔子贫且贱,(《孔子世家》)又言仲弓父贱人。(《仲尼弟子列传》)所不同者仲弓虽为贱人之子,而其学则为"南面"之术;《论语·雍也》篇:子曰"雍也可使南面。"孔子究为破落之贵族,而其所讲求者虽为救世之术,乃立于君子方面,以今语释之则统治阶级也。君子义如公子、王子,即后世之老爷、少爷,小人即贱人,乃后世之小民、"小的"也。君子与小人,本地位之分别,自君子阶级之学者出,始渐变为品性之区别。此种分别虽为后世所讳言,究无法掩饰,如梁启超《先秦政治思想史》云:"然则儒家果画然将国人分为能治与受治之两阶级乎曰,是殆然,是又殆不然。儒家有所谓能治的阶级乎,曰有之,其名曰'君子'。一切政治由君子出、此儒家唯一的标帜、遍征诸儒书而可信者也"(页311)惟梁氏谓"君子非表示地位之名词,乃表示品格之名词。"此征之儒家言如《论语》《孟子》《荀子》诸书自无问题,若考之《诗经》及《左传》所载春秋时人之言则君子小人,实表示地位之名词也。故其高第弟子如子张,明言干禄之学,孔子本人,或言其历干七十二君。庄韩吕诸子均有此语。孟子则言"孔子三月无君,则皇皇如也,出疆必载质。"(《孟子·滕文公下》)盖学优则仕,非仕则无以为生。故曰:"士之仕也,犹农夫之耕也,农夫岂为出疆,舍其耒耜哉?"亦孟子语,同上。是以孔子之思想学术,视当时之官学,古代学术在官,自有此一境。虽有进步,而因依附政府,"温温无所试",则非其所堪,弊亦中于此矣。墨子则不然,己既为贱人,而其所讲求者,亦终为贱人之学。故孔子尊周王鲁,墨子则背周道;若仅就此点言之,则孔子似清末之康圣人,墨子则一革命家也。

墨子之学既代表贱人，当时之贱人，情形果如何？《贵义》篇墨子自承为贱人，又曰：

> 今农夫入其税于大人，大人为酒醴粢盛以祭上帝鬼神。岂曰贱人之所为而不享哉？故虽贱人也，上比之农，上比之药，曾不若一草之本乎？

是"农夫"乃贱人也。又曰：

> 彭氏之子曰，伊尹，天下之贱人也。

伊尹究为何等贱人？在他篇则

> 《尚贤下》：昔伊尹为莘氏女师仆，使为庖人。
> 《尚贤中》：伊挚，有莘氏女之私臣，亲为庖人。
> 《尚贤上》：汤举伊尹于庖厨之中。

是当时以伊尹为奴仆，故曰贱人也。然自农民以降，至于奴仆，其中等级尚多；如前所引"庶人工商，各有分亲"，庶人即农人，故曰"其庶人力于农穑，商工皂隶，不知迁业"也。此外可考见者，如：

> 士有朋友；庶人工商，皂隶牧圉，皆有亲昵；以相辅佐也。《左传》襄十四年。
> 克敌者上，大夫受县，下大夫受郡，士田十万，庶人工商遂，人臣隶圉免。又，哀二年。

> 公食贡，大夫食邑，士食田，庶人食力，工商食官，皂隶食职，官宰食加。《国语·晋语》四，官宰，家臣也。

农（庶人）既为贱人矣。墨子盖出身于工人，故亦为贱人。皂隶牧圉之为贱人，则无问题。其时商人，位在农工之下，亦贱人也。或疑郑商人弦高能犒秦师，疑春秋时代商人势力已大者，胡适《哲学史大纲》谓"郑国商人弦高都能跳上政治舞台建功立业。"页三九其实不然。弦高之举动乃"以乘韦先牛十二犒师"而已，不足见其地位之高下也。越四十九年，有一故事颇足参考。

> 荀䓨之在楚也，郑贾人有将寘诸褚中以出。既谋之，未行，而楚人归之。贾人如晋，荀䓨善视之，如实出己。贾人曰："吾无其功，敢有其实乎？吾小人，不可以厚诬君子！"遂适齐。——成三年，《左传》

商人地位之低，则绘影绘声矣。虽有富商，亦受种种限制。

> 夫绛之富商，韦藩木楗，以过于朝，唯其功庸少也。而能金玉其车，文错其服，能行诸侯之贿，而无寻尺之禄，无大续于民故也。——《国语·晋语》八

此叔向之语，则春秋季年，商人虽有富者，尚不得乘普通之车，韦藩、韦蔽前后，木楗、木檐也。其权利之被剥夺也多矣。昭十六年《左传》载子产述郑与商人之盟誓曰："尔无我叛，我无强贾。毋或匄夺。尔有利市宝贿，我勿与知。"无此盟誓则不能相保，商人之受压于贵族可知。然时移势异，则亦不能

久安于贱人之地位。故曰"卫国有难,工商未尝不为患",他国亦当然如是也。庶民工商及奴隶,此一群大多数之贱人,向为文化所不及,迨春秋末年,社会剧变,矛盾冲突亦蠕蠕欲动矣。而立于此贱人之观点方面,倡为学说者,则墨子其人也。

此种儒墨之区别,非予之私言也。墨子既自言之,而荀子言之亦甚明白。《荀子·王霸》篇曰:

> 今以一人兼听天下,日有余而治不足者,使人为之也;大有天下,小有一国,必自为之然后可,则劳苦耗顿莫甚焉!如是,则虽臧获不肯与天子易势业。以是县天下,一四海,何故必自为之?自为之者,役夫之道也,墨子之说也。论德使能而官施之者,圣王之道也,儒之所谨也。

役夫古为骂人之词,《左传》文元年、载"呼、役夫。"荀子之态度虽未必善,然以墨子之说为"役夫之道",观察却真;与墨子自承贱人无以异也。

第五章　墨子之学说

一　墨学之渊源

墨学由墨子之时代、环境、出身及其个性所决定,而非墨子以前所能有也。吾前谓墨子未自著书,与时人之说不同,似有损于墨子之伟大;然以吾观之,墨学乃墨子以前所无,由其一人倡导而成,诚所谓"开山祖师"也,其伟大何如!

然自来言墨学渊源者,则有三说:

(一)有谓原于尧舜者

《韩非子·显学》篇曰:

> 孔子墨子俱道尧舜而取舍不同,皆自谓真尧舜。尧舜不复生,将谁使定儒墨之诚乎?

《史记·自序》载司马谈论六家要旨曰:

> 墨者亦尚尧舜道,言其德行。曰:堂高三尺,土阶三等,茅茨不剪,采椽不刮;食土簋,啜土刑,粝粱之食,藜藿之羹;夏日

葛衣,冬日鹿裘。其送死,桐棺三寸,举音不尽其哀,教丧礼必以此为万民之率。使天下法若此;则尊卑无别也。

是韩非与司马谈以为原于尧舜也。
(二)有谓原于夏禹者
《庄子·天下》篇曰:

>墨子称道曰:"昔者禹之湮洪水,决江河,而通四夷九州也,名山三百,支川三千,小者无数。禹亲自操橐耜,而九杂天下之川;腓无胈,胫无毛,沐甚雨,栉疾风,置万国。禹,大圣也,而形劳天下也如此。"使后世之墨者,多以裘褐为衣,以跂蹻为服,日夜不休,以自苦为极。曰:"不能如此,非禹之道也,不足谓墨。"

淮南子《要略训》本之,曰:

>墨子……背周道而用夏政。禹之时天下大水,禹身执藁臿,以为民先,剔河而道九岐,凿江而通九路,辟五湖而定东海。当此之时,烧不暇损,濡不暇挖;死陵者葬陵,死泽者葬泽。故节财,薄葬,闲服,生焉。

是庄子、淮南王以墨学原于禹也。
(三)有谓原于史佚者
《汉书·艺文志》谓"墨家者流,盖出于清庙之守。"而所列墨六家,八十六篇,则首《尹佚》二篇,原注:"周臣,在成康时也。"次《田

俫子》,次《我子》,次《随巢子》,次《胡非子》,末为《墨子》七十一篇。近人江瑔本之,曰:

> 墨子之学,出于史佚,史角。史角无书,史佚有书二篇,《汉志》列于墨家之首,且谓周臣,在成康时。则由史佚历数百岁而后至墨子,未有墨子之前,已有墨家之学。(《读子卮言》卷二页二十八)

此即墨学出于史佚之说也。

按以上三说,皆他家所述,而非墨子之所自道也。今观《墨子》书中,绝未言及史佚。且史佚远在周初,以时代情状核之,不得有私人著述。《尹佚》书汉以后不传,近世马国翰辑本一卷,仅录《左传》《周书》所载史佚语及遗事,亦与墨家之旨不类。则《汉志》所著录者,或后人所依托,未足据也。书中虽言及尧舜夏禹,亦未足定为其学之所从出。清儒汪中之论,最为通达,其言曰:

> 墨子质实,未尝援人以自重。其则古昔,称先王,言尧舜禹汤文武者六,言禹汤文武者四,言文王者三,而未尝专及禹。墨子固非儒而不非周也,又不言其学之出于禹也。公孟谓君子必古言服然后仁,墨子既非之,而曰"子法周而未法夏,则子之古非古也。"此因其所好而激之,且属之言服,甚明而易晓。然则谓墨子背周而从夏者,非也。惟夫墨离为三,取舍相反,倍谲不同,自谓别墨;然后托于禹以尊其术,而淮南著之书尔。——《述学墨子后序》

汪氏谓墨子非背周道虽有未安,其言非从夏政,则确切不移;夏禹既非墨学所从出,则墨学不出于尧舜,尤无待论矣。汪氏又曰:"墨子者盖学焉而自为其道者也。故其《节葬》曰,'古圣王制为葬埋之法。'又曰:'子墨子制为葬埋之法,'则谓墨子自制者是也。"此言亦得其实。吾故曰,墨子以前无墨学。

夫尧舜本儒墨所同道,墨子称禹,孔子亦曰"禹!吾无间然矣!……禹!吾无间然矣!"(《论语·泰伯》)反复赞叹,此亦孔墨所同。《淮南子·要略训》曰,"墨子学儒者之业,受孔子之术";《主术训》亦曰,"孔墨皆修先圣之术,通六艺之论。"按六艺之名非当时所有,然墨子之学长于《诗》《书》《春秋》,学问之基础,固与孔子相同也。而卒至于大异者,此墨子有创造之精神,与独特之学说,非儒家之官学所能包也。

墨学为墨子所独创。故九流多以其学术名家,而"墨"乃独举其倡导者一人之姓以名家,此与众不同者也。

二 墨子学说之体系

墨子学说之中坚,在今本卷二至卷九内,有《尚贤》《尚同》《兼爱》《非攻》《节用》《节葬》《天志》《明鬼》《非乐》《非命》《非儒》十一目。此十一目乃用以打破当时政治,社会之现状,而有所建立;因而攻击彼维持(或改良)现状之学说也。其作用有消极积极两方面,消极在反周道之亲亲及"从周"之儒家学说;积极则在自申己说,以建立理想之政治与社会也。试表列于下:

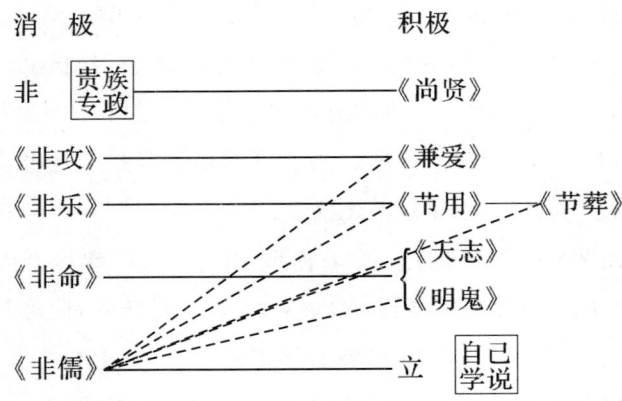

墨子曰:"非人者必有以易之。"(《兼爱下》)故其学说之消极方面非人也。其积极方面则所以易之也。亦犹因明之所谓立与破也。

此诸义何自发生？惜吾人于墨子生平事实,所知太少,又无年月先后,否则观其发生之次第,亦一至有兴趣之事也。梁启超《墨子学案》以兼爱为墨学之根本观念。夫以统摄诸目,则兼爱自较概括,此乃逻辑上之体系也。若就事实上之体系而言,或先因当时战争惨酷,乃倡《非攻》之说,进而更倡《兼爱》,以为《非攻》理论上之根据也。盖墨子为一平民（贱人）,压抑于贵族政治封建社会之下,久矣。适在春秋之末,经济、社会、政治,均呈动摇变革之现象,贱人亦欲有所作为。故以战争于平民有损无益,则倡《非攻》,既已非之,何以易之？则《兼爱》是已。以政治为贵族所把持,平民无由上达,则倡《尚贤》。列国分立,《非攻》则无由统一,故继之以《尚同》,所以救《兼爱》之失,此于,政治方面之主张也。《礼记·曲礼》曰:"礼不下庶人,刑不上大夫。"墨子贱人也,亦即庶人也,本为礼所不及。且以庶人之眼光为标准,以估量当时贵族所行之礼乐,则奢侈而厉民。故《非乐》非礼《汉书·艺文志》言"见俭之利、因以非礼。"

而倡为《节用》《节葬》。此于社会方面之主张也。夫以久为统治阶级所压服之贱人,一旦欲参与政治,改革社会,则墨子虽能独任,而非多数安分守己之贱人所能从也。乃于暴王所作之"命",竭力掊击,以鼓其动;又借助于天帝与鬼神之赏善罚暴,以增其勇。故既倡《非命》,而有《天志》《明鬼》,看似矛盾,实则有其一贯之用意。此其于精神方面之主张也。然此种种主张,与当时实际政治家固所不合,但在宣传时期,则非政府所甚注意也。惟与儒家则每事均立于相反之地位,故相争相斗,甚为激烈,因有《非儒》焉。

墨子学说发生之体系,大致如是,以下试分述之,而论其得失。

三 墨子之政治思想

周道亲亲,乃宗法社会之遗意,于是末流之弊,不独为贵族专政,于贵族之中,更限于宗室。兹就与墨子关系最深之鲁宋言;鲁在春秋中叶以后,三桓——季、叔、孟——专政,末年则季氏尤横,富于公室。宋于成公十五年,则曰:

> 于是华元为右师,鱼石为左师,荡泽为司马,华喜为司徒,公孙师为司城,向为人为大司寇,鳞朱为少司寇,向带为大宰,鱼府为少宰。……二华,戴族也,司城,庄族也,六官者,皆桓族也。——《左传》

此非一人之意也,乃礼俗如是,无由自拔。故昭公七年载:

> 单献公弃亲用羁,冬十月乙酉,襄顷之族,杀献公而立成公。——《左传》

羁尚不能用,况贱人而欲参政乎?墨子于此种用人之道,大肆讥弹,曰:

> 今王公大人,其所富,其所贵,皆王公大人骨肉之亲,无故富贵,面目美好者也。今王公大人骨肉之亲,无故富贵,面目美好者,焉故必知哉?若不知使治其国家,则其国家之乱可得而知也。今天下之士君子,皆欲富贵而恶贫贱。然女何为而得富贵而辟贫贱哉?曰莫若为王公大人骨肉之亲。旧本如此,王氏《杂志》于此补"无故富贵、面目美好者。"孙氏《间诂》从之,按可不必,盖墨子所攻击者重在骨肉之亲也。王公大人骨肉之亲,无故富贵,面目美好者,此非可学而能者也。使不"不"疑"其"之误。知辩德行之厚若禹汤文武,不加得也。王公大人骨肉之亲,譬喑聋瞽,暴如桀纣,不加失也。是故以赏不当贤,罚不当暴;其所赏者已无故矣,其所罚者亦无罪。是以使百姓皆攸心解体,沮以为善。垂其股肱之力,而不相劳来也;腐臭余财,而不相分资也;隐匿良道,而不相教诲也。若此,则饥者不得食,寒者不得衣,乱者不得治。——《尚贤下》

墨子以当时专用骨肉之亲,其害如此,于是提出"尚贤"一义,以救其弊。曰:

> 今者王公大人为政于国家者,皆欲国家之富,人民之众,

第五章　墨子之学说

刑政之治。然而不得富而得贫，不得众而得寡，不得治而得乱；……是其故何也？……是在王公大人为政于国家者，不能以尚贤事能为政也。是故国有贤良之士众，则国家之治厚；贤良之士寡，则国家之治薄。故大人之务，将在于众贤而已。

然则众贤之术将奈何哉？……曰：譬若欲众其国之善射御之士者，必将富之贵之，敬之誉之，然后国之善射御之士，将乃也。可得而众也。况又有贤良之士，厚乎德行，辩乎言谈，博乎道术者乎？此固国家之珍，而社稷之佐也；亦必且富之贵之，敬之誉之，然后国之贤良之士亦将可得而众也。

是故古者圣王之为政，言曰："不义，不富；不义，不贵；不义，不亲；不义，不近。"是以国之富贵人闻之，皆退而谋曰，"始我所恃者，富贵也，今上举义不辟贫贱，然则我不可不为义！"亲者闻之，亦退而谋曰，"始我所恃者亲也，今上举义，不辟亲疏，然则我不可不为义！"近者闻之，亦退而谋曰，"始我所恃者近也，今上举义不辟近，然则我不可不为义！"远者闻之，亦退而谋曰，"始我以远为无恃，今上举义不辟远，然则我不可不为义！"逮至远鄙郊外之臣，门庭庶子，国中之众，四鄙之萌人，闻之皆竞为义！……故古者圣人之为政，列德而尚贤，虽在农与工肆之人，有能则举之，高予之爵，重予之禄，任之以事，断予之令。……故当是时，以德就列，以官服事，以劳殿定也。赏量功而分禄，故官无常贵而民无终贱。有能则举之，无能则下之，举公义，辟私怨，此若言之谓也。——《尚贤上》

此虽不免托古之嫌，然《尚贤》之用，在于"使官无常贵而民无终贱"，则墨子之苦心可知矣。此种主张，在战国中叶以后，则不足

85

奇；然首出而提倡之者，则为墨子。

墨子之时，亲见荆、吴、齐、晋、楚、越相争，战事激烈。此于霸国或有利有害，但自平民之观点言之，无论胜负如何，有百害而无一利者也。故墨子于侵略之攻势战争，极为反对。《非攻》三篇，既甚。明白，而《耕柱》《鲁问》及《天志》诸篇，亦时及《非攻》之义，知其平日必以此为斤斤也。《天志下》曰：

> 今氏夫也大国之君宽然曰："吾处大国而不攻小国，吾何以为大哉？"是以差论爪牙之士，比列其舟车之卒伍，以攻伐无罪之国；入其沟境，刈其禾稼，斩其树木，残其城郭，以抑其沟池，焚烧其祖庙，攘杀其牺牷。民之格者则劲拔之，不格者则击操而归，操不误，曲礼上"献民虏者操右袂。"王引之改操为累未确。丈夫以为仆圉，胥靡，妇人以为舂酋。

然则战时所刈所斩，固平民之物，而所劲拔所系操，又即平民也。此乃所以《非攻》之动机欤？在《非攻》中下两篇，言战争之害更为详尽，兹不备引。然则何以能实行非攻？墨子为好攻伐之君划策曰：

> 夫天下处苦也攻伐久矣，譬若僮子之为马然。《耕柱》篇曰：大国之攻小国，譬若童子之为马也。童子之为马也，足用而劳，今大国之攻小国也，攻者农夫不得耕，妇人不得织，以守为事，攻人者亦农夫不得耕，妇人不得织以攻为事。故大国之攻小国也。譬犹童子之为马也。今若有能信效交也先利天下诸侯者，大国之不义也，则同忧之；大国之攻小国也，则同救之；小国城郭之不全也，必使修之；布粟乏绝，则委

之；币帛不足，则共之。以此效大国，则大国之君说；以此效小国，则小国之君说。人劳我逸，则我甲兵强；宽以惠，缓以急，民必利；易攻伐以治我国，功必倍；量我师举之费，以争诸侯之毙，则必可得而厚利焉。督以正，义其名，必务宽吾众，信吾师；以此援诸侯之师，则天下无敌矣。其为利天下，不可胜数也。（《非攻下》）

在小国，于卫则曾劝公良桓子以畜士，见《贵义》篇是则犹今世所谓"武装和平"也，尚非根本止兵。且墨子之初期《非攻》论，其言有极浅薄者。如好攻伐之君，饰其说以非墨子，谓："昔者禹征有苗，汤伐桀，武王伐纣，此皆立为圣王。子以攻伐为不义，是何故也？"墨子之答，最为牵强，曰："子未察吾言之类，未明其故者也。彼非所谓攻，所谓诛也。"更引种种妖妄之谈，以为三王辩护。见《非攻下》此皆墨子于非攻之义，尚未能圆满也。

迨后墨家学说进步，《非攻上》篇出，则言辞简约而理论缜密。不仅言攻之利害，中下篇则仅言利害。而言攻之善恶是非，故最为完备而无懈可击矣。其言曰：

> 今有一人，入人园圃，窃其桃李，众闻则非之，上为政者得则罚之。此何也？以亏人自利也。至攘人犬豕鸡豚者，其不义又甚入人园圃窃桃李。是何故也？以亏人愈多，其不仁兹甚，罪益厚。至入人栏厩，取人牛马者，其不仁义又甚攘人犬豕鸡豚。此何故也？以其亏人愈多。苟亏人愈多，其不仁兹甚，罪益厚。至杀不辜人也，扡其衣裘取戈剑者，其不义又甚入人栏厩取人马牛。此何故也？以亏人愈多，苟亏人愈多，其

不仁兹甚矣,罪益厚。当此天下之君子皆知而非之,谓之不义。今至大为不义攻国,则弗之非,从而誉之谓之义,此可谓知义与不义之别乎?杀一人,谓之不义,必有一死罪矣;若以此说往,杀十人,十重不义,必有十死罪矣;杀百人,百重不义,必有百死罪矣。当此,天下之君子,皆知而非之,谓之不义。今至大为不义攻国,则弗知非,从而誉之,谓之义。情不知其不义也,故书其言以遗后世。若知其不义也,夫奚说书其不义以遗后世哉?今有人于此,少见黑曰黑,多见黑曰白,则以此人不知白黑之辩矣。少尝苦曰苦,多尝苦曰甘,则必以此为不知甘苦之辩矣。今小为非则知而非之,大为非攻国,则不知非;从而誉之谓之义。此可谓知义与不义之辩乎?是以知天下之君子,(也)辩义与不义之乱也。(《非攻上》)

但此种痛快淋漓之理论,似非墨子生存时所能有。其必出于辩学发达以后也,无疑。《非攻上》宜与《天志下》末段参阅。

墨子自身于非攻之理论,虽尚有可议,然所以实行其主张者,正所谓"摩顶放踵利天下为之"者也。如止楚攻宋,(见《公输》篇)止鲁阳文君攻郑,(见《鲁问》篇)皆竭全力以赴之。且与弟子讲求守御之术,所以有《备城门》以下十四卷中各篇也。既已非之则必有以易之,墨子所以与空谈和平者之不同在此矣。

但在矛盾冲突之国家,社会,如欲非攻,本所难行。墨子于是进一步,欲建立一种新人生观,亦即新之社会道德。以此为前提,以宽现墨子之各种理想,尤于非攻有密切关系。此即其兼爱之说也。

墨子何为主张兼爱耶?亦自消极方面而起。曰:

> 当今之时，天下之害孰为大？曰若大国之攻小国也，大家之乱小家也，强之劫弱，众之暴寡，诈之谋愚，贵之傲贱，富之侮贫，《兼爱中》云："强必执弱、富必侮贫、贵必傲贱"，故当有此句。此天下之大害也。又与为人君者之不惠也，臣者之不忠也，父者之不慈也，子者之不孝也，此又天下之害也。又与今之贱人，执其兵刃毒药水火以交相亏贼，此又天下之害也。姑尝本原若众害之所自生，……必曰从恶人贼人生。分名乎天下恶人而贼人者，……即必曰别也。然即则也之交别者，果生天下之大害者与？是故子墨子曰，别非也。非人者必有以易之，……是故子墨子曰，兼以易别。（《兼爱下》）

别即不兼，乃指墨家以外之人所行者，故有"别士""别君"与"兼士""兼君"之分。然则兼之可以易别，其故何耶？在后期写成之《兼爱上》篇较中下篇，言尤简明。曰：

> 圣人以治天下为事者也，不可不察乱之所自起。当尝也察乱何自起？起不相爱。臣子之不孝君父，所谓乱也。子自爱，不爱父，故亏父而自利；弟自爱，不爱兄，故亏兄而自利；臣自爱，不爱君，故亏君而自利；此所谓乱也。虽父之不慈子，兄之不慈弟，君之不慈臣，此亦天下之所谓乱也。父自爱也，不爱子，故亏子而自利；兄自爱也，不爱弟，故亏弟而自利；君自爱也，不爱臣，故亏臣而自利。是何也？皆起不相爱。虽至天下之为盗贼者亦然，盗爱其室，不爱异室，故窃异室以利其室；贼爱其身，不爱人，故贼人以利其身。此何也？皆起不相爱。虽

至大夫之相乱家,诸侯之相攻国者,亦然。大夫各爱其家,不爱异家,故乱异家以利其家;诸侯各爱其国,不爱异国,故攻异国以利其国。天下之乱物事也具此而已矣。察此何自起?皆起不相爱。——《兼爱上》

此言别之害也。至兼之利,则曰:

> 若使天下兼相爱,爱人若爱其身,犹有不孝者乎?视父兄与君若其身,恶施不孝!犹有不慈者乎?视子弟与臣若其身,恶施不慈!故不孝不慈亡有。犹有盗贼乎?视人之室若其室。谁窃?视人身若其身,谁贼?故盗贼亡有。犹有大夫之相乱家,诸侯之相攻国者乎?视人家若其家,谁乱?视人国若其国,谁攻?故大夫之相乱家,诸侯之相攻国者,亡有。若使天下兼相爱,国与国不相攻,家与家不相乱,盗贼亡有,君臣父子皆能孝慈;若此,则天下治。

于是主张兼以易别,曰:

> 故圣人以治天下为事者,恶得不禁恶而劝爱?故天下兼相爱则治,交相恶则乱。故子墨子曰,不可以不劝爱人者,此也。

此墨子兼爱说之大旨也。然在此矛盾冲突之社会国家,何以实行此兼爱主义?墨子虽曰:"用而不可,虽我亦将非之;且焉有善而不可用者!"《兼爱下》并举当时之士,"言而非兼,择即取兼";古圣王亦有曾行兼爱者,以为如有人提倡,则推行亦不难。说详《兼爱下》篇,虽似持之有故,惜其推行之法,究未尽善也。

墨子之说尚有一矛盾现象,假令《兼爱》《非攻》之道能行,国与国不相攻伐,则必久停于列国并立状态,而中国无由统一,亦非善法也。欲救此失,于是墨子乃有《尚同》之义。尚同者,言人皆上同于天子而不下比,以建强有力之统一政府也。墨子首言当时纷争之害,曰:

> 方今之时,复古之民始生未有正长之时,盖其语曰天下之人异义。是以一人一义,十人十义,百人百义,其人数兹众,其所谓义者兹众。是以人是其义,而非人之义,故交相非也。内之父子兄弟作怨雠,皆有离散之心,不能相和合。至乎舍余力不以相劳,隐匿良道不以相教,腐朽余财不以相分;天下之乱也,至如禽兽然。(《尚同中》)

此言天下纷乱,已呈无政府状态,于是亦托古以主张之曰:

> 明乎民之无正长,以一同天下之教,而天下乱也;是故选择天下贤良圣知辩慧之人,立以为天子,使从事一同天下之义。——《尚同中》

然则选择天子者谁耶?此于选择上无主词,颇为暧昧,《尚贤下》则曰:"是故天之欲一同天下之义也,是故选择贤者立为天子。"旧作"是故天下"四字,颇不辞,孙间诂、曹笺、张集解均作"下"字,今从之。则选择者为天,乃王权神(天)授说也。故天子须对天负责任,而曰:

> 天下既以治,天子又总天下之义,以尚同于天。(《尚同下》)

《尚同中》篇则曰:

> 夫既上同乎天子,而未尚同乎天者,则天菑将犹未止也。……将以罚下人之不同乎天者也。

上同于天者,不必天子,已是一修正。且天子亦须对民负责,故曰:

> 古者圣王……其为正长若此,是故上者天鬼有深厚乎其为政长也,下者万民有便利乎其为政长也。天鬼之所深厚,而能强从事焉,则天鬼之福可得也;万民之所便利,而能强从事焉,则万民之亲可得也。

天子既须对民负责,则选择之者亦人民欤?《尚同上》曰"是故选择天下之贤可者,立以为天子。"此或墨家后学,修正墨子之说,改天选而为民选也。《尚同上》较中下篇为晚出,说详第三章。

政长既已选立,墨子之心目中,以为里长者里之仁人也,乡长者乡之仁人也,国君者国之仁人也;在其政治区域内,彼等之所是,人民必是之,所非,人民必非之。层累以上,至于天子,则曰:

> 国君治其国,而国既已治矣,又率其国之万民以尚同乎天子。曰凡国之万民皆上同乎天子,而不敢下比。天子之所是,必亦是之;天子之所非,必亦非之。去而不善言,学天子之善言;去而不善行,学天子之善行。天子者,固天下之仁人也,举天下之万民,以法天子,夫天下何说而不治哉?察天子之所以

治天下而天下治者,何故之以也?曰唯以其能一同天下之义,是以天下治。(《尚同中》)

有此尚同一义,则春秋战国之际,其纷争局面,自可渐趋于统一。然此种天下之仁人,当时未必已在天子之位,则尚有待选择,固其宜也。且所是必是之,所非必非之,此种极端之独裁主义,天子若非仁人而为暴主,又将何如?此则墨子所未言,但以其革命精神推之,则亦不能使一人肆于民上也!

由反贵族而《尚贤》,由息战争而《非攻》,《兼爱》为《非攻》之本,《尚同》乃统一之方,此墨子于政治方面之主张也。

四　墨子之经济学说

墨子于团体生活,既有其政治理想;于物质生活,则有其经济学说。

墨子之经济学说,其方法在节用,而其目标则在"利"。按在古代文献中,如《易经》之卦爻辞,不言利者甚少。自孔子出,则曰:"君子喻于义,小人喻于利。"《论语·里仁》篇门人记其平日言论,则曰:"子罕言利"。《子罕》篇以利与义相对立而不言,于是樊迟学稼学圃,则斥之曰:"小人哉!樊须也。"《子路》篇是以儒家多与生产关系脱离,而成一"四体不勤,五谷不分"("荷蓧丈人"讥子路语)之寄生阶级。在道德方面,则仅问动机而不言功效;故其影响也,善者则有"知其不可而为之"("晨门"论孔子之语)之态度,恶者则流于空谈心性而无补,社会国家。故自孔子以后,孟子则云"何必曰利？亦有仁义而已矣。"董仲舒则曰："正其谊不谋其利,明其道不计其功。"凡儒家正统派,大率以义与利为不相容也。墨子贱人,亦即小人,故不讳言利。且以利与义调和之,融合之,此墨子与儒家之异也。但墨子之利,非自私自利而为天下之公利,或彼此之互利；故常曰,"下欲中国家百姓之利",见《尚贤下》《尚同下》《非攻下》《节葬下》《天志下》等篇曰,"交相利"《兼爱中下》等篇,而未尝以自利为言也。盖墨子所倡导之至德要道曰兼爱,爱而不利,则流为空言,故常以爱与利并言。如"兼而爱之,从而利之"《尚贤中》,如"兼相爱,交相利"《兼爱中》,"天必欲人之相爱相利",《法仪》随在可见,无俟一一举之也。

然则利之之道奈何？则节用是也。墨子之时,铁器虽已应用,一切皆系手工生产,农业初盛,地利亦无由尽量发展,积极增加生产,事所难能也；故与其他圣贤一律,皆自消极以言节用。惟墨子以贱人（平民）之生活为标准,观察当时当权之人,不能生产而徒然浪费有用之财,以日事奢侈,不免愤激。故《七患》篇曰：

> 以其极赏,以赐无功；虚其府库,以备车马衣裘奇怪；苦其役徒,以治宫室观乐。死又厚为棺椁,多为衣裘。生时治台榭,死又修坟墓；故民苦于外,府库单尽也。于内,上不厌其乐,下不堪其苦！

此言其生死均有害于下民也。《辞过》篇则就此观点,更分析言之曰：

> 当今之主,其为宫室,则……必厚作敛也。敛于百姓,暴夺

民衣食之财,以为宫室台榭曲直之望,青黄刻镂之饰。

当今之主,其为衣服,则……必厚作敛于百姓,暴夺民衣食之财,以为锦绣文采靡曼之衣。

今则……厚作敛于百姓,以为美食刍豢蒸炙鱼鳖。……人君为饮食如此,故左右象之,是以富贵者奢侈,孤寡者冻馁。

当今之主,其为舟车,……全固轻利,皆已具矣;必厚作敛于百姓,以饰舟车;饰车以文采,饰舟以刻镂。女子废其纺织而修文采,故民寒;男子离其耕稼而修刻镂,故民饥。人君为舟车若此,故左右象之;是以其民饥寒并至,故为奸邪。

虽上世至圣必蓄私,不以伤行,故民无怨。官无拘女,故天下无寡夫。内无拘女,外无寡夫,故天下之民众。当今之君,其蓄私也,大国拘女累千,小国累百。是以天下之男多寡无妻,女多拘无夫,男女失时故民少。

此皆就平民生活为标准以估量统治阶级之举动,而谓其宫室、衣服、饮食、舟车,蓄私皆过于浪费,乃暴夺民衣食之财,而使男女寡拘也。

自墨子观之,当时之统治阶级,不独其"生活"浪费民衣食之财也,若依其所谓礼俗,则"死亡"亦浪费也。故墨子曰:

此存乎王公大人有丧者,曰棺椁必重,葬埋必厚,衣衾必多,文绣必繁,丘垄必巨。存乎匹夫贱人死者,殆竭家室。存乎诸侯死者,虚府库,然后金玉珠玑比乎身,纶组节约车马藏乎圹;又必多为屋幕……齿革,寝而埋之,而后满意。送死若徙,曰天子诸侯杀殉,众者数百,寡者数十;将军大夫杀殉众者

数十,寡者数人。(《节葬下》)

此自贱人方面言之,则所埋者皆其衣食之财,而为人所暴夺者也;所杀以殉之人,则又其同类之亲矣,安得不非焉?

墨子以同一观点,对于音乐亦以为亏夺民衣食之财而反对之。故《非乐上》篇曰:

> 今大钟鸣鼓琴瑟竽笙之声,既已具矣,王公大人肃然奏而独听之,将何乐得焉哉?其说将必与贱人与君子听之。与君子听之。废君子之听治;与贱人听之,废贱人之从事。今王公大人唯毋毋,语辞。为乐,亏夺民衣食之财以拊乐,如此多也。是故子墨子曰,为乐非也。

凡此所引,皆墨子就特权阶级奢侈之消费,加以攻击,而欲有所变革者也。于是乃就积极方面提出各种办法,以为经济上合理之生活标准。

墨子救浪费之方法,则在节用。曰:

> 古者圣王制为节用之法曰,……凡足以奉给民用则止;诸加费不加于民利者,圣王勿为——《节用中》。

奉给民用则止者,乃今所谓生活必需品也;加费不加利者,奢侈品也。故曰:"使民用财也,无不加用而为者。"(《节用上》)又曰:"凡费财劳力不加利者不为也。"(《辞过》)于是推之饮食衣服宫室均有所规定:

> 饮食之法曰,足以充虚继气,强股肱,耳目聪明,则止。不极五味之调。……俛仰周旋威仪之礼,圣王不为。
>
> 衣服之法曰,冬服绀緅之衣轻且煖,夏服絺绤之衣轻且清,则止。诸加费不加于民利者圣王弗为。宫室之法……曰,其中可以圉风寒,上可以圉霜雪雨露,其中蠲洁可以祭祀,宫墙足以为男女之别,则止。诸加费不加民利者圣王弗为。——《节用中》

其他如舟车之类亦有所规定见《节用中》及《辞过》,无非以矫一部分人之奢侈而用平民为标准也。而于当时厚葬之俗,亦以同一态度矫正之。《节用中》篇曰:

> 古者圣王制为节葬之法曰:衣三领,足以朽肉;棺三寸,足以朽骸;掘穴深不通于泉,气不发泄则止。死者既葬,生者毋久丧用哀。

《节葬下》则曰:

> 衣食者,人之生利也,然且犹尚有节;葬埋者,人之死利也,夫何独无节于此乎?子墨子制为埋葬之法曰:棺三寸,足以朽骨;衣三领,足以朽肉;掘地之深,下无菹漏,气无发泄于上;垄足以期其所,则止矣。哭往哭来,反从事乎衣食之财,佴乎祭祀,以致孝于亲。故曰子墨子之法,不失死生之利者,此也。

两法相同，故汪中以圣王之法即墨子自为之法也。

至于音乐，则以为"上考之不中圣王之事，下度之不中万民之利。"(《非乐上》)于是视为浪费，而欲完全去之，非徒节也。故曰："圣王不为乐"。(《三辩》)又曰："今天下士君子，诚将欲求兴天下之利，除天下之害，当在察也。乐之为物，将不可不禁而止也。"(《非乐上》)

凡此乃墨子就消费方面，主张节用之大旨也。

墨子不仅注重消费已也，而生产之增加，尤为斤斤于怀，但彼时无足以利用增加生产之工具如机器，故在人力方面尽量以求增加效果。

一主张人人劳作。曰：

赖其力者生，不赖其力者不生。(《非乐上》)

墨子之意盖以为人与禽兽异者也，禽兽因其羽毛以为衣裘，因其蹄爪以为绔屦，因其水草以为饮食。故虽使雄不耕稼树艺，雌亦不纺绩织纴，衣食之财固已具矣。今人与禽兽异者也，君子不强听治则刑政乱，贱人不强从事，则财用不足。(亦见《非乐上》)若不赖其力，而欲享受，则认为。

不与其劳。获其实。非其所有而取之。(《天志下》)

于是"上得且罚之,众闻则非之"矣。此墨子之注重劳动也。

二曰各尽所能。《节用中》云:

> 凡天下群百工,轮车,鞼鲍,此即《考工记》之韗鲍、为攻皮之工。陶冶,梓匠,使各从事其所能。

《贵义》篇载墨子之言,则曰:

> 譬若筑墙然,能筑者筑,能实坏者实坏,能欣者欣,然后墙成也。为义犹是也,能谈辩者谈辩,能说书者说书,能从事者从事,然后义事成也。

此足以见其学重分科,事重分工矣。

三则注重以时生财《七患》篇曰:

> 为者疾,食者寡,则岁无凶;为者缓,食者众,则岁无丰,故曰:财不足则反之时,食不足则反之用。故先民以时生财。

既主以时生财,则凡费时而不生财者,墨子均反对之。何以非乐?则以乐与君子听之,废君子听治;与贱人听之,废贱人之从事。君子不强听治则刑政乱,贱人不强从事则财用不足。详《非乐上》。何以反对久丧?曰"使王公大人行此,则必不能早朝晏退,听狱治政;使士大夫行此,则必不能治五官六府,辟草木,实仓廪;使农夫行此,则必不能蚤出夜入,耕稼树艺;使百工行此,则必不能修舟车,为器皿矣;使妇人行此,则必不能凤兴夜寐,纺绩织纴。计厚葬为多埋赋财者也;计久丧为久禁从事者也。财已成者,挟而埋之;后得生者,而久禁之。以此求富,此譬犹禁耕而求获也。"(《节葬下》)因主以时生财,故《庄子·天下》篇曰,"其生也勤,其死也薄":"日夜不休,以自苦为极。"盖不独栖栖以行其道,亦汲汲为天下生财也欤?

此上三法固足以增加生产,然墨子之意,人口之增加,亦视为生产之手段。故《节用上》既患人之难倍,于是主张早婚。曰:

> 昔圣王为法曰,丈夫年二十,毋敢不处家;女子年十五,毋敢不事人。……此不惟使民蚤处家而可以倍与?

盖当时农业初盛,地力尚未开发,故常以"有余于地而不足于民"为虑,此春秋战国之际所有现象也。《国语·越语》云,"女子十七不嫁,其父母有罪。丈夫二十不娶,其父母有罪。"此勾践生聚之法也。《韩非子·外储说右》篇:齐桓公下令于民曰,"丈夫二十而室,妇人十五而嫁。"此《国语》《管子》所未载,或亦春秋末年以后所托者欤?墨子既欲众民,故凡有妨碍人口之增加者,即示反对。故曰"兴师以攻伐邻国,久者终年,速者数月,男女久不见,此所以寡人之道也。"(《节用上》)又曰:"今唯(毋)以厚葬久丧者为政,……此其为败男女之交多矣。……众之说,无可得焉。"(《节葬下》)此以妨碍人口增加之观点,反对攻伐与久丧也。以同一理由亦反对蓄妾,故曰:

> 内无拘女,外无寡夫,故天下之民众。……君实欲民之众而恶其寡,当蓄私不可不节。(《辞过》)

此皆注重增加人口,而欲间接使生产增加也。按墨家早婚之主张,自不如三十而娶,二十而嫁之善,但儒家此种主张,见于《曲礼》《尚书大传》《周礼·媒氏》,其发表也似甚晚。《左传》言"国君十五而生子"(襄公九年),孔氏家庭及仲尼弟子,凡有年可考者,似以早婚为多。盖战国中叶以后,人口似渐过庶,故《韩非子》五蠹诸篇已有当世人多之忧。墨子言战争俘虏则系操以归,孟子言系累其妻子,皆用作奴隶以从事生产,盖有地以安置之也。战国晚年则有坑降卒之风气。儒家晚婚之说,似生于此种环境之中,亦可以窥社会变迁之剧矣。

以上所述,为墨子于生产方面之主张。彼之汲汲生财,仿若孟子所讥"鸡鸣而起孳孳为利"者,何为若是之不惮烦耶?盖欲实现一理想之社会也。彼所谓理想之社会,则能"兼相爱,交相利"者耳。故至手舍余力,不以相劳;隐匿良道,不以相教,腐朽余财,不以相分。天下之乱也,至如禽兽然。(《尚同中》)此墨子之所大恶也。其理想之一境,则:

> 有力者疾以助人,有财者勉以分人,有道者劝以教人。若此,则饥者得食,寒者得衣,乱者得治,此安乃也。生生。(《尚贤下》)

又曰:

> 刑政治,万民和,国家富,财用足,百姓皆得煖衣饱食,便宁无忧。(《天志中》)

此皆墨子所欲实现之理想,于分配方面求其平均也。

墨子此种节用之经济学说,即音乐亦加反对者,是否合理?《三辩》篇载:

> 程繁问于子墨子曰:"夫子曰,'圣王不为乐'。昔诸侯倦于听治,息于钟鼓之乐;士大夫倦于听治,息于竽瑟之乐;农夫春耕夏耘,秋敛冬藏,息于瓴缶之乐。今夫子曰圣王不为乐,此譬犹马驾而不税,弓张而不弛,无乃非有血气者之所能至邪?"

此一疑难,则墨子之答覆甚为牵强,兹不备引。其后荀子作《富国》篇亦就墨子之说加以批评。曰:

> 墨子之言,昭昭然为天下忧不足。夫不足非天下之公患也,特墨子之私忧过计也。

又曰:

> 夫有余不足非天下之公患也,特墨子之私忧过计也。天下之公患,乱伤之也。胡不尝试相与求乱之者谁也?我以墨子之《非乐》也,则使天下乱;墨子之《节用》也,则使天下贫;非将堕之也,说不免焉!

又曰:

> 天下敖(熬)然,若烧若焦。墨子虽为之衣褐带索,嚽与啜

同。菽饮水,恶能足之乎?——即以伐其本,竭其原而焦天下矣!

《富国》篇此种言论,以人无娱乐,则生活枯燥,若烧若焦,诚中其弊。但谓不足乃墨子之私忧过计,而非天下之公患,则殊不然。盖墨子以"贱人"生活为标准,不足乃为公患,并非过计;荀子之学乃立于"王公大人"方面者,故以乱为公患,有余不足,则视为私忧,固未能了解墨子之深心也。

然则墨子甘于若烧若焦之节用生活,而终不欲较进一步耶?是殆不然。《非乐上》曰:

> 子墨子之所以非乐者,非以大钟鸣鼓琴瑟竽笙之声,以为不乐也;非以刻镂文章之色,以为不美也;非以刍豢煎炙之味以为不甘也;非以高台厚榭邃野字也。之居,以为不安也,虽身知其安也,口知其甘也,目知其美也,耳知其乐也;然上考之不中圣王之事,下度之不中万民之利。是故子墨子曰,为乐非也。

以万民之利否为标准,故虽与人之心理相违亦主张非乐。若万民生活之水准提高,则吾人亦不妨随之稍高;颇与后世所谓"后天下之乐而乐"相类。《说苑·反质》篇云:

> 禽滑厘问于墨子曰:"锦绣𫄧纻,将安用之?"墨子曰:"恶!是非吾用务也。……今当凶年,有欲予子随侯之珠者,不得卖也,珍宝而以为饰;又将予子一钟粟者。得珠者不得粟,得粟

者不得珠,子将何择?"禽滑厘曰:"吾取粟耳,可以救穷。"墨子曰:"诚然,则恶在事夫奢也!长无用,好末淫,非圣人之所急也。故食必常饱,然后求美;衣必常暖,然后求丽;居必常安,然后求乐。为可长,行可久,先质而后文:此圣人之务。"

此说如可信,墨子之意,固非终于若烧若焦以自若为极也,特视社会之生活程度为标准,先质而后文耳。

五　墨子之宗教信仰

墨子以贱人出身而欲于政治,社会有所改造,且以贱人为标准而行之,则欲鼓动当时之贱人,于其传统之精神信仰不能不有所破坏,以别图建立,此势所必然也。墨子于此方面,所以摧陷廓清旧信仰者,则有《非命》;代之而起者则为《天志》《明鬼》。

大凡命定之说,其用有二:人当困苦颠沛之时,欲有以自慰而无悔恨者,则命之效也;在阶级社会中,若印度之四姓,欲使被压迫者,处之而无怨尤,此麻醉之功,则亦命之效也。然此虽略分为二,其阻人努力向上,则一而已矣。墨子乃代表贱人者,以久被压迫麻醉之贱人,而欲有所树立,则于命定说,不可不先举而粉碎之也。

墨子推原命定说之由来,曰:

  命者暴王所作,穷人所术,述也。非仁者之言也。(《非命下》)

其证据何在？则曰：

> 今以命为有者：昔三代暴王桀纣幽厉，贵为天子，富有天下；于此乎不而能也。矫其耳目之欲，而从其心意之僻，外之驱骋田猎毕弋，内湛于酒乐，而不顾其国家百姓之政，繁为无用，暴逆百姓，遂失其宗庙。其言不曰吾罢疲也。不肖，吾听治不强；必曰吾命固将失之。虽昔也罢不肖之民，亦犹此也；不能善事亲戚君长，甚恶恭俭而好简易，贪饮食而惰从事，衣食之财不足，是以身有陷乎饥寒冻馁之忧。其言不曰，吾罢不肖，吾从事不强；必曰吾命固将穷。昔三代之为民，亦犹此也。
> 昔者暴王作之，穷人术之，此皆疑众迟朴。先圣王之患也，固在前矣。(《非命下》)

桀曰："时日曷丧？"(《尚书·汤誓》)夏曾佑云：时日，言生之时日，即命也。与纣称有命在天同意。前人以天上之日不丧解之，又讹为桀失日，恐非。纣曰："我生不有命在天！"(《西伯戡黎》)此命为暴王所作之明证。盖不独其失败以此自解，即其肆于民上，以为固然。穷人既受其麻醉，学者则从而引伸之发挥之以为学说，若《庄子·大宗师》诸篇，《列子·力命》篇所载，即其至完备之命定说也。然墨子当时所得见之命定说，乃孔子一派。如：

> 孔子曰：不知命，无以为君子也。(《论语·尧曰》篇)
> 公伯寮愬子路于季孙，子服景伯以告。……子曰："道之将行也与？命也。道之将废也与？命也。公伯寮其知命何！"(又《宪问》篇)

> 司马牛忧曰："人皆有兄弟，我独亡！"子夏曰："商闻之矣：'死生有命，富贵在天。'"（又《颜渊》篇）

此儒家之命定说也，墨子深反对之。《公孟》篇云：

> 公孟子曰："贫富寿夭，错然在天，不可损益"，又曰："君子必学。"子墨子曰："教人学而执有命，是犹命人葆葆，言包裹其发。而去其冠也。"

> 子墨子谓程子曰："儒之道足以丧天下者：……又以命为有。贫富寿夭，治乱安危，有极矣，不可损益也。为上者行之，必不听治矣；为下者行之，必不从事矣。此足以丧天下！"

《非儒》篇则曰：

> 有（又）强执有命以说议，曰："寿夭贫富，安危治乱，固有天命，不可损益。穷达赏罚，幸否有极；人之知力，不能为焉。"群吏信之，则怠于分职；庶人信之，则怠于从事。吏不治则乱，农事缓则贫；贫且乱，倍政之本。而儒者以为道教，是贼天下之人者也。

此皆墨子批驳儒家有命之说，以为足丧天下而贼天下之人，则其恶之深矣。

墨子更就一般命定说加以批驳则以社会种种不善，乃"执有命者以杂于民间者众。"（《非命上》）其言曰：

第五章　墨子之学说

执有命者之言曰:命富则富,命贫则贫,命众则众,命寡则寡,命治则治,命乱则乱,命寿则寿,命夭则夭,虽强劲何益哉?上以说王公大人之听治,下以驵(阻)百姓之从事故执有命者不仁,……不可不明辩。(《非命上》)

执有命者之不仁安在？墨子曰：

今也王公大人之所以蚤朝晏退,听狱治政,终朝均分而不敢怠倦者,何也?曰,彼以为强必治,强,勤也。不强必乱;强必宁;不强必危;故不敢怠倦。今也卿大夫之所以竭股肱之力,殚其思虑之知,内治官府,外敛关市山林泽梁之利,以实官府,而不敢怠倦者何也?曰彼以为强必贵,不强必贱;强必荣,不强必辱;故不敢怠倦。今也农夫之所以蚤出暮入,强乎耕稼树艺,多聚菽粟,而不敢怠倦者,何也?曰彼以为强必富,不强必贫;强必饱,不强必饥;故不敢怠倦。今也妇人之所以夙兴夜寐,强乎纺绩织纴,多治麻丝葛绪,捆布縿,而不敢怠倦者,何也?曰彼以为强必富,不强必贫;强必暖,不强必寒,故不敢怠倦。

今虽(唯)毋在乎王公大人,若信有命而致行之,则必怠乎听狱治政矣;卿大夫必怠乎治官府矣;农夫必怠乎耕稼树艺矣;妇人必怠乎纺绩织纴矣。王公大人怠乎听狱治政,卿大夫怠乎治官府,我以为天下必乱矣。农夫怠乎耕稼树艺,妇人怠乎纺绩织纴,则我以为天下衣食之财将必不足矣。(《非命下》)

有命之害如此,故墨子遂强非之也。 盖此种人事方面,墨子之意以

为皆由人力而非天命。是以事之成败，

> 天下皆曰其力也，必不能曰我见命焉！（《非命中》）

又曰：

> 夫岂可以为其命哉！固以为其力也。（《非命下》）

有力而无命，墨子所以能鼓动贱人者在此，墨子所以能日夜不休，以绳墨自矫而备世之急者在此，墨学所以优于儒家者此其一也。惟二千年来，墨学既微，儒家有命说以外，更益以道家之有命说，并输入印度佛教之有命说，流于中国社会，遂致中其毒而各安天命不知进取，以呈暮气沈沈之现象而不易振拔；安得如墨子其人者，倡《新非命》论以廓清此种病态哉！

墨子既将命定说举而破之矣，在当时之社会思想与一般人之程度，不能无所信仰也，于是有《天志》《明鬼》。

天之有意志，本墨子以前旧说，即孔子亦承认之。如

> 子曰："获罪于天，无所祷也。"（《论语·八佾》篇）
> 子曰："天生德于予，桓魋其如予何！"（又《述而》篇）
> 子曰："天之将丧斯文也，后死者不得与于斯文也；天之未丧斯文也，匡人其如予何！"（又《子罕》篇）

但此非孔子之所常言，故子贡曰：

> 夫子之言性与天道,不可得而闻也。(《论语·公冶长》篇)

墨子则不然,以"天志"为"法仪"。《天志中》曰:

> 是故子墨子之有天之(志),辟之无以异乎轮人之有规,匠人之有矩也。今夫轮人操其规,将以量度天下之圆与不圆也,曰,中吾规者谓之圆,不中吾规者谓之不圆。是以圆与不圆,皆可得而知也。此其故何?则圆法明也。匠人亦操其矩,将以量度天下之方与不方也,曰,中吾矩者谓之方,不中吾矩者谓之不方。是以方与不方,皆可得而知之。此其故何?则方法明也。故子墨子之有天志也,上将以度天下之王公大人为刑政也,下将以量天下之万民为文学出言谈也;观其意行,顺天之意,谓之善意行,反天之意,谓之不善意行;观其言谈,顺天之意,谓之善言谈,反天之意,谓之不善言谈;观其刑政,顺天之意,谓之善刑政,反天之意,谓之不善刑政。故置此以为法,立此以为仪,将以量度天下之王公大人卿大夫之仁与不仁,譬之犹分黑白也。

然则天之意志果何如?

> 子墨子曰:天之意不欲大国之攻小国也,大家之乱小家也。强之暴寡,诈之谋愚,贵之傲贱,此天之所不欲也。不止此而已,欲人之有力相营,有道相教,有财相分也。又欲上之强听治也,下之强从事也;上强听治则国家治知,下强从事则财用足矣。……故唯(毋)明乎顺天之意,奉而光施之天下,则

> 刑政治,万民和,国家富,财用足,百姓皆得暖衣饱食,便宁无忧。(《天志中》)

是天之意志,即墨子之意志也。《天志上》曰:

> 顺天意者,兼相爱,交相利,必得赏。反天意者,别相恶,交相贼,必得罚。

是天所赏罚,亦即墨子之赏罚也。后世秘密社会之恒言曰,"替天行道",此则"天替墨子行道"矣。法人福禄特尔(Voltaire)有言曰,"上帝如为吾人所需要也,则不妨以己意制造之。"墨子之"天志",其有福氏此种态度欤?故其言虽不免矛盾互见,驳而不醇,吾人可不必深论也。

墨子之《明鬼》,亦犹《天志》也,乃以其有用而制造之者。按墨子以前,对于鬼神已有不信者,然一般平民则甚敬虔而恐怖之。《左传》昭七年云:

> 郑人相惊以伯有。曰"伯有至矣"!则皆走,不知所往。铸刑书之岁(昭六年)二月,或梦伯有介而行,曰"壬子,余将杀带也!明年壬寅,余又将杀段也!"及壬子,驷带卒,国人益惧。齐燕平之月(七年正月)壬寅,公孙段卒,国人愈惧。……子产曰:"鬼有所归,乃不为厉。……"及子产适晋,赵景子问焉,曰:"伯有犹能为鬼乎?"子产曰:"能!人生始化曰魄,既生魄,阳曰魂;用物精多,则魂魄强;是以有精爽,至于神明。匹夫匹妇强死,其魂魄犹能冯依于人,以为淫厉;况良霄……敝邑之

卿，从政三世矣，……其用物也弘矣，其取精也多矣，其族汉又大所冯厚矣，而强死；能为鬼，不亦宜乎！"

由此事观之，一则可见社会迷信之深；二则就子产之言而论，仅取精用弘之贵族始能有鬼，而平民无鬼也；三则其鬼仅能报仇而无善恶之判断。墨子利用此种平民之迷信，而所明之鬼，则稍加修正，盖非仅复仇而能赏善罚暴也。

> 是故子墨子曰："当若鬼神之能赏贤而罚暴也，盖本施之国家，施之万民，实所以治国家利万民之道也。是以吏治官府之不洁廉，男女之为无别者，有鬼神见之；民之为淫暴寇乱盗贼，以兵刃毒药水火，退无罪人乎道路，夺人车马衣裘以自利者，有鬼神见之。是以吏治官府不敢不洁廉，见善不敢不赏，见暴不敢不罪，民之为淫暴寇乱盗贼，以兵刃毒药水火，退无罪人乎道路，夺人车马衣裘以自利者，由此止。"（《明鬼下》）

此其藉鬼神之制裁，以防止相恶相贼而增长相爱相利也。

至鬼神是否确有其物，墨子虽引种种证据，亦未足以得有识者之信从也。然墨子之本意，似不斤斤于有无之辩，乃仅就其效果言之者。

> 子墨子曰："古今之为鬼非他也，有天鬼，亦有山水鬼神者，亦有人死而为鬼者。今有子先其父死，弟先其兄死者矣，意虽使然，然而天下之陈物曰，'先生者先死'。若是，则先死者非父则母，非兄而姒也。今洁为酒醴粢盛，以敬慎祭祀，若

> 使鬼神请（灭）有,是得其父母兄姒而饮食之也,岂非厚利哉!若使鬼神灭亡,是乃费其所为酒醴粢盛之财耳,自夫费之,非直注之汙壑而弃之也；内者宗族,外者乡里,皆得而具饮食之。虽使鬼神灭亡,此犹可以合欢聚众,取亲于哪里"。(《明鬼下》)

父母兄姒皆得饮食,是墨子已破庶人无鬼之谬见矣。盖在贵族专政之社会,不独人有等级,而鬼亦与之相应而有其等级。墨子主张平民能祀天,又人各有鬼,故虽未能破除迷信而有其进步之特点在也。其为祭祀,谓"上以交鬼之福,下以合欢聚众取亲乎乡里,"则"明鬼"固有其交际娱乐之利益,在此方面鬼之有无何必深辩哉！

墨子《节葬》而《明鬼》,同时兼行,王充深加非难,曰：

> 墨家之议,自违其术,其薄葬而又右鬼。……夫死者审有知,……而薄葬之,是怒死人也。情欲厚而恶薄,以薄受死者之责,虽右鬼何益哉?如以鬼非死人,则其信杜伯非也；如以鬼是死人,则其薄葬非也。术用乖错,首尾相违,故以为非。非与是不明,皆不可行。(《论衡·薄葬》篇)

是以墨子《节葬》《明鬼》为自相矛盾也。近人夏曾佑之论则与王氏不同。曰：

> 儒家以君父为至尊无上之人,以人死为一往不返之事,(无鬼神,则身死而神亦死矣)；以至尊无上之人,当一往不返之事,而孝又为政教全体之主纲,丧礼乌得而不重？墨子既欲节葬,必先明鬼,(有鬼神,则身死犹有其不死者存,故丧礼可

杀。天下有鬼神之教，如佛教，耶教，回教，其丧礼无不简略者。)即设鬼神，则宗教为之大异。有鬼神则生死轻，而游侠犯难之风起；……有鬼神则生之时暂，不生之时长，肉体不足计，五伦非所重，而平等兼爱之义伸。(《中国历史》第一册，页一三〇)

夫鬼神有无，别为一事，而节葬与明鬼非相冲突，则夏氏之言为得其实也。

要之，墨子于信仰方面之成就，在其破坏而不在其建设。故《非命》之义，千古不可磨灭；而《天志》《明鬼》乃藉以坚平民之信仰而增其勇气也。盖当时平民，久受贵族之压迫，一旦欲使其有所建树，则每易气馁。今有天以助其相爱相利而去其相恶相贼，鬼神又于不知不觉之间，为之赏善罚暴，自易信从其说而无所畏葸矣。西方宗教中人之祷告，曰予甚软弱，愿上帝给我以勇气！墨子之《天志》《明鬼》，正给贱人以勇气也。至墨子自己，信天信鬼至何程度，则正难言。《鲁问》篇载墨子告曹公子曰：

> 夫鬼神之所欲于人者多，欲人之处高爵则以让贤也，多财则以分贫也。夫鬼神岂惟擢黍拑肺之为欲哉？今子处高爵禄而不以让贤，一不祥也。多财而不以分贫，二不祥也。今子事鬼神，唯祭而已矣，而曰病何自至哉？是犹百门而闭一门焉，曰，盗何从入？若是，而求百福于有怪之鬼神，岂可哉？

《公孟》篇云：

> 子墨子有疾，跌鼻进而问曰："先生以鬼神为明，能为祸

福,为善者赏之,为不善者罚之。今先生圣人也,何故有疾?意者先生之言有不善乎?鬼神不明知乎?"子墨子曰:"虽使我有病,鬼神何遽不明?人之所得于病者多方:有得之寒暑,有得之劳苦,是犹百门而闭一门焉,则盗何遽无从入?"

此墨子告智识稍高者之言也,均以百门而闭一门为喻,则鬼神于人之祸福,其力亦百分居一而已,可谓微矣。

《艺文类聚》引《墨子》有云:

> 禽子问天与地孰仁?墨子曰:"翟以地为仁。……民衣焉,食焉,死焉,地终不责德焉。故翟以地为仁。"(毕沅辑《墨子佚文》)

此以地为仁,则必以天为不仁矣,与《天志》说相违;纵非墨子之言,亦必墨家后学对《天志》说之修正也。故后期墨家亦多不说天鬼。

六　墨子之根本精神

墨子于政治经济各方面之主张,大致已如上述。然则其思想之特点安在?一言以蔽之,则平等是已。此非独墨家自己知之,即反对墨家者,亦莫不知之。荀子反对墨家最烈,而知墨子亦最深者也,其《天论》篇曰:

> 墨子有见于**齐**。无见于**畸**。有齐而无畸,则政令不施。

所谓齐者,以今语释之则平等也。以重平等则无等差,故《非十二子》篇曰:

> 不知壹天下,建国家之权称,上功用,大俭约,而**僈差等**;曾不足以**容辨异县**(悬)**君臣**。然而其持之有故,言之成理,足以欺惑愚众:是墨翟宋钘也。

"僈差等",王念孙谓即"无差等";杨倞谓"欲使君臣上下同劳苦也。"至"不足以容辨异,县君臣,"杨氏谓"上下同等,则其中不容分别,而县隔君臣也。"荀子在《富国》篇言之更详,曰:

> 墨子大有天下,小有一国,将蹙然衣尘食恶,忧戚而非乐;若是,则瘠,瘠则不足欲,不足欲则赏不行。墨子大有天下,小有一国,将少人徒,省官职,上功劳苦,与百姓均事业,齐功劳;苦是,则不威,不威则赏罚不行。赏不行则贤者不可得而进也,罚不行则不肖者不可得而退也;贤者不可得而进也,不肖者不可得而退也,则能不能不可得而官也;若是,则万物失宜,事变失应。……

大有天下,小有一国,则衣尘食恶,与百姓均事业,齐功劳,此即不容县君臣,亦即平等之义也。《解蔽》篇言:

> 墨子蔽于用而不知文。……故由用谓之道,尽利矣。

115

杨氏谓"欲使上下勤力,……而不知贵贱等级之文饰",则亦就其平等而言也。《王霸》篇言墨子之说为"役夫之道",引见前第四章亦就其平等而言者矣。盖自"有见于畸无见于齐"杨注,畸,不齐也。之荀子观之,墨子之道不独生主平等,即死亦主平等也。《礼论》篇云:

> 事生不忠厚,不敬文,谓之野;送死不忠厚,不敬文,谓之瘠;君子贱野而羞瘠。……天子之丧动四海,属诸侯;诸侯之丧动通国,属大夫;大夫之丧动一国,属修士;修士之丧动一乡,属朋友;庶人之丧合族党,动州里;刑余罪人之丧,不得合族党,独属妻子。棺椁三寸,衣衾三领,不得棺饰,不得书行,以昏殣;凡缘而往埋之,反无哭泣之饰,无衰麻之服,无亲疏月数之等,各反其平,各复其始;已葬埋,若无丧者而止:夫是之谓至辱。

杨氏注:"此盖论墨子薄葬,是以至辱之道奉君父也。"乃因墨子节葬之法,一律平等,加以丑诋也。且不独"无见于齐"之荀子为然,即著《齐物论》之庄子,亦加非难。曰:

> 古之丧礼,贵贱有仪,上下有等:天子棺椁七重,诸侯五重,大夫三重,士再重。今墨子独生不歌,死不服,桐棺三寸而无椁,以为法式。以此教人,恐不爱人;以此自行,固不爱己。……其生也勤,其死也薄;其道大觳,使人忧,使人悲,其行难为也;恐其不可以为圣人之道。反天下之心,天下不堪。

第五章　墨子之学说

墨子虽能独任,奈天下何?(《天下》篇)

是庄子亦以其节葬之法,平等而太薄也。即迨汉代,司马谈曰:

> 教丧礼必以此为万民之率,使天下法若此,则尊卑无别也。(《史记·自序》)

《汉书·艺文志》论墨家曰:

> 及蔽者为之,见俭之利,因以非礼;推兼爱之义,而不知别亲疏。

但墨子之教,本已如是,非蔽者之过正乃然。此与司马氏均就墨子平等之义加以批评也。

或谓墨子《尚同》,"上之所是,必皆是之;所非,必皆非之;……上同而不下比……。"此独裁专制之说也,岂得谓之平等?梁启超亦谓"既主张平等主义,又说'尚同而不下比。'这是矛盾地方。"见《墨子学案》页一五七。曰,不然。《法仪》篇曰:

> 当皆法其君奚若?天下之为君者众而仁者寡;若皆法其君,此法不仁也;法不仁不可以为法。故父母,学(师也)。君三者,莫可以为治法。

《尚同上》曰:

> 天上之百姓,皆上同于天子,而不上同于天,则菑犹未去也。今若天飘风苦雨溱溱而至者,此天之所以罚百姓之不上同于天者也。

君既不尽可以为法仪,又与万民均须上同于天,则君权尚非绝对无上者也;君又可以选择,见《尚同上》篇此与儒书所谓"君,天也;天可逃乎?"《左传》宣四年其权之限制,固已多矣。且墨家理想之君主,则尧禹也。《节用中》曰:

> 古者尧治天下,南抚交趾,北际幽都,东西至日所出入,莫不宾服。逮至其享受,黍稷不二,羹胾不重,饭于土塯,啜于土铏。……

此其节俭如何!《庄子·天下》篇言:

> 墨子称道曰:昔者禹之湮洪水,决江河,而通四夷九州也,名山三百,支川三千,小者无数。禹亲自操橐耜,而九杂天下之川;腓无胈,胫无毛,沐甚风,栉甚雨,置万国。禹,大圣也,而形劳天下也如此。

此其勤劳又如何!《韩非子·五蠹》篇所言之尧,禹,殆本于墨家此类传说。其辞曰:

> 尧之王天下也,茅茨不翦,采椽不斫;粝粢之食,藜藿之羹;冬日麑裘,夏日葛衣;虽监门之服养,不亏于此矣。禹之王

天下也。身执耒臿,以为民先;股无胈,胫不生毛;虽臣虏之劳,不苦于此矣。以是言之,夫古之让天子者,是去监门之养,而离臣虏之劳也;故传天下而不足多也。

墨子心目中之天子,其权既有限制,而又劳力多,享受薄,直等当时之奴隶,所谓监门之养,臣虏之劳也。此其平等又为何如耶?

墨子之时,与其学说相敌者,仅一儒家,他家则尚未起也。道家之《老子》非老聃所作,其说发于汪中之《老子考异》与崔述之《洙泗考信录》,梁启超《评胡适之中国哲学史大纲》亦从之,今人更加考证,殆成定论。墨子与孔子年代相接,学术之基础相同,而其主张则相反。故"孔子亲亲,墨子尚贤;孔子差等,墨子兼爱;孔子繁礼,墨子节用;孔子重丧,墨子节葬;孔子统天,(《春秋》称以元统天)。墨子天志;孔子远鬼,(《论语》称:未知生,焉知死?敬鬼神而远之。)墨子明鬼;孔子正乐,墨子非乐;孔子知命,墨子非命;孔子尊仁,墨子贵义:殆无一不与孔子相反。"此用夏曾佑语。至其所以然之故,言者不一。以吾观之,殆在平等与否而异。若借《荀子》之语表之:则孔子有见于畸,无见于齐;墨子有见于齐,无见于畸也。故墨家不能不非儒。

夫"亲亲有术,杀也,尊贤有等",(《非儒下》)乃儒家所倡者,墨家首非之,以其与平等之旨相违也。其他如有命,重乐,厚葬,久丧,诸事,墨子非之,已见于前矣。儒家之堕落者,甚或设为有斗,以与非攻之义相抗。如:

> 子夏之徒问于子墨子曰:"君子有斗乎?"子墨子曰:"君子无斗"。子夏之徒曰:"狗豨犹有斗,恶有士而无斗矣?"子墨子曰:"伤矣哉!言则称于汤文,行则譬于狗豨伤矣哉!"(《耕柱》

篇）

此亦足见儒墨之异也。墨家以平等故，则人人劳动生产；儒则以食于人，劳心而不劳力为正当权利。在孔孟尚见讥于时人，见疑于弟子，末流之弊则养成一寄生阶级。此亦墨家之所深恶，故曰：

夫繁饰礼乐以淫人，久丧伪哀以谩亲，立命缓贫而高浩居，浩原作浩，从曹笺改。佚居，谓不勤身以从事也。倍本弃事而安怠傲。贪于饮食，惰于作务，陷于饥寒，危于冻馁，无以违之，是若乞人。𪓟鼠藏而羝羊视，贲彘起，……。君子笑之，怒曰："散人焉知良儒？"夫夏乞麦禾；五谷既收，大丧是随；子姓皆从，得厌饮食；毕治数丧，足以至矣。因人之家以为翠，肥也。恃人之野以为尊；富人有丧，乃大说，喜曰："此衣食之端也！"（《非儒下》）

此非墨家之丑诋，儒者实多此一种人，即荀子亦尝讥之矣。《荀子·非十二子》篇，"偷儒惮事，无廉耻而嗜饮食，必曰'君子固不用力'，是子游氏之贱儒也。"又儒效篇，"呼先王以欺愚者，而求衣食焉。得委积足以掩其口，则扬扬如也，……偬然若终身之虑，而不敢有他志，是俗儒者也。"可见其弊之一斑。

墨家以平等而欲实现理想之社会，故不惮革命而无先例可循；儒家虽不乏温情之改良而不敢有所破坏，故"述而不作"。此乃对于历史之态度，亦儒墨所以相非也。如

公孟子曰："君子不作，术（述）而已。"子墨子曰："不然。……吾以为古之善者则试述也。之，今之善者则作之，欲

善之益多也。"(《耕柱》篇)

公孟子曰:"君子必古言服,然后仁。"子墨子曰:"昔者商王纣卿士费仲,为天下之暴人;箕子,微子,为天下之圣人,此同言而或仁或不仁也。周公旦为天下之圣人,关(管)叔为天下之暴人;此同服或仁或不仁。然则不在古服与古言矣。且子法周而未法夏也,子之古非古也。"(《公孟》篇)

观公孟与墨子之辩论,已可知其循述与创作之异矣。《非儒》篇亦有此类议论,如

儒者曰:"君子必古服古言然后仁。"应之曰:"所谓古者则尝新矣,而古人服之,则非君子也。然则必法非君子之服,言非君子之言,而后仁乎?"

又曰:"君子循而不作"。应之曰:"古者羿作弓,伃作甲,奚仲作车,巧垂作舟;然则今之鞄函车匠皆君子也,而羿,伃,奚仲,巧垂,皆小人邪?且其所循,人必或作之,然则其所循皆小人道也。"

皆主变古开新,此更深刻,乃以儒墨二家革命与否,而对历史之观点与态度,自然迥殊也。

墨子之根本思想虽在平等,然墨子实行家也,故必察其环境,因地因人而施,所谓对症下药也。墨子曰:

凡入国必择务而从事焉。国家昏乱,则语之《尚贤》《尚同》;国家贫,则语之《节用》《节葬》;国家喜音湛湎,则语之

《非乐》《非命》;国家淫僻无礼,则语之尊天,事鬼;国家务夺侵凌,即语之《兼爱》《非攻》。故曰,择务而从事焉。(《鲁问》篇)

因欲随地而择务从事,故根本精神,虽在平等,而有各种目标也。

第六章　墨家之组织

墨子之学说,已略如上述,其目虽繁,根本则在平等。然以一贱人倡之,竟成一大学派以移当世风尚者何耶?则墨子人格之感化与其组织之完善也。墨子人格之伟大,观其行事可知,详第二章而墨家之组织非仅一学述团体,似革命机关,亦似后世秘密会党;盖组织甚密而纪律甚严也。

《公输》篇云:

> 子墨子曰:"公输子之意,不过欲杀臣,杀臣宋莫能守,可攻也。然臣之弟子禽滑厘等三百人,已持臣守圉之器,在宋城上而待楚寇矣,虽杀臣不能绝也。"

此可见墨子弟子三百人,因实行非攻,皆为宋守御也。若非有人组织之,指挥之,而徒激于一时之义勇,断难如是步武整齐矣。

《淮南子·泰族训》云:

> 墨子服役者百八十人,皆可使赴火蹈刃,死不旋踵。化之所致也。

虽曰化之所致,然云可使,则必有使之者。孰使之?墨子使之也。

《鲁问》篇云：

> 鲁人有因子墨子而学其子者，其子战而死，其父让子墨子。子墨子曰："子欲学子之子，今学成矣，战而死，而子愠；是犹欲粜，粜售则愠也，岂不费（悖）哉！"

此鲁人之子，如为国家服役，战而死，其父无因责让墨子。或受墨子之命战而死，其父始能如此责让也。吾人试想，假令楚国当日实行攻宋，宋非楚敌，无待言矣；虽以三百弟子为之守御，未必不败；就令不败，死者亦必不少，则其父之愠，自在意中也。然观墨子之答，以愠为悖，则似以战死为墨者当然之义务矣。以鲁人此事观之，则墨子必有因"非攻"而实行守御，致弟子战死者，特载籍不传，无由详考。

《庄子·天下》篇："以巨子为圣人，皆愿为之尸。冀得为其后世。"此所谓巨子，即《吕氏春秋》之钜子也。钜子盖墨家之首领，墨者须绝对服从之。《吕氏春秋·上德》篇云：

> 墨者钜子孟胜，善荆之阳城君。阳城君令守于国，毁璜以为符。约曰"符合，听之。"荆王薨，群臣攻吴起，兵于丧所，阳城君与焉。荆罪之，阳城君走。荆收其国，孟胜曰："受人之国，与之有符；今不见符，而力不能禁，不能死，不可。"其弟子徐弱谏孟胜曰："死而有益阳城君，死之可矣；无益也，而绝墨者于世，不可。"孟胜曰："不然，吾于阳城君，非师则友也，非友则臣也。不死，自今以来，求严师必不于墨者矣；求贤友必不于墨者矣；求良臣必不于墨者矣。死之所以行墨者之义而机其业者也。我将属钜子于宋之田襄子。田襄子贤者也，何患

墨者之绝于世也?"徐弱曰:"若夫子之言,弱请先死以辟路";还殁头于孟胜前。因使二人传钜子于田襄子。孟胜死,弟子死之者百八十三人。二人已致命于田襄子,欲反死孟胜于荆。田襄子止之,曰:"孟子已传钜子于我矣,当听!"遂反死之,墨者以为不听钜子。"当听",毕沅改为"不听",非。

由此一事观之,不独墨家敢死之风,跃然纸上;而钜子权力之大,更可惊人。故二人反死于荆,"墨者以为不听钜子";而田襄子之止二人,则曰"孟子已传钜子于我矣",则二人似有绝对服从之义务,死而违命,犹不能恕也。

墨者固须绝对服从钜子,而钜子亦须绝对服从团体内之纪律。《吕氏春秋·去私》篇云:

> 墨者钜子有腹䵍,居秦,其子杀人。秦惠王曰:"先生之年长矣,非有他子也,寡人已令吏弗诛矣。先生之以此听寡人也!"腹䵍对曰:"《墨者之法》:'杀人者死,伤人者刑',此所以禁杀伤人也。夫禁杀伤人者,天下之大义也。王虽为之赐而令吏弗诛,腹䵍不可不行《墨者之法》。"按墨者之法今本或作"墨子之法"。此据涵芬楼影印明宋邦义等刊本。

此种《墨者之法》,森严如铁,断非后世之学规,乡约,所可比拟。惟革命团体与秘密社会之所谓纪律,庶几似之。故腹䵍之独子,虽有君王为之特赦,而必用《墨者之法》处以死刑;虽曰"走私",盖钜子亦有不得不实行之责任在也。墨子《尚同》之义,曰"上同而不下比",上之所是则必是之,所非则必非之,人民之于君上,略似墨者之于钜子也。自里长里之仁人以至天子为天下之仁人,何以必为仁人?虽有选择之说而方略不详。观钜子之不敢背团体以行其私,则于选举罢免,监督限制,必有其办法,惟非吾人所及知耳。

墨家钜子所可考者,仅孟胜,田襄子,腹䵍三人。然孟胜死于吴起之难(西前三八一年)下距秦惠王之卒(前三一一年)为七十年,所知之钜子为三人,则必系终身职也。至钜子之制何自发生?或谓起于墨子死后,观胡适《哲学史大纲》页一四六。梁启超《墨子学案》页一七三。是殆不然。此必墨子生前所已有,彼本人必为第一任当然钜子。以禽滑厘在墨家地位之高,如非卒于墨子以前,则禽氏必为第二任钜子。迨至孟胜,最少为第三任之钜子矣。此亦可见吴起死时,墨子前卒已久。

墨者之死生大故,固受钜子之干涉,然普通出处及生活,亦由"钜子"指挥,视寻常师弟之关系,则较密切也。如:

> 子墨子游耕柱子于楚。(《耕柱》篇)
> 子墨子使管黔敖游高石子于卫。(同上)
> 子墨子游公尚过于越。(《鲁问》篇)
> 子墨子出仕曹公子于宋。(同上)
> 子墨子使胜绰事项子牛。(同上)
> 子墨子仕人于卫。(《贵义》篇).

是墨子不独教之学问,更须为弟子代谋职业也。墨子本人虽终身未仕,亦颇以此劝诱弟子。《公孟》篇云:

> 有游于子墨子之门者,身体强良,思虑徇通,欲使随而学。

子墨子曰："始学乎？吾将仕子！"劝于善言而学,其(期)年而责仕于子墨子。子墨子曰："不仕子。……今子为义,我亦为义,岂独我义也哉？子不学则人将笑子,故劝子于学。"

是弟子中亦颇以此为当然之责也。惟《备梯》篇：

> 禽滑厘子事子墨子,三年,手足胼胝,面目黎黑,役身给使,不敢问欲。

此禽子之所以异于他人者矣。

《耕柱》篇云：

> 子墨子游耕柱子于楚,二三子过之,食之三升,客之不厚。二三子复于子墨子曰："耕柱子处楚无益矣！二三子过之,食之三升,客之不厚。"子墨子曰："未可知也。"毋几何而遗十金于子墨子,曰："后生不敢死！有十金于此,愿夫子之用之也。"子墨子曰："果未可知也！"

是"多财则以分贫",墨者视为当然；而所遗十金,则似会员对于团体之所得捐也。

> 子墨子使管黔敖游高石子于卫,卫君致禄甚厚,设之于卿,高石子三朝必尽言,而言无行者。去而之齐,见子墨子曰："君以夫子之故,致禄甚厚,设我于卿；石三朝必尽言,而言无行,是以去之也。卫君无乃以石为狂乎？"子墨子曰："去之苟

道，受狂何伤！……"高石子曰："石去之，焉敢不道也！昔者夫子有言曰，'天下无道，仁士不处厚焉。'今卫君无道而贪其爵禄，则是我为苟陷人食也。"子墨子说，而召子禽子曰："姑听此乎！夫倍义而乡禄者，我常闻之矣；倍禄而乡义者，于高石子焉见之也。"（《耕柱》篇）

是由钜子使之仕者，主张不行，必须辞职而向之报告也。

昔"季氏富于周公，求也为之聚敛而附益之。子曰：'求非吾徒也，小子鸣鼓而攻之可也。'"《论语·先进》篇孔子对于冉求之举动，以今语释之，则开除其学籍，而无法罢免其官职也。墨子则不然，若高石子之背禄向义，固已嘉奖之矣；如有曲学阿世，背义向禄者，则不独开除其学籍，并设法罢免其官职。《鲁问》篇云：

> 子墨子使胜绰事项子牛。项子牛三侵鲁地，而胜绰三从。子墨子闻之，使高孙子请而退之。曰："我使绰也，将以济骄而正嬖也；今绰也禄厚而谄夫子。夫子三侵鲁，而绰三从，是鼓鞭于马靳也。翟闻之：'言义而弗行，是犯明也；'绰非弗之知也，禄胜义也。"

由胜绰之事观之，则于背道者处置颇严，非若寻常之师弟关系也。

墨家组织之严密如是，加以墨子之才，好学而博；《天下》篇语与摩顶放踵之牺牲精神，及席不暇暖，突不得黔之勤劳状态；宜其以一贱人倡之，遂成显学也。予往年作《墨学之勃兴及其衰亡》一文，即言墨家之组织如此。近阅冯友兰《中国哲学史》"墨者为一有组织的团体"一节，所见相同，颇为愉快，特注明以免掠美。

第七章　墨学之传授

一　墨子之教育

墨学之骤盛,墨子教育之勤,亦至有关系。《贵义》篇云:

> 子墨子曰:必去六辟。默则思,言则诲,动则事,使三者代御,必为圣人。

是墨子之言皆用以诲人也。"隐匿良道而不相教诲"者,视为大恶;"有道者劝以教人"均《尚贤下》语,视为至善书中此类语句,前后屡见,均足见墨子之重视教育也。庄子之论宋钘曰:

> 周行天下,上说下教,虽天下不取,强聒而不舍者也。(《天下》篇)

墨子与宋钘学派不必同,而此种精神颇相类。故其"故人"与吴虑皆以此相规引见前第二章墨子不稍顾虑而愈奋也。孔墨两家,根本精神既有异,而于教育之态度,亦大有不同。孔子虽曰"有教无类",《论语·卫灵公》篇曰"诲人不倦";(《述而》篇)而在实施时,则曰:"自行束脩以上，吾未尝无诲焉。"同上《曲礼》则曰："礼闻来学，不闻往教。"是则彼不来学，或来而束脩不具，皆无以施其教：此儒家教育之态度也。此种态度墨家则殊不以为然。

公孟子谓墨子曰："君子共（拱）己以待，问焉则言，不问焉则止。譬若钟然，扣则鸣，不扣则不鸣。"

> 子墨子曰："……若大人为政，将因于国家之难，譬若机之将发也然；……若此者，虽不扣必鸣者也。若大人举不义之异行，……欲攻伐无罪之国，以广辟土地，籍税货财；出必见辱，所攻者不利，而攻者亦不利，是两不利也。若此者，虽不扣必鸣者也。且子曰君子共己以待，……不扣则不鸣。"今未有扣子而言，是子之所谓不扣而鸣邪？是子之所谓非君子邪？（《公孟》篇）

按今《礼记·学记》有曰："善待问者如撞钟；叩之以小者则小鸣，叩之以大者则大鸣；待其从容然后尽其声。不善答问者反此。"或本于公孟子。但《学记》以为教学之一法，故无不可；公孟子以此为施教之态度，则不可也。故《非儒》篇复严辞以驳斥之，曰：

> 今击之则鸣，弗击不鸣，隐知豫力，恬漠待问而后对，虽有君亲之大利，弗问不言；若将有大寇乱，盗贼将作，若机辟将发也，他人不知，己独知之，虽其君亲皆在，不问不言，是夫大乱之贼也。以是为人臣不忠，为子不孝，事兄不弟友，遇人不贞良。

此皆墨家之所以非儒也。至墨子"言则诲"之态度,亦非儒家所能了解。如:

> 公孟子谓子墨子曰:"实为善人孰不知?譬若良巫,处而不出有余糈;譬若美女,处而不出,人争求之,行而自炫,人莫之取也。今子徧从人而说之,何其劳也!"(《公孟篇》)

是公孟子以墨子之教人为疑也。墨子之答复则曰:

> 今夫世乱求美女者众,美女虽不出,人多求之;今求善者寡,不强说人,人莫之知也。且……仁义钧,行说人者,其功多,善亦多;何故不行说人也?

此与答故人与吴虑之语相似,其所以劝于教诲之故,亦可明矣。

墨子之勤于教育既如上述,而关于教育之理论与实行方法,亦有可得而言者。《所染》篇云:

> 子墨子(言)见染丝者而叹曰:"染于苍则苍,染于黄则黄;所入者变,其色亦变;五入必而已,则为五色矣。故染不可不慎也。"

《所染》篇虽伪托,而墨子叹染丝则必有此事实,故各书多载之。由此故事,吾入可知墨子之人性论。盖以人性如素丝,视其环境与教养而结果不同;或为善,或为恶,皆视染之者如何而定。是以人皆可善可恶,无所谓"上知与下愚不移";《论语·阳货》篇记孔子语。吾人施教一分,即有一分效果矣。

以有此"教育万能说"为前提,故墨子遂努力施教,所谓"偏从人而说之"也。

墨子之教育方法:一曰分科以发展个性。

> 县子硕问于子墨子曰:"为义孰为大务?"子墨子曰:"譬若筑墙然,能筑者筑,能实壤者实壤,能欣者欣,然后墙成也。为义犹是也,能谈辩者谈辩,能说书者说书,能从事者从事,然后义事成也"。(《耕柱》篇)

此乃注重事业之效果而分工,前已言之矣。详第五章《公孟》篇云:

> 二三子有复于子墨子学射者。子墨子曰:"不可。夫知者必量其力所能至而从事焉。国士战且扶人,犹不可及也;今子非国士,岂能成学又成射哉!"

"量其力所能而从事焉",此从发展个性而分科也。

二曰重实行。墨子屡戒"荡口",曰:

> 言足以迁行者,常之;不足以迁行者,勿常;不足以迁行而常之,是荡口也。《贵义》篇,又见《耕柱》篇。

墨子斥告子曰:

> 政者,口言之,身必行之。今子口言之而身不行,是子之

身乱也。子不能治子之身,恶能治国政?子姑防子之身乱之矣!(《公孟》篇)

"口言而身不行",可为"荡口"之注解。盖墨子之意,以为知之言之而不能行之,则如不知。故曰:

> 今瞽者曰:"钜(皑)者白也,黔者黑也",虽明目者无以易之。兼白黑使瞽取焉,不能知也。故我曰,瞽不知白黑者,非以其名也,以其取也。今天下之君子之名仁也,虽禹汤无以易之。兼仁与不仁而使天下之君子取焉,不能知也。故我曰,天下之君子不知仁者,非以其名也,亦以其取也。(《贵义》篇)

此乃其注重实行之理也。

三曰注重动机。吾尝谓墨子重视效果而为功、利说矣;详第五章但亦非不重动机也。鲁君有二子,一好学,一好分人以财,问孰可以为太子。墨子曰:

> 钓者之恭,非为鱼也;饵鼠以虫,非爱之也。吾愿主君之合其"志""功"而观焉。(《鲁问》篇)

志即动机也。《耕柱》篇云:

> 巫马子谓子墨子曰:"子兼爱天下,未云利也;我不爱天下,未云贼也。'功'皆未至,子何独自是而非我哉?"子墨子曰:"今有燎燎,放火也。者于此,一人奉水,将灌之;一人操火,

将益之。功皆未至,子何贵于二人?"巫马子曰:"我是彼奉水者之'意',而非夫操火者之意。"子墨子曰:"吾亦是吾意,而非子之'意'也。"(《耕柱》篇)

"意"亦即动机也。或谓墨子哲学为功利主义_{冯著《哲学史》页一一五。}与实利主义,_{梁著《学案》页四五。}若不知有动机也者;今以此'功,志,''功,意'对言观之,则彼说似未甚谛也。

以有此重意重志之动机论,故能"赴火蹈刃死不旋踵",利害祸福,非所计较矣。

四曰求知之方法。墨子甚重知识,所以得知识,自有其方法。《非命上》云:

子墨子言曰:言必立仪。言而毋仪,譬犹运钧之上而立朝夕者也,是非利害之辨,不可得而明知也。故言必有三表。何谓三表?子墨子言曰:有本之者,有原之者,有用之者。于何本之?上本之于古者圣王之事,于何原之?下原察百姓耳目之实。于何用之?发以为刑政,观其中国家百姓人民之利。此所谓言有三表也。

此所谓立言之仪,亦即求知之法也。故凡事必求其所以然;若但知其当然,则非墨子所许也。《公孟》篇云:

子墨子问于儒者:"何故为乐?"曰:"乐以为乐也。"子墨子曰:"子未我应也。今我问曰'何故为室?'曰'冬避寒焉,夏避暑焉,室以为男女之别也。'则子告我为室之故矣。今我问曰,'何故为乐?'曰'乐以为乐也';是犹曰'何故为室?'曰'室以为室也。'"

"乐以为乐"则未言其所以然也。

《耕柱》篇云:

> 叶公子高问政于仲尼曰:"善为政者若之何?"仲尼对曰:"善为政者,远者近之,而旧者新之。"子墨子闻之曰:"叶公子高未得其问也,仲尼亦未得其所以对也。叶公子高岂不知善为政者之远者近之,而旧者新之哉?问'所以为之若之何'也。不以人之所不知告人,而以所知告之;故叶公子高未得其问也,仲尼亦未得其所以对也。"

此亦"乐以为乐"之类,言其当然,而未言其所以然之故也。是以墨子均非之。

墨子所用以求知之方法,虽有"三表",实多用类推。《鲁问》篇载墨子之言曰:

> 世俗之君子,皆知小物而不知大物。今有人于此,窃一犬一彘则谓之不仁,窃一国一都,则谓之义;譬犹小视白谓之白,大视白则谓之黑。是故世俗之君子,知小物而不知大物者,此若言之谓也。

此即《公输》篇所谓"义不杀少而杀众,不可谓知类"也。"知类"即类推,墨子用之,最为纯熟;《兼爱》《非攻》《尚贤》《非命》诸大义,多用类推之法加以论证。墨子既以此求知,想亦以此法教弟子学习也。

五曰贵义而不甚重书。如

> 子墨子曰:万事莫贵于义。今谓人曰,……予子天下,而杀子之身,子为之乎? 必不为。何故? 则天下不若身之贵也。争一言以相杀,是贵义于其身也。故曰万事莫贵于义也。(《贵义》篇)

此墨子之贵义也。而为义之务,则:

> 能谈辩者谈辩,能说书者说书,能从事者从事,然后义事成也。(《耕柱》篇)

《尚贤上》言:

> 贤良之士,厚乎德行,辩乎言谈,博乎道术。

似以言谈重于文书也。故《贵义》篇云:

> 子墨子曰:"吾言足用矣! 舍吾言革思者,是犹舍获而攈粟也。以其言非吾言者,是犹以卵投石也,尽天下之卵,其石犹是也,不可毁也。"

第七章 墨学之传授

又曰：

> 子墨子南游使卫，关中载书甚多。弦唐子见而怪之，曰"吾夫子教公尚过曰，'揣曲直而已！'今夫子载书甚多，何有也？"子墨子曰："……翟闻之：同归之物，信有误者，而民听不钧，是以书多也。今若过之心者，数逆于精微；同归之物，既知要矣；是以不教以书也。而子何怪焉！"

此二事足为墨家**重言谈而轻文书**之证。盖墨子虽"好学而博，"而其教人不斤斤于文字之末也。然此颇与孔门异，故曹耀湘曰：

> 墨者长于行，儒者长于文。行利于一时，文传于后世。诸子百家之书，皆藉儒者以传，欲著书以与儒者争，必不胜也。故儒墨并世，则儒不及墨；逮乎后世，则墨必不及儒。《汉书·艺文志》叙列九流，今则儒家之言，不可胜读，道家仅存，墨家几乎绝矣。按儒家所谓学，亦不仅文字，故曰"行有余力，则以学文。"但彼甚重文字，故曰"博学于文""默而识之，学而不厌。"子路曰"何必读书，然后为学。"孔子斥之曰"是故恶夫佞者。"可见孔门于文字、与墨家不同也。

文字足以行远垂后，墨子似未甚注意。

六曰**教术以劝诱与惩责并行**。如《公孟》篇言墨子欲使弟子随而学，曰："姑学乎？吾将仕子。"期年，责仕于墨子。墨子曰："不仕子。……子不学则人将笑子，故劝子于学。"引见第六章此其**劝诱之法**也。

《耕柱》篇云：

> 子墨子怒耕柱子。耕柱子曰："我毋愈于人乎？"子墨子曰："我将上大行，驾骥与牛，子将谁驱？"耕柱子曰："将驱骥也。"子墨子曰："何故驱骥也？"耕柱子曰："骥足以责"。子墨子曰："我亦以子为足以责！"

此其惩责之法也。

至腹䵍言《墨者之法》，则墨子生时，亦必有所规定；在团体言则如纪律，在学校言则为规则矣。

但虽有《墨者之法》，须绝对服从；而于师之尊严，则与儒家异，盖其平等之义使然也。故"尊严而惮，可以为师"（《荀子·致士》篇），"师严然后道尊，道尊然后民知敬学"（《礼记·学记》），此儒家之说也。墨家则于《法仪》篇有曰

> 当皆法其父母奚若？天下之为父母者众，而仁者寡；若皆法其父母，此法不仁也；法不仁不可以为法。当法其学奚若？天下之为学者众，而仁者寡；若皆法其学，此法不仁也；法不仁，不可以为法。当皆法其君奚若？天下之为君者众，而仁者寡；若皆法其君，此法不仁也；法不仁不可以为法。故父母学君三者，莫可以为治法，

《间诂》："学谓师也"。陈柱谓"墨子之于受教者，对于家庭教育，

学校教育,国家教育,均有仁不仁之辩,而无绝对服从之必要矣。"此言颇得其实,足见其尊师之态度与儒家不同也。

墨子虽不欲人尊师,而弟子尊之者,盖其人格之伟大而崇高,弟子受其感化而不自觉。《淮南子》曰:

> 墨子服役者百八十人,皆可使赴火蹈刃,死不旋踵,化之所致也。(《泰族训》)

化字最能传达神旨,亦即《所染》篇之染也。死乃人所最难,而能赴火蹈刃,视死如饴,则墨子之感人必有在学问,文字,言语以外者。古语曰:"以言教者讼,以身教者从":其此之谓矣。

墨子以其施教之勤与教法之善,故虽由一贱人倡导,终成显学。淮南王谓墨子服役者百八十人,皆可使赴火蹈刃,死不旋踵;此仅就其高第弟子,富于牺牲心者言也。《公输》篇,墨子自言:

> 臣之弟子禽滑厘等三百人,已持臣守圉之器,在宋城上而待楚寇矣。虽杀臣不能绝也。

一时为宋守城者,已达三百人,则其众可想矣。

然孔子弟子则仅七十人。如孟子曰:

> "以德服人者,中心悦而诚服也,若七十子之服孔子也。"

《孟子·公孙丑上》篇

《韩非子》亦曰:

"仲尼，天下圣人也，修行明道，以游海内。海内悦其仁，美其义，而为服役者七十人。盖贵仁者寡，能义者难也。故以天下之大，而为服役者七十人。"(《韩非子·五蠹》篇)

按《史记·孔子世家》云，"孔子以诗书礼乐教，弟子盖三千焉。身通六艺者七十有二人。"清儒瞿述骇之曰："余按孟子但云'七十子'，则是孔子之门人，止七十子也，孔子弟子安能三千之多，必后人之奢言之也。且汉人所称六艺。即今六经、非周官'礼、乐、射、御、书、数'之六艺也。孔子晚年始作春秋，而易道深远，圣人亦不轻以示人，其言未足信。今不取。"(《洙泗考信录》，卷四遗型)崔氏以三千人为奢言，是也。然《吕氏春秋·遇合》篇已言"孔子周流海内，委质为弟子者三千人，达徒七十人。"则在秦时已有三千人之说，非必始于汉人耳。

孔子弟子仅七十人，而墨子弟子则达三百人，然此不独二人本身关系，墨子时代稍后，交通便利，平民向学之心亦炽，故学风尤盛也。

二 传授之情形

墨子弟子可见之数达三百人矣，其未往守宋与守宋后所得者不知凡几。《吕氏春秋》云："孔墨徒属弟子，充满天下。"(《尊师》篇)又曰："孔墨之后学，显荣于天下者众矣，不可胜数。"(《当染》篇)今孔子于《史记》有《世家》，又有《仲尼弟子》及《孟荀》诸传，可以考其源流。墨子既无专传，而弟子及后学，更无从举其姓名矣。孙诒让根据《墨子》本书及先秦诸子，钩稽甚勤，成《墨学传授考》，仅得墨子弟子十五人(附存三人)，再传弟子三人，三传弟子一人；治墨术而不详其传授系次者十三人；杂家四人。乃叹曰："彼劝生薄死，以赴天下之急，而姓名澌灭与草木同尽者，殆不知凡几。呜呼，悕矣！"孙氏之感慨，非治墨学者所同具耶？

今据孙氏所考，列表如左，以明梗概。其墨子弟子有"魏越"，疑系地名而非人名说详第二章跌鼻之问墨子，与"游子墨子之门者"问题相同而语意大异，跌鼻似非弟子。试录《公孟》篇所载二人之言，以资比较：

> 有游子墨子之门者，谓子墨子曰："先生以鬼神为明知，能为祸福，为善者福之，为暴者祸之。今吾事先生久矣，而福不至。意者先生之言有不善乎？鬼神不明乎？我何故不得福也？"子墨子曰："虽子不得福，吾言何遽不善？鬼神何遽不明？……"

> 子墨子有疾，跌鼻进而问曰："先生以鬼神为明，能为祸福，为善者赏之，为不善者罚之。今先生圣人也，何故有疾？意者先生之言有不善乎？鬼神不明知乎？"子墨子曰："虽使我有疾，鬼神何遽不明？……"

是一以自疑。而跌鼻则颇以得疾讥刺墨子也。故今去魏越、跌鼻。附存三人，则亦过而录之；又附有事实而无姓名者三人；合之则为四十人。今作传授表如次。惟禽滑厘于墨门关系甚大，虽列诸表中，仍述其行事于此：

禽子名滑厘案司马贞《史记索隐》，成玄英《庄子疏》并以滑厘为字。孙氏驳之，甚善。初与田子方，段干木，吴起，受业于子夏《史记·儒林传》，后学于墨子《吕氏春秋·当染》篇,尽传其学,与墨子齐称。《庄子·天下》篇以墨翟禽滑厘并传。禽子事墨子三年,手足胼胝,面目黎黑,役身给使,不敢问欲。墨子甚哀之,乃具酒脯,寄于太山,藉茅坐之,以醮禽子。禽子再拜而叹。墨子曰:"亦何欲乎?"禽子再拜曰:"敢问守道!"《备梯》篇又曰:"由圣人之道,凤鸟之不出,诸侯畔殷周之国,甲兵方起于天下;大攻小,强执弱,吾将守小国,为之奈何?"墨子曰:"何攻之守?"禽子对曰:"今之世常所以攻者,临,钩,冲,梯,堙,水,穴,突,空洞,蛾傅,轒辒,轩车,敢问守此十二者奈何?"《备城门》篇墨子遂语以守城之具六十六事。李筌《太白阴·经守城具》篇。六十六事一作五十六事。今《墨子》本书《备城门》以下十余篇,皆其语也。楚惠王时,公输般为楚造云梯之械成,将以攻宋。墨子自鲁至郢止之,使禽子及诸弟子三百人,持守圉之器,在宋城上而待楚寇;楚卒不攻宋。《公输》篇。禽子问于墨子曰:"锦绣絺纻,将安用之?"墨子曰:"恶!是非吾用务也。……先质后文,此圣人之务。"禽子曰:"善。"《说苑·反质》篇禽子问天与地孰仁?墨子曰:"翟以地为仁。……"《艺文类聚·地部》引墨子。禽子问曰:"多言有益乎?"墨子曰:"虾蟆蛙蝇,日夜而鸣,舌干擗然,而人不听之。今鹤鸡时夜而鸣,天下振动。多言何益,唯其言之时也!"《太平御览·言语部》引墨子。杨朱后于墨子。其说在爱己,不拔一毛以利天下,与墨子相反。《荀子·王霸》篇杨注。殷敬顺《列子释文》。墨子兼爱,上同,右鬼,非命,而杨朱非之。《淮南子·氾论训》。禽子与之辩论。《荀子注》及《列子释文》。禽子问杨朱曰:"去子体之一毛,以济一世,汝为之乎?"杨子曰:"世固非一毛之所济。"禽子曰:"假济,为之乎?"杨子弗应。禽子出语孟孙阳。孟孙阳曰:"子不达夫子之心,吾请言之:侵若肌肤获万金者,若为之乎?"曰:"为之。"孟孙阳曰:"有断若一节得一国,子为之乎?"禽子默然有闲。孟孙阳曰:"一毛微于饥肤,肌肤微于一节,省矣。然则积一毛以成肌肤,积肌肤以成一节;一毛固一体万分中之一物,奈何轻之乎。"禽子曰:"吾不能所以答子,然以子之言问老聃、关尹,则子言当矣。以吾言问大禹、墨翟,则吾言当矣。"《列子·杨朱》篇。以上均用孙氏所作《禽子小传》而稍加删节。按《列子》乃魏晋间人所伪造,其言右杨朱而左墨家,故其语如此。若禽子果与杨朱辩论,其言论之价值,恐尚不止此也。(注)禽子初受文学于子夏,后从墨子,更护守御之道,其人文武之才,盖如吴起,而道德高尚,用之以救当世之急,而无一毫利禄功名之心,墨子之化也。其于墨家地位之高,颇似颜元门下之李塨,故《耕柱》篇亦称"子禽子"墨学之显于当世,禽子盖有大力焉。吴起死时,禽子当已前卒,故其时墨家钜子,不为禽子而为孟胜矣。按《兼爱下》篇云,"别君之言,……人之生乎地上之无几何也,譬之犹驷驰而过隙也。"或谓正是指斥杨朱之言。

墨学传授表

姓名	生地	传授系次	事迹	根据	备注
禽滑厘		初受业于子夏,后学于墨子,与墨子齐称。	事墨子三年,手足胼胝。面目黎黑,役身给使,不敢问欲,墨子哀而醮之。禽子因问守道。墨子遂语以守城之具。	《史记·儒林传》《吕氏春秋·当染》篇本书《公输》篇《备城门》,《备梯》。及《艺文类聚》。《太平御览》引本书。	按:吴起死时,禽子已前卒。

续表

姓名	生地	传授系次	事　迹	根　据	备　注
			楚欲攻宋,禽子受墨子命与问门三百人为宋守城。与墨子论文质先后,及天地孰仁,多言是否有益,又与杨朱辩论。	《说苑·反质》篇。《列子·杨朱》篇。	
高石子		墨子弟子	仕衞。衞君致禄甚厚而言不行。去而往齐见墨子,墨子告禽子誉为倍禄向义。	本书《耕柱》篇。	
高　何	齐人	墨子弟子	初为暴者,指于乡曲,学于墨子为天下名士显人。	《吕氏春秋·尊师》篇。	
县子硕	齐人	墨子弟子	行事与高何同。问墨子为义之大务。	《吕氏春秋·尊师》篇。本书《耕柱》篇。	

续表

姓名	生地	传授系次	事迹	根据	备注
公尚过		墨子弟子	墨子尝言过于同归之物,已知其要,故不教以书,过曾仕越,并为越王迎墨子。	《吕氏春秋·高义》篇本书《贵义》《鲁问》二篇。	《吕氏春秋》作公上过。
耕柱子		墨子弟子	墨子尝称耕柱子足以责,比之驱骥。耕柱子仕楚曾遗十金于墨子。	本书《耕柱》篇。	
随巢子		墨子弟子	墨子尚俭,随巢子传其术。著《随巢子》六篇。	《汉书·艺文志》,《史记·自序正义》(引韦昭说)。	《隋书·经籍志》注云,"集似墨翟弟子",则以巢为名。
胡非子	齐人(?)	墨子弟子	著有《胡非子》三篇。	《汉书·艺文志》。	《隋书·经籍志》亦以非为名。但《元和姓纂》有胡非氏。梁王绳以胡非子为齐人。

续表

姓名	生地	传授系次	事迹	根据	备注
管黔敖	齐人（？）	墨子弟子	尝游高石子于卫。	本书《耕柱》篇。	或谓即《檀弓》所载"为食于路以待饿者"之黔敖，颇可信。然则亦齐人欤？
高孙子		墨子弟子	胜绰从项子牛三侵鲁地墨子使高孙子请而退之。	本书《鲁问》篇。	
治徒娱		墨子弟子	与县子硕同问为义之大务于墨子。	本书《耕柱》篇。	
曹公子		墨子弟子	曾仕于宋，反而疑墨子之道，墨子责之。	本书《鲁问》篇。	
胜绰		墨子弟子	墨子使胜绰事齐项子牛。三侵鲁地，而绰从之。墨子责其以禄胜义。请而退之。	本书《鲁问》篇。	

续表

姓名	生地	传授系次	事迹	根据	备注
彭轻生子		墨子弟子	墨子与之论知来。	本书《鲁问》篇。	
孟山		墨子弟子	墨子与之论王子闾。	本书《鲁问》篇。	
弦唐子			墨子南游,载书甚多。弦唐子怪而问之,墨子与之论书。	本书《贵义》篇。	
□□□	鲁人	墨子弟子	战而死,其父让墨子。	本书《鲁问》篇。	此亦赴火蹈刃,死不旋踵者,惜失其姓名。
□□□		墨子弟子	仕于卫而反。	本书《贵义》篇。	今本作"仕人于卫"《荀子·富国》篇杨注,引作"子墨子弟子仕于卫"。

以上墨子亲授弟子十八人

姓名	生地	传授系次	事迹	根据	备注
许犯		禽子弟子	许犯学于禽滑厘。	《吕氏春秋·当染》篇。	
索卢参		禽子弟子	东方之钜狡学于禽滑厘,为天下名士显人。	《吕氏春秋·尊师》篇。	
屈将子	楚人（？）	胡非子弟子	屈将子好勇,胡非子为言五勇,将悦称善,乃请为弟子。	《太平御览》引《胡非子》。	孙氏以屈为楚公族著姓,疑将亦楚人。

以上墨子再传弟子三人

姓名	生地	传授系次	事迹	根据	备注
田系		许犯弟子	田系学于许犯显荣于天下。	《吕氏春秋·当染》篇。	

以上墨子三传弟子一人

姓名	生地	传授系次	事迹	根据	备注
田鸠	齐人		学墨子之术，曾游秦仕楚。与楚王论墨子之言所以多而不辩。著《田俅子》三篇	《吕氏春秋·首时》篇，《韩非子·问田》篇及《外储说左上》篇，《汉书·艺文志》。	
相里勤			"北方"之墨师也，为三墨之一。	《韩非子·显学》篇《庄子·天下》篇。	成玄英《庄子疏》以为"南方之墨师"。按《天下》篇语意以南方之墨者对言，则应为北方也。
相夫氏		三墨之一	《韩非子·显学》篇。	《元和姓纂》作伯夫氏。	
郑陵子	楚人（?）		南方之墨者，亦三墨之一。诵《墨经》。	《庄子·天下》篇。《韩非子·显学》篇。	孙氏请郑陵子义楚人。

续表

姓名	生地	传授系次	事迹	根据	备注
苦获	楚人（?）		南方之《墨》者,诵《墨经》。	《庄子·天下》篇。	孙氏疑苦获已齿芷为楚人。
已齿	楚人（?）		南方之墨者,诵《墨经》。	《庄子·天下》篇。	
五侯子		相里勤之弟子	"北方"之墨者,诵《墨经》。	《庄子·天下》篇。	
我子			为墨子之学,著《我子》一篇。	《汉书·艺文志》及颜注引刘向《别录》。	
缠子			修墨子之业以敩于世,与儒者董无心论难。著书一卷。	《论衡·福卢》篇。《意林》引《缠子》。	
徐弱		孟胜弟子	与孟胜同死楚阳城君之难。	《吕氏春秋·上德》篇。	
□□			"墨得师"与司马喜于中山王前论非攻,司马喜无以应。	《吕氏春秋·应言》篇。	此"墨者师"能不失墨子非攻之旨而言甚辩,惜姓名无考。

以上墨学名家十一人即传授系次不可考者

第七章　墨学之传授

姓名	生地	传授系次	事　迹	根　据	备　注
孟胜			为墨者"钜子",死楚阳城君之难,弟子死者百八十五人。	《吕氏春秋·上德》篇。	
田襄子	宋人		田襄子贤者也,孟胜死,使弟子二人属钜子于襄。	《吕氏春秋·上德》篇。	
腹䵍			为墨者钜子。居秦,其子杀父,秦惠王令吏勿诛,腹䵍卒以"墨者之法"杀之。	《吕氏春秋·去私》篇。	

以上墨者钜子三人

姓名	生地	传授系次	事　迹	根　据	备　注
夷之			治墨家之道者,因徐辟求见孟子,孟子与之论难,并斥之葬其亲厚,所以贱事亲。	《孟子·滕文公上》篇及赵岐注。	

续表

姓名	生地	传授系次	事迹	根据	备注
谢子			东方之墨者,西见秦惠王,以贤于唐姑果,为其所谮而说不行。	《吕氏春秋·去宥》篇。	按高诱注:谢子关东人也,学墨子之道。
唐姑果	秦人		秦之墨者,其谮谢子曰:"谢子东方辩士,将奋其说以取少主也。"	《吕氏春秋·去宥》篇。	
□翟	郑人		兄缓为儒而翟为墨,儒墨相与辩,其父助翟,十年而缓自杀。	《庄子·列御寇》篇。	此或为寓言而未必实有其人。

以上墨学杂家四人即凡治墨术,而无从考其学业优劣,及传授端绪者。

总凡四十人

按《淮南子·人间训》云:"代君为墨而残"。许慎注云:"代君,赵之别国,不详其名及时代。"孙氏疑是赵武灵王子代君章。但《史记·赵世家》赞,言秦既虏赵王迁,赵之亡大夫,共立悼丧王适子嘉为王,王代六岁,是嘉亦可称代君也。此并无可质证,故表中未列。

第七章 墨学之传授

钱穆著《墨子》(《百科小丛书》本)谓许犯即许行,田鸠(田俅子)即田系。其言曰:

"春秋时,晋有狐突字伯行,齐有陈逆字子行。《晋语》韦昭注:'犯,逆也';《小尔雅广言》:'犯,突也。'把狐突陈逆名'突''逆'字'行'之例,就晓得许行是名犯字行了。"

此许犯即许行之证也。又曰:

"《说》文:'俅,冠饰貌';《尔雅·释言》:'俅,戴也';《诗》曰:'弁服俅俅','载弁俅俅',俅俅大概是指冠上的结饰而言。'系者,系也';(见《易·系辞释文》);'以下缀上,以末连本之解',(见《左氏春秋·序疏》)。故名系,字俅,如秦公子系字显(通作䫻)之例。鸠字乃俅字之通借,可见田系即田鸠,学于许行,为墨子三传弟子。"

此田系即田俅子(田鸠)之证也。按钱氏之说,颇近附会。盖"幼名壮字"之周道,《礼记·檀弓上》云"幼名、冠字、五十以伯仲、死谥,周道也。"乃文胜之弊;墨家重质而反周道,字或非其所喜,故墨者之字多无闻;即今之平民亦多有名无字也。许行质朴而平民化,视墨子尤甚;其本人及弟子反效贵族文胜之习,有名有字,恐无此理且田鸠入秦,在惠王初即位时,(前三三七年)盖始诛商鞅,疾六国辩士,(详《史记·苏秦列传》)故苏秦既碰钉子,鸠亦留秦三年不得见也。观其言谈甚辩,又有著述行世;秦不用则往楚,以"将军之节如秦";正所谓"朝秦暮楚",虽为墨者已政客化矣。(详《吕氏春秋·首时》篇)许行则

"以自苦为极"之风,视墨子尤有过之,田鸠断难受此严格之训练也。许行之年代,不易考定,钱君作《墨者年表》,以许行自楚至滕,系于前三二二年,则田鸠之年或视许行为长矣。若意气相投,未尝不可忘年而师事之,但田鸠则性情态度相反如彼,年又长于许行,岂肯师事之耶?故田鸠(田俅子)与田系为二人,许行受墨家影响固钜,然非即许犯也。

卫聚贤作《墨子各篇作者的派别》一文,以相夫氏为即苦获。其言曰:

> "相夫氏《元和姓纂》引《韩子》作'伯夫氏',是原文为伯夫氏,后伪为相夫氏。伯古音读为霸,霸苦音近,夫获音同,是苦获即伯夫的异译。"(《古史研究》第二集,页五五一)

按"夫"古读重唇音如蒲,伯(夫)蒲与苦获古今音均相远而不同,故以苦获为伯夫之异文,殊嫌疏谬。且《韩非子·显学》篇以"相夫氏之墨"与"郑陵氏之墨"为相对拍之"三墨"之二;《庄子·天下》篇则曰"南方之墨者,苦获,己齿郑陵子之属",是以苦获与郑陵子同为南方派也。若苦获即相夫氏(伯夫氏)则自墨子之死也,仅有南北两派,韩非不得言"墨离为三"矣。故苦获与相夫(伯夫)音声即迥别,认为一人又与墨学系统派别不合,卫君混为一谈,颇觉武断。至谓"苦获既有异音,……《天下》篇列为南方之墨,当非楚国,而为印度人。"此种推论,更滑稽可笑也。

墨氏弟子及后学,其国籍可考或得而推测之者,四十人中仅十三人。盖齐人五,楚人四,宋、秦、郑各一人,鲁为墨子生地,可见者亦仅一人。吾前已言之：以墨子之学，既为鲁之政府所不喜，又与儒家相冲突，故不得大行于鲁。墨子晚而见齐太王，并与楚鲁阳文君讨论郑事，其留余二国之时间必甚久，以此从学者特众欤？当墨学盛时，其地理之分布，盖南暨楚越，北及燕赵，东盛齐鲁，西被秦国，四方莫不有墨者。《天下》篇既有"南方之墨者"。《吕览·去宥》篇则言，东方之墨者谢子，将西见秦惠王，惠王问秦之墨者唐姑果。《孟子》称其言盈天下，《韩子》称曰显学，吕氏称曰弟子充满天下。岂虚语哉！

附注：卫聚贤作《山海经》的研究谓随巢子是印度人，"因为他是游历家，行止不定，随地可以巢居，犹'到处是吾家'，故曰随巢子。"毫无证据，殆类神话，实不必辩。

第八章 墨学之进步

一 后期墨者之系统

墨学之传授，已述如前矣，至其系统，不易考究。《庄子·天下》篇云：

> 相里勤之弟子，五侯之徒；南方之墨者，苦获、已齿、邓陵子之属，俱诵《墨经》而倍谲不同，相谓"别墨；"以坚白同异之辩相訾，以觭偶不仵之辞相应。

《韩非子·显学》篇则曰：

> 自墨子之死也，有相里氏之墨，有相夫氏之墨，有邓陵氏之墨。故……墨离为三，取舍相反（不同），而皆自谓"真……墨"。孔墨不复生，将谁使定世之学乎？

据此二书所述，可列成下表：

$$
\text{庄子时代之墨学}\begin{cases}\text{(北方之墨者) 相里勤 ── 五侯之徒 …… 相里氏}\\ \text{相夫氏}\\ \text{南方之墨者}\begin{cases}\text{苦获}\\ \text{邓陵子之属}………………\text{邓陵氏}\\ \text{己齿}\end{cases}\end{cases}\text{《韩非子》时代之墨学}
$$

按《庄子》仅南北两派，《韩非子》则多一相夫氏之墨，或天下篇写成之时，相夫氏之墨，尚未产生，或虽产生而尚未盛，故不为作者所注意也。以此分派不同，则《庄子》至《韩非子》时代，墨学尚在日日发达之中，亦可推想而知矣。此种"自谓真墨"而"相谓别墨"之墨者，虽取舍相反，倍谲不同，然俱诵《墨经》（最少有三分之二之多数诵《墨经》）则其所同也。吾人欲求后期墨学之实情，不可不于《墨经》中求之。但在未研讨《墨经》以前，则真墨、别墨之间，亦宜一加考察也。

二 真墨、别墨与非墨

韩非尚叹墨子不复生，无以定世之学；今欲定真墨、别墨至为困难也。但墨家乃有严密之组织者，其真别虽不易分析，墨与非墨固易决定。如前《传授表》所列诸人之为墨者，已无疑问；若不言其为墨者，思想行动，又复不类，则不独非"真"，亦不得谓之"别"也。世之学者，不达此理，则多援引他家以入墨，无以明学术实际情形，殊非所宜。胡适著《哲学史》,以惠施,公孙龙及其他辩者,列于"别墨"(《中国哲学史大纲》第八篇)。梁启超著《墨者及墨学别派》将宋钘,尹文,许行,惠施,公孙龙,魏牟均纳于其中,末列一表以尹文施龙许行,游侠家为墨学"别派",宋钘则列为"正统派"矣。(《墨子学案》页一六〇)钱穆之"《墨子》",于《南方墨学的崛起》则述"墨子的再传弟子许行";按误在以许行为许犯,辩见前。于《中原墨派之新哲学》则仅述"首倡万物一体论的惠施,创建新心理学的宋钘"二节;于《辩者和别墨》,所述则以公孙龙一人为详。凡此犹黎丘奇鬼,效人子侄昆弟之状其喻见《吕氏春秋·疑似》篇,以伪夺真,所述乃他家之学而非墨学也。此事作俑于胡氏,梁钱二氏则承讹袭谬,而变本加厉者。兹取其第一人惠施为例,一加分析,则其妄自显,而他可类推矣。

胡氏述惠施之学,其"结论"曰:

"惠施说一切空间时间的分割区别,都非实有;一切同异,都非绝对:故下一断语道,'天地一体也'"。天地一体即是后来庄子所说:

天下莫大于秋毫之末,而太山为小;莫寿于殇子,而彭祖为夭。天地与我并生,而万物与我为一。(《齐物论》)因为"天地一体",故"泛爱万物"。

夫以庄子与惠施相契之深,如送葬遇惠施之墓,伤之曰:"自夫子之死也,吾无以为质矣,吾无与言之矣!"(《庄子·徐无鬼》篇)则二人所说,自有相同之处。但《齐物论》既言"天地与我并生,万物与我为一",即曰:

> 既已为一矣,且得有言乎?

是与惠施仍有不同也。至一切区别,同异,都非实有,非绝对,此庄惠所同也。在儒墨则视为实有绝对。而墨家尤甚,故"所非必同非之,所是必同是之",为其尚同之义。今以其同于庄者,遂谓同于墨,可乎?

《韩非子·说林上》载慧子(卢文弨曰,慧惠同)之言曰:

> 往者东走,逐者亦东走;其东走则同,其所以东走之为则异。故曰同事之人之不可不审察也。

惠施与庄子虽往逐或异,然尚有东走之同;其与墨家则背道而驰矣。然胡氏之"结论"又曰:

> "'泛爱万物',即是极端的兼爱主义。墨子的兼爱主义,我已说过,是根据于'天志'的。墨家的'宗教的兼爱主义',到了后代,思想发达了,宗教的迷信便衰弱了,所以兼爱主义的根据也不能不随着改变。惠施是一个科学的哲学家,他曾做'万物说',说明'天地所以不坠不陷,风雨雷霆之故',所以他的兼爱主义,别有科学——哲学的根据。"

墨子兼爱之说,后学有所修正,此诚事实。但惠施是否信仰兼爱,尚有问题,不得以"泛爱"一词,即谥为"极端的兼爱主义"也。盖"泛爱"一词,《论语·学而》篇亦有之,吾人能谓孔门亦持兼爱主

义乎?且墨家之兼爱,以为非攻根据也;不能非攻,则不足以云兼爱,遑论极端的兼爱主义!惠施则何如?《吕氏春秋·不屈》篇曰:

> 惠子之治魏为本,其治不治。当惠王之时,五十战而二十败,所杀者不可胜数,大将爱子有禽者也。大术之愚,为天下笑,得举其讳;乃请令周太史更著其名。高注,言惠王比惠子于管夷吾,欲更其名,名仲父之名也。围邯郸三年而弗能取,士民罢潞,(露)国家空虚,天下之兵四至;众庶怨谤,诸侯不誉。谢于翟翦而更听其谋,社稷乃存。名实散出,土地四削魏国从此衰矣!

高诱注有曰:

> 言惠王用惠子之谋,为土地之故,靡烂其民而战之,大败,又将复之,恐不胜用,乃驱其所爱子弟以殉之;此所谓以其所不爱,及其所爱,故曰"大将爱子有禽者"矣。

若依高氏之说,则孟子所论惠王之行事,惠施实应负其责任。《孟子·尽心下》篇云:

> 孟子曰:"不仁哉,梁惠王也!仁者以其所爱及其所不爱,不仁者以其所不爱及其所爱。"
>
> 公孙丑问曰:"何谓也?"
>
> "梁惠王以土地之故,靡烂其民而战之,大败,将复之,恐不能胜,故驱其所爱子弟以殉之。是之谓以其所不爱及其所爱也。"

梁惠王尊惠施为"仲父",且欲法尧禅舜,传国于惠施,(均见《不屈》篇)得君如此其专,魏国之政,惠施自负其责也。然则"以其所不爱,及其所爱",即惠施"泛爱万物"之注释欤?好战不爱如此,与墨家根本精神不合,而谓之"极端的兼爱主义""别有科学——哲学的根据",不知惠施何修而得此荣誉于身后耶?且惠施之行事悖于墨义,不仅此也,《不屈》篇又云:

> 匡章谓惠子于魏王之前曰:"蝗螟,农夫得而杀之,奚故?为其害稼也。今公行,多者数百乘,步者数百人;少者数十乘,步者数十人;此无耕而食者,其害稼亦甚矣!"

此非墨氏节用之旨也,故以非墨家之匡章犹知讥之。惠施之辩护则曰:

> 今之城者,或者操大筑乎城上,或负畚而赴乎城下,或操表掇以善睎望;若施者,其操表掇者也。使工女化而为丝,不能治丝;使大匠化而为木,不能治木;使圣人化而为农夫,不能治农夫。施,而(而,能也。)治农夫者也,公何事比施于胜螟乎?

惠施以城者为言,颇似《耕柱》篇为义如筑墙之喻;所不同者彼以筑,欣,(掀)实壤,平列分工,施则仅操表掇而为监督者矣。以农夫比无知之丝与木,此亦失伦,非墨子平等精神;岂其"泛爱万物,天地一体"之哲学,非常人所能共喻欤?惠施虽辩。此所答则未能解匡章之讥也。故阳翟大贾(吕不韦)及其门客,即历举惠施种种失

政,而终之曰:

> "仲父",大名也,让国,大实也,说以不听不信;听而若此,不可谓工矣;不工而治,贼天下莫大焉。幸而独听于魏也! 以贼天下为实,以治之为名,匡章之非,不亦可乎!

吕氏之豪侈,尚以匡章之讥为然;以与"度身而衣,量腹而食,"《鲁问》篇语。或"自苦为极"者相较,岂有万分之一相类? 列之墨家,实"狂举"也。

惠施之为人,盖擅才而以善辩为名。故庄子曰:

> 惜乎惠施之才,骀荡而不得,逐万物而不反;是穷响以声,形与影竞走也。悲夫!《庄子·天下》篇

逞其诡辩而无一定宗旨,是以"去尊"而又王齐,自相矛盾,匡章讥其言行到逆。《吕氏春秋·爱类》篇(或谓"去尊"亦与墨家尚同之说相违,则不尽然。墨虽尚同,欲行其义,非尊君上之个人也。)平日好战,有时虽"欲以齐荆偃兵",(《韩非子·内储说上》)乃折张仪连魏之谋也,亦犹军阀偶言和平,非信墨氏非攻大义,亦其矛盾之一端耳。其人不重道德,以庄子之逍遥高蹈,薄楚相而不为,尚欲以梁国吓之,而疑奋其相位,搜于国中三日三夜。《庄子·秋水》篇故《天下》篇论惠施既惜其才,又曰:

> 弱于德,强于物,其涂隩矣。

要之，惠施乃言而不行者，以墨子之语衡之，则"言不足以迁行而常之，是荡口也"，(《贵义》篇)正惠施之谓矣。

夫黎丘之鬼，尚似丈人之子，惠施于墨，学说既相反，(详后)行事又无一相似也。且《庄子·徐无鬼》篇载庄子语惠施曰："然则儒墨杨秉四，与夫子为五，果孰是耶？"惠子曰："令夫儒墨杨秉，且方与我以辩，相拂以辞，相镇以声，而未始吾非也，则奚若矣？"是则惠施之学自其友人庄子观之，与施之自白，均在墨家以外也。胡氏列之墨家，真不可解。然当日既无人纠正，且多漫然附和之者。梁启超于《墨子学案》既曰："胡适谓《天下》篇所谓'别墨'，即施龙一派，可谓特识。"(页一六五)于《先秦政治思想史》又曰："墨家后学……其最著者，则有惠施公孙龙一派，世称之'别墨'。……惠施言'泛爱万物，天地一体'；……是皆能忠于其教者。"(页二二二)钱穆则言："胡氏所说，在墨家理论的演进一面。实在是阐发得很明白的。"("《墨子》"页六十)皆有赞叹而无修正，遂致墨学之系统不明，而为他家所顶替，失吾人求真求信之旨矣。

此论惠施，自嫌繁冗；然知惠施不独非"别墨"，并不得为"墨"，实在墨家学派以外也。其他如宋钘、许行、公孙龙辈，亦仅能谓受墨氏影响较深，亦不得狂举为墨也。明乎此，始可读《墨经》。

三 《墨经》之作者

惠施、公孙龙既"非墨"，则胡适以《经上下》《经说上下》《大取》《小取》六篇为"别墨"之书，又以施龙为"别墨"大师，"他们叫作'名家'的人，在当日都是墨家的别派"(《哲学史》页一八五—一八)，意谓此"六篇"之书乃"别墨"施龙辈所著,其非事实,审矣。然则《墨经》果谁所著? 梁启超不以胡氏之说为然,则欲归之于墨子。其说云:

> 鲁胜言:"墨子著书,作《辩经》以立名本。"是胜以此《经》为墨子自著也。毕沅亦云:"此翟自著,故号曰《经》。中亦无'子墨子曰'云云。"其说甚是《庄子·天下》篇……所谓"诵墨经"者,即诵此也。……《经》分上下两篇,文例不同。《经上》必为墨子自著无疑。《经下》或墨子自著,或禽滑厘孟胜诸贤补续,未敢悬断。……《经说》固大半传述墨子口说,然既非墨子手著,自不能谓其言悉皆墨子之意;后学引伸增益,例所宜有。……《墨经》之文,乃与《易象传》及《春秋》颇相类,此种文体,战国无有也。(《墨经校释》页二——五)

梁氏于此自注云:

> 胡氏又谓墨子时科学思想,不应如此发达,此亦不然。墨子距公孙龙,百余年耳,其间并无特别理由,可以促科学之发生。然则公孙龙时所能有之科学思想,何以墨子时必不能有? 且墨子《备城门》以下十一篇,皆须有科学为之基础,乃能有如此类之发明。若公孙龙之徒,则惟诡辩耳,抑不足以语于科学也。

梁氏以公孙龙为诡辩,不足语于科学,固也,然谓龙时与墨子之时,科学无进步,则未深考。按墨子之后百余年,各方面变迁进步甚剧,特质则铁器之应用,社会则贵族崩溃,学术则百家争鸣,政治则互相攻伐,日趋统一,与其他时代不同。惟"鸦片战争"以来,此百年间可相比拟耳,安得谓无特别理由可以促科学之发生耶？其所举《备城门》以下各篇,既非墨子自著,亦非禽子所著,乃后学所述,或与《经上下》时代正相当,故就《墨经》内容以定其时代,梁氏之说亦不然也。且《墨经》有修正墨子学说之处,其进步乃墨氏弟子及后学积集而成,非墨子一人自说相违也。论其文体,虽甚简约；吾人当知文有简而不能繁者,《论语》之与《孟子》,《诗经》之与《楚辞》,初学之与作家是也；亦有约而不必博者,史纪十《表》之与《纪传》及《书》,《老子》仅五千言是也。梁氏以《墨经》与《易象传》及《春秋》相比；《春秋》笔则笔,削则削,著于竹简,故简而不能详也。《墨子》书中屡言"竹帛",则帛书已盛行,非不能详者；《墨经》之简,乃其博学而反说约也。《易象传》"必非孔子所作",崔述《洙泗考信录》(卷三《归鲁上》)已言之,今人多谓乃汉初之作。(见顾颉刚《古史辨》第三册上编)是战国以后,尚有此简约之文体,断不能谓《墨经》止能由墨子自著也。故今定为墨家后学所著。

　　《墨经》辞约义丰,包罗甚富,如决定为一人所著,亦非一人所能著也。然则何由产生？而能使各派"俱诵",若是其隆重庄严耶？吾颇疑其如佛教经典结集,乃开会以决定之者。此必禽滑厘孟胜田襄子诸钜子硕学,以多数人之力量,随时决定而颁之者,系用集体主义之精神所成,故不能指为谁某所作而仍庄严隆重也。

　　至所谓《墨经》,原止《经上下》,《经说上下》四篇。鲁胜称为《墨辩》,其名不正,盖此《经》非仅立名本以辩言正辞而已也。汪中《墨子序》,言"《经上》至《小取》六篇,当时谓之《墨经》。"按《大取》《小取》二篇,向无称之为《经》者；但二篇产生之时代相同,其所讨论者又与《经》及《经说》相应。汪氏之称谓虽有可议,兹仍合六篇而研讨之。

四 《墨经》之概要

《经上下》《经说上下》四篇,虽不逾六千言,实古今一部奇书。其中所包者,极博而精!惜文字简奥,加以二千年来之讹夺改窜,理董甚难。研习之者,一人之学力有限,又未易全部了解也;故今尚多疑而难言之处。兹就所能大致了然者言之,则有下列诸项:

一、墨子学说之修正与发展。

二、社会科学,如人生道德及政治,经济诸事,此以《经上》之上部为多。

三、应用科学,如数术,形学(几何),物理,制造诸事,此以《经上》之下部为多。物理中之光学则在《经下》之上部。

四、知识论与辩学,《经上下》均有之。《大取》言及"语经",《小取》则专言"辩"。

五、对于他家学说之诘难。

以后将本此旨,一一论述;今试略言《墨经》之形式。

通行本之《墨经》,无句读,不分行,最难诵读,如涵芬楼《四部丛刊》影印明嘉靖癸丑本《墨子》。兹节录两段以为例:

《经上》第四十
胡所得而后成也止以久也体分于兼也必不已也知材也平同高也……动或从也止因以别道读此书旁行岙无非

《经说上》第四十二

胡小故有之不必然无之必不然体也若有端大故有之必无然若见之成见也体若二之一尺之端也知材知也者所以知也而必知若明……动偏祭从者户枢免瑟（按此为前半篇）

止无久之不止当牛非马若夫过楹有久之不止当马非马若人过梁必谓台执者也若弟兄一然者一不然者必不必也是非必也……以人之有黑者有不黑者也止黑人与以有爱于人有不爱于人心爱人是孰宜心彼举然者以为此其然也则举不然者而问之若圣人有非而不非正五诺皆人于知有说过五诺若员无直无说用五诺若自然矣

此类奇书奇文，唐宋以来无人能读，故亦无人引用。至毕沅，乃曰"本篇云'读此书旁行'，今依录为两截，旁读成文也。"于是始略能知其读法矣。又知《经说上》前半篇释《经上》之上截，后半篇则释其下截；于是《经》与《经说》之关系始渐明矣。以《经》与《说》互校，颇能是正讹误；益以今日科学新知，印证《墨经》旧学，此奇书始渐以为常矣。昔鲁胜作《墨辩注》乃"引《说》就《经》，各附其章"，今人多依之，试举其式如下：

《经上》上截	《经说上》前半篇	《经上》下截	《经说上》
故，所得而后成也。	故：小故，有之不必然，无之必不然；体也，若有端。大故，有之必无然，若见之成见也。	止，以久也。	止：无久之不止，当久非马，若矢过楹。有久之不止，当马非马若人过梁。

续表

《经上》上截	《经说上》前半篇	《经上》下截	《经说上》
动,或从也。 　　读此书旁行。		止,因以别道; 缶,无非。	

《墨经》原本,略近于是。知旁行乃旁读成文,或谓横写如今之欧文,非也。如横写左行,其中错简讹字,必有遗迹可见,今皆无之,故知其妄。

五　墨义之修正与发展

墨子之学说本有《尚贤》《尚同》《兼爱》《非攻》《节用》《节葬》《非乐》《非命》《天志》《明鬼》诸端。然至战国中叶,贵族政治已大崩溃,"尚贤"已渐通行矣。"尚同"则法家亦有此倾向,惟所以尚同之故,稍不同耳。春秋时代之所谓乐,已不行于战国,故无所用其非,新乐则非之亦不能去也。节用节葬,重在实行,非尽关理论。迷信之命定说,于战国中叶为科学精神所掩,一时稍敛。天志明鬼本以便行其教于贱人,墨门弟子久已怀疑矣。故《墨经》中不言天与鬼神,而所重在兼爱非攻。此亦可见后学于墨子之言,其轻重缓急,已有取舍不同矣。

《墨经》视墨子之说,其显然之进步,则有三端:
一曰反古。

墨子之学,本极富于创造精神。惟生当春秋之末,旧社会之势力尚大;故以极革命之兼爱非攻尚贤非命诸新酒,不能不装入于陈腐之尧舜禹汤文武所有之旧瓶。墨子虽反对儒家"君子必古言服","述而不作"(《公孟》篇及《耕柱》篇驳公孟子),而自己持论,亦必本之上古圣王之事。因此以独创之学,而或以为法禹用夏;韩非则曰"孔子墨子俱道尧舜,……皆自谓真尧舜。"司马谈则曰:"墨者亦尚尧舜道"。此皆近人所谓"托古"之过也,即儒家亦尝非之。如

> 巫马子谓子墨子曰:舍今之人而誉先王,是誉槁骨也。譬若匠人然,知槁木也,而匠人知生木。
> 子墨子曰:天下之所以生者,以先王之道教也。今誉先王,是誉天下之所以生也。可誉而不誉,非人也。(《耕柱》篇)

此种解释,既嫌牵强,然尤有进于是者:

> 子墨子曰:凡言凡动,利于天鬼百姓者,为之;凡言凡动,害于天鬼百姓者,舍之。凡言凡动,合于三代圣王尧舜禹汤文武者,为之;凡言凡动,合于三代暴王桀纣幽厉者,舍之。(《贵义》篇)

皆可见墨子未能忘古之忧也。

《墨经》则不以复古思想为然。如:

> 《经下》:在诸其所然未然者,说在于是推之。"未然者"旧本倒"未者然",在,察也。
> 《说》——在:尧善治,自今在诸古也。自古在之今,则尧不能治也。

此即反对言必称尧矣。又如

> 《经下》:尧之义也,生于今而处于古,而异时。说在所义。
> 义同仪,法也。
>
> 《说》——尧臛:或以名视人,或以实视人。举彼尧也,是以名视人也。指是臛也,是以实视人也。尧之义也,是声也于今;所义之实,处于古。视,示也。"宁彼尧也"句,"彼尧"原讹"友富商"从校释改。

此亦以尧为例,其反对法古最为剀切,足以修正墨子之说矣。然此非墨门弟子,智过先师实所处之时代不同也。或疑此为讥儒家,恐殊不然。《墨经》反对儒家者甚少,盖墨子非孔之言已详,又别有《非儒》一篇,当时荀子未起,孟学不盛,固不用深非之。其为修正旧说也无疑。

二曰重情

墨子平日重理智而抑感情,故曰:

此所谓"平",即《中庸》所谓"喜怒哀乐之未发谓之中",然墨家言之,初无一毫神秘与夸张也。此外如"宜不宜,在欲不欲"(《经说下》)诸条,均以情感为言,而有独到之见。

彼辈之意,以为行为之发生,知识与情感,关系同等重要。如《经上》:行,为也。

然则为又如何?

> 《经上》:为,穷知而悬于欲也。

傆同悬,系也。言行为则理知有时而穷,乃系于情感也。此墨家后学之大发见,故举譬而详说之。

> 为:欲籹(斫也。原误作靳,从孙校改。)其指,智不知其害,是智之罪也。若智之慎之也,无遗于其害也;而犹欲籹之,则离之。(离即罹,被也。)是犹食脯也,骚之利害,未可知也,而欲得骚;"而欲"二字,原倒,今正。"得"依孙说补。是不以所疑止所欲也。廧外之利害,未可知也,趋之而得刀,(枭刀也。)则弗趋也,是以所疑止所欲也。观"为穷知而悬于欲"之理。按观,见也。籹脯而非恕也,籹指而愚也,所为与不,否也。所与为按"与"犹以也。相疑也;非谋也。(《经说上》)

以近事喻之,今人因事演说,每有断指示众者,非不知其害,以愤激之情而然耳。食之美恶(即骚之利害,毕沅云:骚,臊字假音。)未可知,与墙外之利害未可知,其疑相同,智也;一则欲得骚而不止,一则不欲得刀而止(弗趋),为与否在欲之强弱,情也。

感情既是行为之动力,其效果于人有损有益,惟在用得其宜而已。故《经下》云:

> 无欲恶之为益损也,说在宜。

《说》曰:

> 无欲恶,伤生损寿;说以少连。赏多粟,或者欲不有能伤

也。"不有"即"无有"。若酒之欲人也,是谁爱也?此四字旧错在"尝多粟"句上,今正。且恕,人利,人爱也;则惟恕弗治也。(《经说下》)

少连之事,他书不详,惟《论语》云:"逸民:伯夷,叔齐,虞仲,夷逸,朱张,柳下惠,少连。子曰'……柳下惠,少连,降志辱身矣;言中伦,行中虑,其斯而已矣。'……"(《微子》篇)《礼杂记》载孔子之言,则云少连善居丧,三日不怠,三月不解,期悲哀,三年忧,东夷之子也。以少连系于柳下惠之后,或春秋末年人而其主张则为禁欲主义者,结果大抵体弱早夭,故曰"无欲恶,伤生损寿,说以少连"也。尝粟无伤,食欲所宜也,益也;饮酒谁爱,嗜欲非宜也,损也。仅知弗治,亦犹穷知而系于欲也。用意甚为明白,惜近人不知《墨经》与墨子之说有异,而未达其旨。如梁氏《校释》谓前条"是犹食脯也"以下为衍文,此条《经说》则以"无欲恶"之"无"字,为牒经标题,而读为"欲恶,伤生损寿",与原意全相反背。释曰:

无欲恶者,将人性所本有之欲恶而去之,则是损也;而必去喜,去怒,去乐,去悲,去爱,去恶,而用仁义;手足口鼻耳目,从事于义;必为圣人。(《贵义》篇)

此虽足以见墨子之苦行,究非人情所能堪。且"兼爱"大义即由爱出发,而己亦曾"怒"耕柱子,书中屡言"子墨子说",悦是墨子亦未能尽去也。岂在墨子以上,尚所谓圣人耶?知此固非有血气之人所能任矣。然墨子则常以此为标准而衡量事理,如

公孟子曰:"三年之丧,学吾子子字原脱,吾子,小男女也。之慕

父母。"子墨子曰:"夫婴儿子之知,独慕父母而已;父母不可得也,然号而不止。此其故何也?即愚之至也。然则儒者之知,岂有以贤于婴儿子哉!"(《公孟》篇)

此亦去感情而重理智,故有是论,究非众人之情所能安也。墨学之所以为世诟病者,亦多在此。

《墨经》中虽仍重理智,然于感情亦不抹煞;在心理学方面,其所成就颇高。如

《经下》:无说而惧,说在弗必。必、旧讹心,从孙诒改。

《说》——无:子在军不必其死生,闻战亦不必其死。旧讹生、今改。前也不惧,今也惧。

言人恐惧之心理作用,颇为深刻。又如

《经上》:平,知无欲恶也。

《说》——平:惔然。

不知正所以为益也。按此由其误读经文"益损"为"损益。""此条颇近道家言在《墨经》中为别义"。(《墨经校释》页一三五)

此条原意,正所以别于道家,如此解释,真不知所云也矣。张氏集解,于此两条其读颇与梁氏相类。

但《墨经》虽重情感,亦未尝流于纵欲,且于"自苦为极"之风,予以心理上之说明。如

《经上》：任，士损己而益所为也。（此为字读去声。）

《说》——任，为身之所恶，以成人之所急。

《大取》篇则曰：

> 圣人恶疾病，不恶危难。正体不动。欲人之利也，非恶人之害也。

欲人之利，故恶疾病；非恶人之害，故不恶危难。合"为身之所恶，以成人之所急"观之，非墨家之苦行，而能以此自任乎？

三曰，新功利观。

墨子常言"中国家百姓之利，"本所谓功利主义也。然"何以须利？""利之善安在？"则墨子未尝加以说明；此前修之未密，而有待后学补正之矣。《墨经》则根据其心理上之情感说，而予功利主义以更新之解释。

《墨经》之说利也，曰：

> 利，所得而喜也。（《经上》）

利之反为害，曰：

> 害，所得而恶也。（《经上》）

《说》曰：

> 利：得是而喜，则是利也其害也，非是也。
> 害：得是而恶，则是害也。其利也，非是也。（均《经说上》）

此乃以情感之喜恶释利害也。
于功则曰：

> 功，利民也。（经上）

是使民得之而喜也。《说》曰：

> 功不待时，若衣裘。（《经说上》）

张惠言《解》云："冬资葛，夏资裘，不待时而利。"《公孟》篇载墨子之言曰：

> 国之治，治之故治也；治之废，则国之治亦废。……"乱则治之，"是譬犹噎而穿井也，死而求医也。

此为功不待时之确诂，或破"不"为"必"（孙梁说）。非也。"功以利民，"利之又"不待时，"则因循之官僚主义，虚伪之欺骗政策，无所假借矣。

功利之义已明，乃以此解释一切道德及社会关系。如

> 《经上》：义，利也。
> 《说》——义：志以天下为爱，而能此能字孙云，善也。能利

之,不必用。

此与儒家以义利对立者(如《论语》"君子喻于义,小人喻于利。"《孟子》"何必曰利,亦有仁义而已矣。")根本不同,乃墨子相传之特色也。又如

> 《经上》:忠,以为利而强低(同上)也。
> 《说》——忠:不利弱子;亥足将入,止容。

按《经》文"强低"不可通,孙《诂》改为"强君,"亦未妥。盖忠之古义,不仅在事君,如"上思利民,忠也,"《左传》桓公六年"'永言配命,自求多福,'忠也,"又,昭廿八年"为人谋,而不忠乎?"《论语·学而》篇是莅官,处己,交友,无在不可言忠矣。墨子尚问之君,有权而不必有利;《墨经》之君,则更不然。曰:

> 君,臣萌。(同氓)通约也。(《经上》)

《说》曰:

> 君,以若名(同民)者也。按:若,顺也。经中名与民多互讹,如"佴,然也者,民若法也,"民当为名。此若名乃民之讹,"若民"即顺民也。

君由臣民通约而产生,故"君以顺民者也。"此有国家主权在民之义,故忠不可以《荀子·臣道》篇之"强君"为说。古"低"与"之"声同,低或"之"之讹,当云"忠,以为利而强之也。"《经说》就不利与弱为

言、但讹夺太多、不必强释也。

注：顷见谭戒甫墨经易解释此条云，"下条训'孝'为利亲，本条训'忠'不曰利君者，知墨家之所谓忠，乃谋国辅人奉上使下之一令德，初非限于臣对君也。……强低者"，左昭十二年传云，"外强内温，忠也。"曹耀湘云，"强者勇于任事，低者抑然自下，如易言劳谦。"皆是。……弱子系谓成人而冠者耳，此言成人之子，体虽柔弱，亦当"使各从事其所能。"若为之父者，以"余力隐谋遗利，而不为天下为之，"则有害于兼，失为利之旨矣。……"亥"假为"其，"古音同。其足将入止容者，入，犹大禹"三过其门而不入"之入，墨子法禹，形劳天下，突不得黔，故足将入室而有止容，（著一容字，极状强低之态）盖过门将入，将足欲迟，言不顾家也。不利子，不顾家，以利天下，所以为忠。其说亦通，特录于此。

其释孝则曰：

> 孝，利亲也。（《经上》）

说曰：

> 孝，以亲为爱，而能善也能利亲，不必得。（《经说上》）

此于道德皆以利解释之征也。又如《经上》"言、口之利也。"与《论语》"恶利口之覆邦家者"（阳货篇）不同。

夫以利为标准也，倘不得所喜之利，而得所恶之害则如何？
《经上》曰：

> 欲正，权利；恶正，权害。

《说》曰：

> 正者两而勿必，(必也者可勿疑)权旧讹仗,依孙改。者两而勿偏。

按此两正字，须先加解释：《经上》有云，"合正；宜，必。"《说》曰，"力原讹兵、从吴钞本改。正原作立、疑与力声同与正形似而讹。反中志工，正也。"工，孙《诂》疑功之省，是也。墨子本有"合志功而观焉"之说，《鲁问》篇《大取》篇云，"义，利；不义，害。志功为辩。"此志功之义。《大取》篇又云，"志功不可以相从也，"则言志功未必相合。正反中(合也)志功为正，则欲之正，必如尝多粟之类；恶之正，必如"为身之所恶以成人之急"之类也。责任既无所趋避，于此则宜以权而求利大害小。《大取》篇论之曰：

> 于所体之中而权其轻重之谓权。权非为是也，亦非为非也，权正也。断指以存腕，利之中取大，害之中取小也。害之中取小，非取害也，取利也；其所取者人之所执也。遇盗人而断指以免身，利也；其遇盗人，害也。断指与断腕，利于天下相若，无择也。死生利若一，无择也。……于事为之中而权轻重之谓求；求，为之非也；害之中取小，求为义，非为义也。

"权"乃一方法，故无是非可言，而以"正"为标准。如此犹"求"为一方法，亦未必是，故求为义，非为义也。以情感为出发点，解释功利主义，而归结于"死生利若，无择也；"是将墨家苦行牺牲之精神，予以学理上之根据矣。此墨家之所以终为墨也。

此反古，重情，新功利观三者，或与墨子相反，或相类而内容不

同,乃其根本态度也。其余再分类述之:

六　兼爱非攻之新解

墨子之兼爱非攻论乃建立于"天志"之上,《兼爱》《非攻》中下各篇所说是也。《兼爱上》《非攻上》两篇,以缜密之推理,言简意赅,其产生本与《墨经》同时,吾前已言之矣。详第三章惟以说明之便利,曾引入墨子之学说内,第五章兹不复征述。试就《墨经》一言《兼爱》《非攻》之新解。

墨子之时,学术未盛,又以行于贱人阶级之故,不必有甚深之理论也。迨战国中年则不然。百家腾跃,辩诘极烈,非有严密之论证,则无以伸己说而攘敌锋矣。当时对于兼爱,大抵论难蜂起,约言之,则有二端,最受攻击:

一曰,天下人无穷安得兼而爱之?

随巢子曰:

> 有疏而无绝,有后而无遗。大圣之行,兼爱万民,疏而不绝;贤者欣之,不肖者则怜之。贤而不欣,是贱德也;不肖不怜,是忍人也。(马总《意林》一,引《随巢子》)

随巢子此语,本系答复上一问题,然尚不深刻。《墨经》则曰:

> 无穷不害兼,说在盈否。(《经下》)
> 《说》曰:无:南者有穷则可尽,无穷则不可尽。有穷无穷

> 未可知,则可尽不可尽未可知。人之盈否未可知,人之可尽不可尽亦未可知,而必人之不可尽爱也,悖。人若不盈无穷,则人有穷也;尽有穷,无难。盈无穷,则"无穷"尽也;尽有穷,无难。(《经说下》)文从孙梁校改。

或以为无穷则害兼,乃先就无穷加以批驳。以为南方之地虽无穷,人若未布满,则人有穷尽,兼爱之不难,人若布满此无穷之地,则所谓无穷已穷尽而为有穷矣,兼爱之,亦不难。故曰尽有穷,无难,于兼爱之义固无妨也。

或者又以不知人数多少,何从兼而爱之? 则答曰:

> 不知其数,而知其尽也,说在问者。(《经下》)
> 说曰:不:不知其数,恶知爱民之尽之也? 或者遗乎其问也。尽问人,则尽爱其所问。若不知其数而知爱之尽之也,无难。(《经说下》)

"尽问人则尽爱其所问,"即"说在问者"也;以吾人所能知之数而尽爱之,即知其尽矣,或者又以不知人之居处,何以兼而爱之? 则以失子为喻,而答之曰:

> 不知其所处,不害爱之。说在丧子者。(《经下》)

盖墨家之意,爱而不兼,即为不爱,故曰:

> 爱人,待周爱人而后为爱人;不爱人,不待周不爱人;不周

爱,因为不爱人矣。……此一周而一不周也。(《小取》篇)

辩学上所谓周,即主张上所谓兼。此《墨经》对于别士无穷害兼之答辩也。

二曰,墨家兼爱而非攻,然墨子曾别诛于攻,是非攻而不非诛也。《墨经》亦曰:

> 罪,犯禁也。
> 罚,上报下之罪也。(《经上》)

报下之罪,则必诛杀而与爱相反矣。当时必有讥墨家之矛盾自陷者。《小取》篇曰:

> 获之亲,人也;获事其亲,非事人也。其弟,美人也;爱弟,非爱美人也。车,木也;乘车,非乘木也。船,木也;入船,非入木也。盗人,人也;多盗,非多人也;无盗,非无人也。奚以明之,"恶多盗,非恶多人也;欲无盗,非欲无人也。"世相与共是之。若若是,则虽"盗人,人也;爱盗,非爱人也;不爱盗,非不爱人也;杀盗人,非杀人也。"无难矣。此与彼同类。世有彼而不自非,墨者有此而非之;无它故焉,所谓内胶外闭……而不解也。——此乃是而不然者也。

此墨家后学对于兼爱非攻而诛杀之答辩也。然则此类答辩,是否正确? 吾人可以墨家自己之言加以答复。《小取》篇有云:

> 白马,马也;乘白马,乘马也。骊马,马也;乘骊马,乘马也。获,人也;爱获,爱人也。臧,人也;爱臧,爱人也。——此乃是而然者也。

此既为是而然者,若易爱为杀,而曰"盗,人也;爱盗,爱人也。盗,人也;杀盗,杀人也。"彼与此同类,何至"是而不然也"耶?墨者有此而不自非,其亦所谓内胶外闭而不解者欤?(更详下节辩学内。)

故墨家于兼爱非攻之新解释,前一说所谓无穷不害兼,极为深刻后一说所谓杀盗非杀人,诡辩而已;虽煞费苦心,其实足以自陷而不觉也。

七 知识论与辩学

《墨经下》云:

> 物之所以然,与所以知之,与所以使人知之,不必同。说在病。
>
> 《说》曰:物:或伤之,然也。见之,智也。告之,使知也。

墨子之学,爱与智并重,"物之所以然,与所以知之,"智之事也;而墨子乃宗教式之教育家,"有道肆相教诲,""遍从人而说之,"则"所以使人知之,"亦必有其术矣。前者惟在自悟,故有《墨经》中之知识论;后者用以悟人,故有其辩学。《经》中辩学尤详,乃有《墨辩》之称,其他科学,几为辩学所掩矣。兹先略述其知识论而后及其辩学之大要。

《墨经》最重知识,谓生人之所以生,乃在有知也。故曰:

> 生,形旧作刑与知处也。
> 卧,知无知也。
> 梦,卧而以为然也。
> 平,知无欲恶也。均《经上》

此以肉体与知觉相合为生,不言神魂,乃后学修正墨子之说也。虽有知而暂时无知为卧,虽无知而自以为有知为梦,知无欲无恶则其平常状态,皆以知为言。

然则人何以能知?《经上》曰:

> 知,材也。
> 《说》曰:知材:知也者,所以知也。而必知。若目。原作"若明"从《墨经通解》改。
> 知,接也。
> 《说》曰:知:知也者,以其知过物而能貌之。若见。
> 恕,明也。
> 《说》曰:恕:恕也者,以其知论物而其知之也著。若明。

此三条均论知识。"知材也"者,言人必须具所以知之材质,始能有知;如目所以见也,若为青盲,则无见矣。"知接也"者,以其与物相接,而能得其情状,若眼之见也。若不能接物而貌之,则虽有见之林,亦所谓"视而不见"矣。

"恕,明也"者,不独见之,且能明察秋毫,故论物而其知之也著矣。所知至此境地,则如《经上》云:

>闻,耳之聪也。
>循所闻而得其意,心之察也。
>言,口之利也。
>执所言而意得见,心之辩也。

察与辩,则知之著且明者也。

何以能得著明之知识?首在于求。《经上》曰:

>虑,求也。
>《说》曰:虑:虑也者,以其知有求也,而不必得之。若睨。

《说文》,"虑,谋思也。"心有所思,而求其通,若方法不当,未必能得其所求也。《庄子》云:"知者谟也。知者之所不知,犹睨也。"《庚桑楚》篇与此喻正同。故欲得著明之知识,尚须有待也。

《经上》曰:

>知:闻,说,亲。
>《说》曰:知:传受之,闻也。方不㢓,说也身观焉,亲也。

由传闻而得之知识谓之闻。闻亦有不同,故曰:

>闻:传,亲。

《说》曰：闻：或告之，传也。身观焉，亲也。

读书之所得，讲演之所听，本为求知之一法。但飞语流言，如市中有虎，曾参杀人之类，或告之传闻也。亲从某书所得，亲从某所听，亲闻也。吾人于历史所得知识，多此类也。
"'方不㢓说也'者，谓由推论而得之智识也'说，所以明也；'（本《经》文）㢓即障字；方，如《史记》'见垣一方'之方。据其所已知以推见其所未知，是之谓'所以明，'是之谓'说。'儿童触火而得灼，所触此火也，他火非待一一触之，而莫敢或狎者，能推焉而知不障也。"此用梁氏校释语《经说下》所谓：

在外者，所（不）（邓高镜云此不字衍。）知也。或曰，"在室者之色，若是其色。"是所不知若所知也……外，亲知也；室中，说知也。

此乃"说知"之确例也。
"身观焉，亲也"者，即五官亲历所得之经验以成知识也。科学实验，多属此类。但亦有非五官之经验所知者，如时间观念是也。《经下》云：

知而不以五路说在久。
《说》曰：知：以目见，而目以火见，而火不见，惟以五路知。久，不当以目见，若以火见。

"久"即"合古今旦暮"《经说上》也，是为时间。五路即五官，时间全凭记忆，非五官之感觉可得，故曰知而不以五路也。

此《墨经》中知识论之概略也。墨家在此方面，其所成就，视同时他家为高。盖墨子本注重知识，又与其弟子，多参加实际生产事业，日积月累，亲身之经历既多，后学继此精神，加以组织之，说明之，故成绩独为高卓也。当时重要学派，如儒家之求知识，多在诵说，道家多重冥想，名家则颇以文字语言为游戏；因均脱离生产关系也。惟墨家则闻见思维之外，能动手实验，乃有真知灼见，与他家迥殊矣。《经下》云：

> 知其所以不知，说在以名取
> 《说》曰：知：杂所知与所不知而问之，则必曰，"是所知也，是所不知也。"取去俱能之，是两知之也。

此与《贵义》篇墨子讥瞽者知白黑之名而不能取，（引见第七章）其义相同。盖不独知其名而已，须能实验而应用之，乃其特有之精神也。

夫知物之所以然，与所以使人知之，其方法不同。譬之于病，身体某部受伤，物之当然也，诊断何以受病，物之所以然也，著为医书，或告之病者，所以使人知之也。此《墨经》之说，已引于前矣。本节之首。然吾国后来，多失此旨，今如翻阅古医书，则满纸荒唐之言，仿佛"道可受而不可传，"矣。论文学艺术，则动曰"可以意会而不可以言传，"仿佛孔子之性与天道虽子贡亦不可得而闻矣。此种反科学之神秘主义，于学术之传播殊有碍，其过在不重辩也。墨子之重辩，已述于前，墨家后学，则本其旨，而于辩学有所发明。

《经上》云：

> 辩,争彼也。辩胜,当也。
> 《说》曰:辩:或谓之牛,或谓之非牛,是争彼也,是不俱当。不俱当,必或不当,不当若犬。

此以辩胜为当,可见其注重之甚。反之若谓辩不能定是非真伪,则不当。故《经下》曰:

> 谓辩无胜,必不当。说在辩。
> 《说》曰:谓:所谓,非同也,则异也。同,则或谓之狗,其或谓之犬也。异,则或谓之牛,其或谓之马也。俱无胜,是不辩也。辩也者。或谓之是,或谓之非,当者胜也。

辩既如是之重要,然则其用安在? 其法如何?《小取》篇曰:

> 夫辩者,将以明是非之分,审治乱之纪,明同异之处,察名实之理,处利害,决嫌疑焉乃也。摹略万物之然,论求群言之比;以名举实,以辞抒意,以说出故;以类取,以类予。有诸己,不非诸人;无诸己,不求诸人。

此辩之效用与方法也。其方法之最要者,在"以名举实,以辞抒意,以说出故。"试就《墨经》之言,加以说明:

《经上》云:

> 名:达,类,私。

> 《说》曰：名："物，"达也；有实必待之名也。命之"马，"类也；若实也者，必以是名也。命之"臧，"私也；是名也，止于是实也。

此名之种类也。
《经上》又云：

> 名实合，为。
> 《说》曰：……所以谓，名也。所谓，实也。名实耦，合也。志行，为也。

《经上》又云：

> 举，拟实也。
> 《说》曰：举：告以是名，举彼实也。

此所谓举也。"以名举实"者，盖谓名能拟其实也。即通常所谓名实相符，看似容易，非有正名之功，亦无以举其实矣。按经上有云、"谓、移、举、加。"说曰"谓、命狗、犬，移也，狗、犬、举也，叱'狗'加也。"彼"举"似有举例之意，与此微异。

"以辞抒意"者，辞即今人所命题，合二名以表一意也。《经》内于辞意二名，均无说，惟《大取》篇云：

> 夫辞以故生，以理长，以类行者也。三物必毕也，具，然后足以生。立辞而不明于其所生，妄也。今人非道无所行，唯虽

也。有强股肱,而不明于道,其困也,可立而待也夫!辞,以类行者也;立辞而不明于其类,则必困矣。

此于用辞抒意之道,言之甚详;非如此,则"蔽于辞而不知实","治怪说,玩琦辞,甚察而不急,辩而无用"均荀子评惠施语。矣。

"以说出故"者,"说,所以明也,"《经上》"故"则《经上》云:

故,所得而后成也。

《说》曰:故:小故,有之不必然,无之必不然。体也,若有端,大故,有之必然。若见之成见也。

"故"即今逻辑中所谓原因,"小故"乃必要原因,"大故"乃充足及必要原因也。用言语说明此种因果关系,即所谓以说出故也。

此上所言,乃思辨之原则。至其所用之辩论术,则《小取》篇列有七法:

(一)或——或也者,不尽也。

《经》上云,"尽,莫不然也。"不尽,则有不然者矣。此或即今所谓盖然判断。

(二)假——假也者,今不然也。

此即所谓假言命题,事出假设,故曰"今不然也。"

(三)效——效也者,为之法也。所效者所以为之法也。故中效,则是也,不中效,则非也。

法即《经上》所谓"法,所若顺也。而然也。"似即今所谓"前提。"效为演绎,所效者即前提也。故须视其是否中效,以定是非。

(四)辟——辟也者,举他物而以明之也。

辟即譬喻。《荀子·非相》篇,"谈说之术,分别以喻之,譬称以明之。"《说苑·善说》篇谓譬乃"以其所知,谕其所不知,而使人知之"也。故曰举他物而以明之。

(五)侔——侔也者,比辞而俱行也。

侔乃比辑相类之辞,以明其并行不悖也。如墨子谓少尝苦曰苦,多尝苦曰甘,以与杀人之多少相侔。见《明鬼下》《非攻上》公孙龙谓"是仲尼异'楚人'于所谓'人'而非龙异'白马'于所谓'马,'悖。"《公孙龙子·迹府》篇皆侔之用也。

(六)援——援也者,曰:"子然,我奚独不可以然也?"

今人所谓"援例要求,"即援之用也。

(七)推——推也者,以其所不取之,同于其所取者,予之也。是犹谓"他者同也,"吾岂谓"他者异也?""推"即归纳法。"取"是举例,"予"是断案,吾人举若干个体之事物,知其如此,遂谓凡与所已举之诸例同类者,亦必如此。即所谓以其所不取者。同于其所取者予之也。亦即所谓"以类取,以类予"也。

此七法,皆墨家所用之辩论术,其中有得有失。故《小取》篇又曰:

> 辞之侔也,有所至而止。其然也,有其所以然也;其然也同,其所以然不必同。是故辟,侔,援,推之辞,行而异,转而危,诡也。远而失,流而离本,则不可不审也,不可常用也。

《小取》篇作者,虽如此叮咛,使人慎重,但篇中即有谬误之处。如前所举"杀盗非杀人"即为诡辩,盖误用"援"而有此失也。"世有彼而不自非,"墨者奚独不可以"援"耶? 此其致误之由矣。

且墨家虽有此许多辩之方法,而应用未能纯熟,有流于极端谬误,矛盾冲突者。如《经下》有两条,皆论狗犬问题。其一条曰:

狗,犬也;而杀狗非杀犬也,可。说在重。
《说》曰:狗:狗,犬也;谓之杀犬,可。若两胧。

其又一条曰:

知狗而自谓不知犬,过也。说在重。
《说》曰:知:知狗者重知犬,则过;不重,则不过。

此两条《经》与《说》各不相同:前一条,《经》以"杀狗非杀犬也,可;"《说》似以"杀狗非杀犬也,不可。"后一条,《经》以"知狗而自谓不知犬,过也;"《说》则似以"知狗而自谓知犬为过。"此《经》与《说》互相矛盾之证也。然则孰可,孰悖耶? 吾窃以为前一条《说》是"狗,犬也,谓之杀犬,可。"而《经》非,后一条则《经》是"知狗而自谓不知犬,过也。"而说非也。惟近人如梁启超胡适皆不知其谬误,矛盾,而牵强附会,曲成其说,殊可怪诧矣。梁氏说见《墨经校释》各条下。及《墨子学案》页一一八。胡氏说见所著《哲学史》页二四二。今试用《墨经》之论理法式,以明此二条之然否。

《经上》云:

> 同:重,体,合,类。
> 《说》曰:同:二名一实,重同也。不外于兼,体同也。俱处于室,合同也。有以同,类同也。

今二条均曰"说在重,"是狗与犬"二名一实"也。亦犹孔子即仲尼,梁任公即饮冰室主人也。故:

> 狗,犬也;"杀狗"谓之杀犬,可。
> 知狗而自谓不知犬,过也。

此两辞所抒之意,实无误也。反之,如:

> 杀狗非杀犬也,可。
> 知狗者重知犬,则过。

此则如:

> 叔孙武叔毁仲尼非毁孔子也,可。
> 知饮冰室主人同知梁任公,则过。

其为谬误,仅凭常识,即可决之矣。

《尔雅》云,"犬未成豪曰狗。"梁胡均引以说此经。果如此种解释,则狗与犬为体同而非重同,失《墨经》所谓"说在重"之旨矣。兹姑以此为例,则《经》与《说》仍不可通,而梁胡之言,亦难成立也。夫"不外于兼,体同也,"则狗为犬之一部分,当然不外于犬矣。亦犹"上海民众"为"中国人"一部分,墨翟禽滑厘为墨家一部分也。今曰:

> 杀狗非杀犬也。
> 知狗者重知犬则过。

是犹谓:

> "五卅""一二八"所杀之"上海民众,"非杀中国人也。
> 知墨翟禽滑厘者,重知墨家,则过。此条有过,因不重也。详后改正经文中

可耶? 不可耶? 吾知仅凭常识亦可决之矣。梁胡二氏竭力为之曲解,是何意耶?

《墨经》虽多不解者,就所能解之诸条而言,从无如此矛盾冲突也。所以致误之由,推想不出二途:在"白马非马,""狗非犬"之诡辩空气中,欲证"杀盗非杀人也。"之合理,故有此谬误之论而不自觉,此其一也。或《经》典《说》本不误,而后人为施龙之说所蔽,因读此经,妄加改窜,此亦可能也。由后之说,则《经》与《说》原文,须如次:

(一)狗,犬也;而杀狗非杀犬也,悖说。在重。"悖"原作"可。"(或原作"不可,"夺一"不"字,)

> 《说》曰:狗,犬也;谓之杀犬,可。若两脆。(照原文)

（二）知狗而自谓不知犬,过也。说在重。（照原文）

《说》曰：知：知狗者重知犬,则不过。不重,则过。上"不过"原作"过",下"过"原作"不过",今将"不"字移于上。

如此,则庶几"可"而"不过"矣。然如"杀盗非杀人也"一辞,为庄荀诸子所讥者,终难解免；则吾所改正之《经》与《说》,恐未必即合《墨经》著者之原意也。此虽小有所失,而墨家辩学之成就,终在各家以上,非儒道法名诸家所能望者。治《墨辩》之人,分别观之可耳。此节征引既嫌太繁而解释则又太简。阅者可参观梁氏《学案》页七八——一四二或胡氏《哲学史》页一九一——二二七。两书解释较详也。但此节与二人观察批评不同。阅者宜及之。

八　与他家之论难

墨家之辩学既甚完密,而又喜与人辩难,且以反对辩难者为非。《经下》曰：

诽之可否,不以众寡,说在可非。

《说》曰：诽：诽之可不可：以理之可非,原作诽虽多诽,其诽是也；其理不可非,虽少诽,非也。今也谓多诽者不可,是犹以长论短。

此谓辩难(诽)而当,虽多不可非也。又曰:

> 非诽者悖。旧讹谆。说在弗非。
> 《说》曰:非:己之诽也,不非;诽非可非也。不可非也,是不非诽也。

此以矛盾律讥反对辩难者。盖诽如可非,即不应"非诽;"非人之诽,己已诽人矣。墨家以其好诽之态度,辅之以辩学之武器,自立破他,犀利深刻,今犹可见也。

墨家与孔门辩论,别有《非儒》《大取》两篇,大抵亦产生于《墨经》时代。《经》与《说》所论难者,则多在辩者(即所谓名家)及其他各家。

辩者之术,其特点在"离坚白,合同异;"而其人则以惠施公孙龙为代表。《庄子·天地》篇云:

> 辩者有言曰:"离坚白,若县㝢。"

《秋水》篇述公孙龙问于魏牟之言曰:

> 龙少学先王之道,长而明仁义之行。合同异,离坚白。然不然,可不可,困百家之知,穷众口之辩,吾自以为至达已。

《德充府》篇载庄子谓惠子曰:

> 今子外乎子之形,劳乎子之精;倚树而吟,据槁梧而瞑;天

选子之形,子以坚白鸣。《齐物论》篇亦言"惠子之据梧也、……故以坚白之昧终。"

是此派学说之特点,在"合同异,离坚白"之征也。惟《汉书·艺文志》名家所著录《惠子》一篇,久已亡佚;而《公孙龙子》十四篇,今亦残阙,仅存六篇。其学说之真相,不可得而见矣。然据《庄子·天下》篇所列惠施历物之意,与今本《公孙龙子》之说,则施之术重在合同异,而龙之论则在离坚白也。其学之价值如何,兹亦不论。但以其"然不然,可不可,"与吾人之常识相违;故荀子谓惠施"好治怪说,玩琦辞,……辩而无用;《非十二子》篇蔽于辞而不知实。"《解蔽》篇庄子于惠施本有所契,而惜其"卒以善辩名;"讥其"说而不休,多而无已,犹以为寡,益之以怪"《天下》篇也。

墨家亦有其"坚白同异之辩,"而所以与辩者异者,则彼在"离"坚白,"合"同异,而墨家则在"离"同异"合"坚白也。离同异、合坚白一语,为冯友兰所提出,最能形容墨家与辩者之区别。见冯氏著《中国哲学史》上册页三三二。

惠施之言曰:"天与地卑,山与泽平。《荀子·不苟》篇作"山渊平天地比。"……大同而与小同异,此之谓小同异;万物毕同毕异,此之谓大同异。……泛爱万物,天地一体也。"(《庄子·天下》篇)
《墨经》之言则曰:

> 同:异而俱于之此也。一也。《经上》

同有四,曰重,体,合,类。说曰:

> 同：二名一实，重同也。不外于兼，体同也。俱处于室，合同也。有以同，类同也。经说上

其言异则云：

> 异：二，不体，不合，不类。《经上》
> 《说》曰：异：一一毕原作二必。异，二也。不连属，不体也。不同所，不合也。不有同，不类也。

其言同异交得，则云：

> 同异交得，放有无。《经上》
> 《说》曰：同异交得：于福家良恕，有无也。比度，多少也。免蚜还园，去就也。鸟折用桐，坚柔也。剑尤早，死生也。
> 处室子子母，长少也。两绝胜，白黑也。中央，旁也。论行行行学实，是非也。虽宿，成未也。兄弟，俱适也。身处志往，存亡也。霍为姓，故也。贾宜，贵贱也。此说讹误太多、不易明白、大抵言相对待之同异、如有、无、……贵、贱、是也。

此墨家同异之辩之大要也。持此以与惠施之言相较，则施所主张，实为谬误。如"山渊平"《墨经》则云，"平，同高也。"《经上》今山与渊或泽，不同高，是不平也。天与地卑，天地在今日已难对言，然在古代之普通眼光，亦山与泽平之类而已。《荀子》作"天地比，"如为比连，若杨注引或说，"天无穷形，地之上空虚者，尽皆天也。是天地长亲比相随，无天高地下之殊也。"或谓施知地圆，则应言"地之外皆

天也。"是则既无深义,而"地之上皆天"仍有高下之别。如为比较,则《经下》云:"异类不比。"旧作吡,依梁改。强比之,是"木与夜孰长?智与粟孰多?爵,亲,行,贾,(价)四者孰贵?麋与霍孰高?"《经说下》之类矣。

其言"万物皆同毕异,"则必如重同之二名一实,始可谓毕同;必如二异之各异,始可谓毕异。今笼统而言万物,既非毕同,亦非毕异也。盖虽有"有以同之类同,"而"物有以同而不率遂同"《小取》篇语矣。至施所谓"小同异"与"大同异"之别,亦犹《庄子》所谓"自其异者视之,肝胆楚越也。自其同者视之,万物皆一也。"《德充符》篇自墨家之观点言之,其所谓"言而无仪"者已。

至其"泛爱万物,天地一体"之说,与墨家之异,可以《吕氏春秋》所载荆人遗弓之故事明之。其语曰:

> 荆人有遗弓者而不肯索。曰:"荆人遗之,荆人得之,又何索焉?"孔子闻之曰:"去其荆而可矣。"老聃闻之曰:"去其人而可矣。"故老聃则至公矣。(《贵公》篇)

天地一体,既有不可,"泛爱万物"则老聃去其人而可之说也。非人,则得弓何益?虽曰至公,乃无用之高调也。墨家兼爱,则曰"不可以不劝爱人。"《兼爱上》又曰:"仁,体爱也。""爱己者,非为用己也,不若爱马者"《经上》及《经说上》此则其爱仅及人类,亦去荆而可之意也。今施言"泛爱万物"则不知《墨辩》所谓名之达,类,私矣。《经上》云"名、达、类、私,"说曰"物、达也。命之马、类也,命之臧、私也,"荆、私也,人,类也,泛爱万物,而不知爱人,施可谓不"知类"矣。《墨经》虽未直接与施辩,然与施同异之辩,实有如此之迥殊也。

公孙龙之《坚白论》曰：

> 无坚得白，其举也二；无白得坚，其举也二。……视不得其所坚，而得其所白者，无坚也；拊不得其所白，而得其所坚者，无白也。……得其白，得其坚，见与不见，见与不见离，一一不相盈故离离也者藏也。

龙以坚白不相盈而相外，《墨经》驳之曰：

> 坚白，不相外也。（《经上》）
> 《说》曰：坚白，异处不相盈，相非，是相外也。
> 坚白，说在因。（《经下》）
> 《说》曰：抚原作无坚得白，必相盈也。

此以正反两面明坚白相离之误也。《经下》又曰：

> 于一，有知焉有不知焉，说在存。
> 说曰：于：石，一也，坚，白，二也，而在石；故有知焉有不知焉，可。
> 不可偏去而二，说在见与俱，一与二，广与脩。
> 《说》曰：见不见离，一二不相盈，广脩，坚白。

要之，墨者之意，以为坚白之德俱含于石，三者不可偏去而二。若广与脩长也。俱含于面，相盈而不相外也。此皆反复以驳公孙龙之《坚白论》也。

然龙所以名家者,尚有"白马论"。故《公孙龙子·迹府》篇曰:

> 龙之所以为名者,乃以"白马之论"耳。今使龙去之,则无以教焉。

今《墨经》中未见驳其白马之论,或因援"白马非马"之例,以曲证杀盗非杀人之说,而有同契欤?抑龙书之写成,视《墨经》稍后,故此坚白之驳,尚引以为"难者"之言而著于《坚白论》篇也。此则不易决之矣。

此外《天下》篇载"辩者"之言,如"火不热,"及"一尺之棰,日取其半,万世不竭,"……等论,均有所诘难。例如《经下》云:

> 火热,说在顿。
> 《说》曰:火:谓火热也,非以火之热我有。若视日。原作日、以意改。

热乃火之热,犹日之光也,其热与光在火与日,而非在我。故以热为主观而不在火,谓"火不热"者,非也。又云:

> 非半不斱则不动,说在端。
> 《说》曰:非:斱半,进前取也,前,则中无为半,犹端也。前后取,则端中也。斱必半,无与非半,不可斱也。

"端,体之无厚而最前者也,"《经上》《说》曰:"端,是无间也,"则端即形学上之点,亦即化学上所谓分子之类,古所谓"至小天下莫能破焉"《中庸》者也。物若日取其半，终至达于所谓端而不能再破，则此端无所谓半与非半而已竭矣。故谓"一尺之棰，日取其半，万世不竭"者非也。

凡此所述，皆墨者批驳惠施公孙龙诸辩者之语也。其与他家论难者则如下：

前所引"谓辩无胜，必不当。说在辩。"及"非诽者悖。说在弗非"两章；及《经下》云：

> 以言为尽悖，悖说在其言。
> 《说》曰：以：悖，不可也。之人之言可，是不悖，则是有可也。之人之言不可以当，必不审。

此驳《老子》"辩者不善，善者不辩。"及《庄子》"辩也者有不见也"。《齐物论》老庄之意，盖以言为尽悖也。说在其言者，吾人若问老庄："尔言悖否？"如其不悖，则言非尽悖也；如其悖也，则他人之言不悖矣。"说在辩，""说在弗非，"以同一方法讥其自说相违也。亦以同一方法讥《老子》之"绝学无忧。"《经下》云：

> 学之益也，说在诽者。
> 《说》曰：学也，以为不知学之无益也，故告之也。是使知学之无益也，是教也。以学为无益也，教，悖。

盖学如无益，老子何为著书以教人耶？此驳道家也。
《经下》云：

> 无不让也，不可。说在殆。
>
> 《说》曰：无让者：酒不让；殆也，不可让也。若殆于城门与于臧也。

又曰：

> 无欲恶之为益损也，说在宜。
>
> 《说》曰：无欲恶，伤生损寿；说以少连。……

此似驳宋轻也。《荀子·非十二子》篇，虽以墨翟宋钘即宋轻并言，以其崇尚平等一方面与墨子相类而已，《庄子·天下》篇，言宋轻"'见侮不辱，'救民之斗；'禁攻寝兵，'救世之战。"又曰"以'禁攻寝兵'为外，以'情欲寡浅'为内。"宋轻之禁攻寝兵，与墨子之非攻似矣；而所以禁攻寝兵则不同。墨家非攻而善守，是诛而杀盗，乃能抵抗以禁人之攻；宋轻明见侮之不辱，乃无抵抗以任人之攻也。《韩非子》亦曰：

> 宋荣之议，设不斗争，取不随仇，不羞囹圄，见侮不辱，世主以为宽而礼之。夫是漆雕之廉，将非宋荣之恕也。（《显学》篇）

宋荣即宋轻，以宽，恕，见侮不辱著称，是无不让也。然与墨家宗旨不同，故曰，"无不让也，不可。说在殆。"

其情欲寡浅，则《荀子·正论》篇云：

第八章 墨学之进步

> 子宋子曰:"人之情欲寡,而皆以己之情为欲多,是过也。"故率其群徒,辨其谈说,明其譬称,将使人知情欲之寡也。

夫墨子虽言去六辟始为坚人,而非谓人之情皆欲寡也。荀子谓宋子"蔽于欲而不知得";《解蔽》篇"有见于少,无见于多。"《天论》篇盖蔽于无欲耳。墨家不以为然,故曰:欲恶之为益损也说在宜,无欲恶则伤生损寿也。

《汉书·艺文志》小说家有《宋子》十八篇,注云,"其言黄老意。"盖将《老子》"'佳'兵不祥"之旨,发挥之,实行之也。《天下篇》谓内在情欲寡浅,外为禁攻寝兵;受墨家之影响虽深,其旨意固在黄老,**此亦谓之驳道家可也**。所以列为小说家者,荀云"辩其谈说、明其譬称,"其譬称中必有许多可观之故事也。

《经下》云:

> 仁义之为外内也,非。说在仵颜。孙以仵为酐,云"逆也"是。惟以颜为頯则非,按颜疑类之讹,墨家最重知类,逆类即大取篇所谓"立辞而不明于其类,则必困矣"之说也。仁与义同类,今一彼一此,相为内外,是逆类也。狂举亦即逆类,如"狂举不可以知异。"说谓"若举牛有齿,马有尾,以为是类之不同也,是狂举也。"可知狂举之义即逆类也
>
> 《说》曰:仁:仁,爱也。义,利也。爱利,此也。所爱利,彼也。爱利不相为内外;所爱利亦不相为内外。其谓"仁,内也;义,外也,"举爱与所利也;是狂举也。若左目出,右目入。

此驳告子"仁内义外"与《管子戒》篇"仁由中出,义由外作"之说也。告子为儒家,赵岐《孟子注》谓告子兼学儒墨者,似未谛。《管子》书内

203

容甚杂，《戒》篇或告子之徒所作也。儒墨"同是尧舜"前所引"在，尧善治，"及"尧之义也"二条见第五节虽在修正旧说，同时谓之难儒家亦无不可。凡此均难儒家也。

《经下》云，"五行毋常胜，说在宜。"其说引见第三章此驳阴阳五行家如驺衍诸人之说也。

若此之类尚多，不及备述。故《经》与《经说》四篇，文虽简约，所立所破，含义固甚丰矣。

九　实用科学

《墨经》所蕴藏之富，尚有其实用科学及技术。兹各略举数例，以示梗概，不暇加以说明；至其内容当否，亦非一人学识所能批评，俟之专家可也。

（一）形学（几何）

体，分于兼也。《说》曰；体：若二之一，尺之端也。

　　按兼为全量，体为部分。

端，体之无厚而最前者也。《说》曰：端：是无间也。

　　按端即点。

尺前于区而后于端。（《经说上》）

　　按尺即线，区即面。

厚，有所大也。《说》曰：厚：区无所大。"区"旧作"惟，"依梁校改。

　　按厚即体积。

平，同高也。

中，同长也。《说》曰：中：心，自是往相若也。

圆,一中同长也。《说》曰:圆:规写交也。

方,柱隅四讙也。《说》曰:方:矩见交也。谭氏易解云,谨乃权之假借字,《大取》篇云,"权正也。"即其义。

凡此俱见《经上》,皆形学之定义或定理也。

(二)物理学

力,形之所以奋也(《经上》)。《说》曰:力:重之谓。下,举;重,奋也。正而不可摇,说在转(《经下》)。《说》曰:正:丸,无所处而不中;悬转也。

按此论力学。

景之大小,说在杝正,远近。说曰:景:木杝,景短大;木正,景长小。光(大)小于木,则景大于木;非独小也。远,近……

临鉴而立,景到,同倒。多而若少,说在寡区。《说》曰:临:正鉴,景寡。貌态,黑白,远近,杝正,异于光。

按此论光学。均见《经下》也。

(三)经济学

买无贵,说在反其贾。(同价)《说》曰:买:刀籴相为贾。刀轻则籴不贵,刀重则籴不易。梁云两"不"字当作"必。"王刀无变,籴有变。岁变籴则岁变刀。若鬻子。

贾宜则雠。同售。说在尽。《说》曰:贾:尽也者,尽去其所以不雠也。其所以不雠去,则雠;正贾也。宜不宜,在原作正依梁改欲不欲。

按此乃论价格之真义,与价值之所以成立。均见《经下》。

此外如"无说而惧,说在弗必"之论心理学;"仁,体爱也"之论人生哲学;"君,臣萌通约也"之论政治学;若此之类,《经》中甚多,不能一一备列矣。

夫政治,经济,人生,心理,辩证诸事,他书亦多言之,而形数,物理，非专门之书则罕及也。墨子出于工人，其弟子与后学亦必多参加生产及为守御之器者。《经下》云：

> 倚者不正，说在梯。

似亦讨论物理。而所谓"说在梯"者，其说曰：

> 倚：倍拒坚觕，倚焉则不正。两轮高，两轮为輲车，梯也。重其前，弦其前；载弦其前，载弦其轵，而县重于其前；是梯；挈且挈则行。凡重，上弗挈，下弗收，旁弗劫，则下直。扡，或害之也。流梯者不能沔直也。今也废置也。石于平地，重不下，无踦也。若夫绳之引轵也。是犹自舟中引横也。

此种详说，吾人虽不易明白，然为《备梯》篇之所谓梯则无疑也。当时为墨门所共喻，或有亲自制造者，故能说明其理如此。是《墨经》多实验而亲历甘苦之言，固非古今空谈者所可比；其器不存，其事已变，宜非此时所能共喻也。

十　《墨经》释疑

墨学之进步，已如上述。以《墨经》所蕴藏之丰富，或疑非当时中国所能有，乃自国外运输而来。然欤？否欤？此亦不可不一论也。夫以《墨子》一书为某一人所著，或以《墨经》为墨翟一人所写成，岂独当时所难有，即今亦不易产生；现在学术虽较盛于古，即有上知之才，谁能包办各科耶？《墨经》者当战国时代，百家蜂起，学说云兴，自墨子晚年以迄后学，聚百余年之所得，乃以集体主义之精神，各各劳手足，费耳目，呕心血，出所知以著于简册而成此墨门之百科全书；因欲为墨者之所俱诵，故文则辩而不多，独能简要也。至其内容，分析言之，则各家学说，亦有视《墨经》为较精者，惟彼则以一人之力，集中于某一端，而此则能举其全耳。即如形数制造为他家所不谈，若分别论之，又岂必能优于《考工记》及《周髀算经》诸书耶？《周髀算经》或晚周人作品，《考工记》吾颇疑其为公输般一派所为也。战国时代与国外交通，自然视昔频繁；然墨子之非外国人已有确证，墨家之学纵与外国有关，亦仅能偶然交光互影，岂能由某一人全盘输入耶？而当时之外国若印度，其文化又岂能超出当时"诸子百家"以上耶？《墨经》非一人所著，乃墨门多数信徒，百余年心力之结晶，如能认清此点，其成就如此精博，则不足致疑矣。

第九章　墨学之衰微

当吕不韦、韩非之时,墨学尚盛;故《吕氏春秋·当染》篇曰:"孔墨皆死久矣,从属弥众,弟子弥丰,充满天下。"《韩非子·显学》篇则曰:"世之显学,儒墨也。"《吕氏春秋》作于秦始皇八年,其序意篇曰"惟秦八年"云云、可见其成书之时也。韩非死于秦始皇十四年,是始皇初年,墨学尚盛也。其后情形如何,记载不备,甚难揣测。《盐铁论》曰:"昔秦以武力吞天下,而斯高以妖孽累,其祸废古术,隳旧礼,专任刑法,而儒墨既丧焉。……此秦之所以失天下而殒社稷也。"(《论诽》第二十四)近人孙诒让曰:"墨氏之学亡于秦季;故墨子遗事,在西汉时已莫得其详。"然《盐铁论》有云:

> 日者淮南衡山修文学,招四方游士,山东儒墨咸聚于江淮之间,讲议集论著书数十篇。(《晁错》第八)

是在西汉武帝时,墨学之师承家法,犹未绝也。衡山王著述无闻,今所传《淮南王书》虽成于众手,先后不免抵牾,而于墨子尚推崇备至,盖有山东墨者厕于其间参以己见也。司马迁不为墨子立传,仅于《孟荀列传》后,附著二十四字,此诚憾事。然观《序传》(《太史公自序》)云:

第九章 墨学之衰微

    猎"儒墨"之遗文,明礼义之统纪,绝惠王利端,列往世兴衰,作《孟子荀卿列传》第十四

  他传之小序皆未及墨,而此独言之,则所附之传必较详也。今本《孟荀传》已有错简,又多缺略,如"楚有尸子长卢……阿之吁子焉。"阿非楚地,其中已有缺略矣。《索隐》云:"按《序传》孟尝君第十四,而此传为第十五,盖后人差降之矣。"今通行本则《序传》与列传次序相同,又非"唐本"之旧也。故传末之二十四字,必迁作《墨子》之传已亡,而为后人所附益,无疑已。吾所以论列此事,不厌其详者,盖淮南王安时既有墨者,迁不应如是之疏,以见墨学之在西汉,其衰微乃渐而非顿,及汉武用董仲舒之言,罢黜百家,表章六艺,其传授始绝也。

  然则墨学何以由盛而忽衰耶?其所以灭亡之原因安在?世多有论之者,如孙氏云:

    犷秦隐儒,墨学亦微,至西汉儒复兴而墨学绝。

似以墨之微由于秦"焚书坑儒"也。然儒与墨,一复一绝,其故则未言。

  胡适于《墨学结论》则云:

    到司马迁做《史记》时,……那时墨学早已销灭。……那轰轰烈烈,与儒家中分天下的墨家,何以销灭得这样神速呢?……我们可以悬揣下列的几个原因:
    第一,由于儒家的反对。

第二，由于墨家学说之遭政客猜忌。

第三，由于墨家后进的"诡辩"太微妙了。（《哲学史》页二五〇—二五三）

梁启超于《评胡适之中国哲学史大纲》中更增一条，即《庄子·天下》篇所谓：

> 其道大觳，使人忧，使人悲，其行难为也，……反天下之心，天下不堪，墨子虽能独任，奈天下何？

谓此为第四种原因，发于墨学自身。虽他自己是极崇拜墨子的人，但不必为墨子讳。而于胡氏之说亦仅补充而未推翻也，按胡氏所举一二两条谓墨家遭人反对而已。然孟子虽骂墨子为"无父"为"禽兽，"而墨家何尝不"非儒"耶？且孟学在当时已不甚盛，至汉罢黜百家，独尊孔氏，而墨学久衰微矣。至政客所猜忌者，不独墨家；儒家亦尝为其所攻击也。即胡氏所举《韩非子·五蠹》篇，其反对儒家，甚于墨家，今不必缕述，阅者取而对比读之可耳。其已为胡氏所征引者，如

> 故不相容之事，不两立也。斩敌者受赏，而高慈惠之行；拔城者受爵禄，而信兼爱原作廉爱之说；……举行如此，治强不可得也。

慈惠之行，在斥儒家，已无可疑。廉爱即如胡氏改为兼爱，篇内明言"今'儒墨'皆称先王'兼爱'天下，"是韩非半以攻击儒家也。

《管子》书杂,虽攻击墨家,亦时有非儒之言;然其姊妹书如《晏子》,非甚拥护墨家耶?故一二两事,尚非墨家灭亡之真因。

其所谓"诡辩太微妙",梁氏谓应改为"诡辩太诡。"胡氏释之曰:

> 别墨惠施公孙龙一般人,有极妙的学说。不用明白晓畅的文字来讲解,却用许多极怪僻的"诡辩",互相争胜,终身无穷。那时代是一个危急存亡的时代,各国所需要的乃是军人政客两种人才,不但不欢迎诡辩,并且有人极力反对。

胡氏乃引《韩非子》之语及《吕氏春秋》孔穿论公孙龙一事以为佐证。夫施龙非墨家,已详于前矣。《墨经》虽简奥,除杀盗非杀人外,均常识所许也,不为诡辩。则所谓诡辩太微妙,乃名家所以亡,非墨家所以亡也。至《韩非子》所反对,不独"微妙之言"与"坚白无厚之辞"也,即"政""军"之学,亦非其所喜。故曰:

> 今境内之民皆言治,藏《商》《管》之法者家有之,而国愈贫;言耕者众,执耒者寡也。境内皆言兵,藏《孙》《吴》之书者家有之,而兵愈弱;言战者多,被甲者少也。故明主用其力,不听其言;赏其功,必禁无用。(《五蠹》篇)

是第三事决非墨家所以灭亡之原因也。

梁氏所举墨道大觳之说,亦非真因。如果此为真因,则墨子之学,应"及身而绝,"何以成为显学,经二百年而后灭亡耶?

梁胡之说既不可信,尚有两种新说乃绝相反者。一以墨家为

革命派,曰:

> 墨学灭亡的真正原因,到底在哪里呢?就在农工阶级的失败。……因为当秦末时农工阶级由陈涉吴广领导发难,起而革命,虽能以"耡耰棘矜因利乘便"而亡秦室,终于领袖被戕,军事失败,被代表新兴地主阶级的泗上亭长刘季坐收渔人之利了。自此以后,这个地主阶级掌握政权,将农工阶级压在底下,供其剥削。后者既被屈服,则代表他们利益的墨学不能幸存,自是意料中的事。所以墨学……独消灭于汉初,主要原因全在于此。(李季《胡适中国哲学史大纲批判》页一七四)

此说如果成立,则嬴秦政治必为墨家所反对,陈吴革命又为其所亲身参加也。然事实不如此,陈吴革命既未见其热烈参加,而嬴秦统治反有拥护之嫌疑矣。(其证据详下)

又一说则以墨子为**反革命派**,曰:

> 他这一派在当时完全是反革命派。结果他是敌不过进化的攻势,尽管他和他的弟子们有摩顶放踵赴汤蹈火的精神,死力挣扎着自己的存在,然而终竟消灭了。这正是社会的进展取辩证式的证明。(郭沫若《中国古代社会研究》初版,页七二—七三)

此似以消灭即为其罪恶,乃落井下石之论也。认为反革命,则于墨学之真相已有所误会。其消灭与否乃适不适,而非尽由善不善。若因"敌不过进化的攻势,"则应亡于庄孟荀韩争鸣之日,何以骤衰于"阴阳五行"家横行之际,而全亡于"内方士,外儒家"之董仲舒学说得势之候耶？故所谓"社会的进展"尚未足以证明也。

以上各说，既均有未安，兹就愚见述之如次：

（一）墨学自身矛盾也

墨子以兼爱非攻相号召，此不易实现之说也。在外有国界，内有阶级之世界，则有所爱有所不爱，甚或于彼憎之甚，即所以于此爱之笃，故别士之见亦系事实，无可厚非矣。且墨家非攻，而是诛，而是杀盗，已非兼爱而陷于矛盾。虽以其墨辩之精，而陷于"杀狗非杀犬"，"杀盗非杀人"之谬误以终，可见实无善法，足以弥缝补缀此一缺憾也。

（二）理想之过高也

墨子以贱人出身，而其学说亦以贱人为立场者也。故其日常生活，如工作，享用，娱乐，一切以当时贱人生活为标准，（《节用》《节葬》《非乐》等）此种学说与生活，仅于贱人方面发展，自无滞碍，然墨子则欲推及于各方面也。于是自非贱人之士君子则以为"其道大觳"或"役夫之道；"而自更彻底贱人化之学者，若陈仲、许行、宋钘，其生活刻苦或尤有甚焉而不以为觳矣。且以役夫之道为标准，而欲以兼爱相号召，已嫌其法不善；而此种学说，岂独在当时不易实现，即二千年后，能实行者又有几耶？理想过高，自是灭亡之一因，则正以其革命而非反革命之故也。

（三）组织之破坏也

《庄子·天下》篇言当时墨者。

> 以巨子为圣人，皆愿为之尸，冀得为其后世；至今不决，

似当时"钜子"之继承已发生问题，而无法解决也。《韩非子·显

《学》篇云：

> 儒分为八，墨离为三，取舍相反，不同，而皆自谓真孔墨。

夫儒为普通学派，虽分为八，无碍其发展也。墨为一有严密组织之团体，一经分裂，其害甚大。以近事喻之：清代汉学家，其中门户分争，无甚关系；若康有为之今文学，则维新，保皇，已类政党，一致分裂则易召灭亡矣。且非独团体扩大，份子复杂始然也，即在墨子生时亦有不率教者，如《耕柱》篇言"我岂有罪哉？吾反后。"墨子曰，"是犹三军北，失后之人求赏也。"其中已含一背师之事实矣。迨后如秦墨者唐始果之嫉谢子，（见《吕氏春秋·去宥》篇）又可谓卖友矣。夫墨本以组织严密而骤盛也，今既分裂而彼此背驰，则其组织破坏，此所以速亡之主因也欤？

（四）拥秦之嫌疑也

秦灭六国，本与墨家非攻之义不相容也。然秦于尚贤尚同之义则有相近者。且自孝公以后甚排斥邹鲁之儒术，《商君书》以《礼》《乐》《诗》《书》诸事为六虱，荀卿之答应侯范雎既誉秦风俗之善，而终曰"其殆无儒耶？"《强国》篇李斯虽为荀卿弟子，秉政则焚《诗》《书》，可见其与儒家之不相容矣。当昭王时秦尚无儒，而在惠王时，则墨者钜子腹䵍已居秦而与惠王接近，又有唐姑果在王左右，是秦已有墨也。其后关系如何，无从考证，然实有媚秦之痕迹。如墨家之徒缠子与儒家之徒董无心相见讲道，缠子称墨家佑鬼神。引秦穆公有明德上帝赐之九十年。《论衡·福虚》篇。本书《明鬼》篇秦讹为郑；九十作十九，则以本书为是也。然墨子生平尝称晋文公之节俭见《兼爱》中、下及《公孟》三篇，又《亲士》《所染》亦言及之。而未尝一及秦穆公。盖穆公生既无明德可言,死而杀"三良"以殉大背墨家《节葬》《兼爱》之义也。无心难以"尧舜不赐年,桀纣不夭死,"固为诚矣。王充且近难以秦穆公晋文公。曰"……穆者误乱之名,文者德惠之表。有误乱之行,天赐之年,有德惠之操;天夺之命乎?案穆公之霸,不过晋文,晋文之谥,美于秦穆;天不加晋文以命,独赐穆公以年,是天报误乱,与穆公同也。"王氏所驳,更切理而无可易矣。然此妖妄之言,何自来耶?窃疑秦国已盛之后,仕秦而堕落之墨者,造之以媚秦王也。盖穆公既非墨子所喜,今《明鬼篇》增窜之迹,尚显然可见。其本文云:

> 昔者秦原作郑下同。穆公,当昼,日中处乎庙;有神入门而左,人面鸟身,素服三绝,面状正方。秦穆见之,乃恐惧奔。神曰:"无惧!帝享女明德,使予锡汝寿十年有九。使若国家蕃昌,子孙茂,毋失秦。"穆公再拜稽首曰,"敢问神名?"神曰,"予为勾芒。"若以秦穆公之所身见为仪,则鬼神之有,岂可疑哉?(《明鬼下》)

此事之可疑,则周宣王,燕简公四人,皆言受罚,此独受福,而穆公之明德,又未必高于宣王,此其一也。其他四人之事,皆说明出处,著在周燕宋齐之《春秋》,此独不言,其可疑二也,故秦穆公之赐寿乃后来窜入,毫无可疑矣。夫《左传》之祖魏,子夏吴起之徒以媚魏也;《春秋》为汉制法,今文家以妖言媚汉也;"其处者为刘氏,"古文家增之以媚后汉也。不图墨家后学亦有此佞谄之行为,岂墨子明鬼之始愿所及哉?且陈涉吴广之起也,儒者实曾参加。《史记·儒林传》曰:

陈涉之王也，而鲁诸儒持孔氏之礼器，往归陈王。于是孔甲为陈涉博士，卒与涉俱死。陈涉起匹夫，驱瓦合适戍，旬月以王楚，不满半岁，竟灭亡，其事至微浅。然而缙绅先生之徒，负孔子礼器，往委质为臣者，何也？以秦焚其业，积怨而发愤于陈王也。

此儒家参加此次革命运动之明证，而墨家则虽参加似不甚显著也。故以陈吴之失败，为墨学衰亡之因者，似未察乎此也。拥秦而不革命，此失墨子之旨矣；然最少有一部分如此，而为世诟病，此所以汉兴而儒墨一起一蹶也欤？

注：《盐铁论·褒贤》第十九，大夫曰："戍卒陈胜，释鞁辂首为叛逆，自立张楚。素非有回由处士之行，宰相列臣之位也，奋于大泽，不过旬月，而齐鲁儒墨缙绅之徒，肆其长衣，长衣官之也。负孔氏之礼器诗书，委质为臣，孔甲为涉博士，卒俱死陈，为天下笑。"文学曰"……陈王赫然奋爪牙为天下首事，道虽凶而儒墨或干之者，以为无王久矣，道拥遏不得行，自孔子以至于兹，而秦复重禁之故发愤于陈王也。"此虽兼及墨，而参加之情形，不得而详。

凡此所述四端皆由墨学本身之缺点，而外界之反对不与也。然其缺点何以适暴露于秦汉之际耶？曰：墨学本以旧贵族社会之崩溃而发生，在改革过程中其主张虽激，尚有以活动也。迨变革已经完成，政局稳定，此反统治阶级之学派，非所宜也。堕落之墨者虽媚秦以图自存，然秦之治为阳法而阴儒，汉之治乃阳儒而阴法，墨学于是遂亡矣。

虽然，墨学非真能亡也，其直接影响而发为行动者，有许行及任侠一派。而其尚同重功利，见取于法家；节用平等，见取于道家；

儒家受其影响则尤深。《荀子·儒效》篇,分俗儒、雅儒、大儒三等。其论俗儒曰:

> 略法先王而足乱世术,缪学杂举,不知法后王而一制度,不知隆礼义而杀《诗书》。其衣冠行伪,已同于世俗矣;然而不知恶。其言议谈说,已无以异于墨子矣;然而明不能别。……是俗儒者也。

岂惟俗儒如此?孟子荀卿想可谓雅儒或大儒矣,然司马迁非谓其"猎儒墨之遗文,明礼义之统纪"耶?儒者受墨家影响之深,非可尽指,尤以《易传》之《文言》,《礼记》之《大学》与《礼运》大同之说,最为彰显。王夫之曰:一圣人死,其气化为数十贤人;孰谓墨子禽滑厘诸人之学,一朝而斩焉以尽,澌焉以亡也耶!

第十章　墨学之复活

自汉武以后，儒术日尊，墨学遂绝。非独师承家法，墨者之团体不存；即抱残守缺，擘绩补苴，若汉所谓章句之学者，亦鲜其人。计自是以迄清初，千七百余年间，漫漫长夜，略治墨氏之学而可考者，仅晋之鲁胜与唐之乐台二人而已。然郑樵《通志·艺文略》虽云：

《墨子》十五卷，又三卷。乐台注。

明焦竑《国史经籍考》仍之。似由唐历宋至明尚存也。惟台有《鬼谷子注》三卷，著录于《唐书·经籍志》《新唐书·艺文志》，而《墨子注》则两志均不载。孙诒让谓"郑焦二志，多存虚目，不足据。"是台之注《墨》，未敢必为事实也。惟鲁胜治墨学于举世不治之日，斯诚所谓"风雨如晦，鸡鸣不已"之君子哉！

鲁胜字叔时，晋惠帝时人。其时丧乱弘多，社会有崩溃之象，孔孟既见疑于人，老庄遂盛行于世。而胜邃于科学，鄙为清谈，著述甚多，有《正天论》，纠正当时历法，自云"如无据验，甘即刑戮。"以其自信之深，所论必有卓见也。所著《墨辩注》，《隋书·经籍志》未著录，他书亦未见征引，殆以旋遇永嘉之乱未能通行欤？兹录其《叙》于此，以示景仰之意云尔。其辞曰：

> 名者,所以别同异,明是非,道义之门,政化之准绳也。孔子曰:"必也正名,名不正……则事不成。"墨子著书,作《辩经》以立名本。惠施,公孙龙祖述其学,以正刑(别)名显于世。孟子非墨子,其辩言正辞,则与墨同;荀卿庄周等,皆非毁名家,而不能易其论也。〔名〕必有形,察〔形〕莫如别色;故有坚白之辩。名必有分,明分〔明〕莫如有无;故有无序之辩。是有不是,可有不可,是名两可。同而有异,异而有同,是之谓辩同异。至同无不同,至异无不异,是谓辩同辩异。同异生是非,是生吉凶,取辩于一物,而原极天下之汙隆;名之至也。自邓析至秦时名家者,世有篇籍,率颇难知,后学莫复传习,于今五百余岁,遂亡绝《墨辩》有上下《经》,《经》各有《说》,凡四篇;与其书众篇连第,故独存今引《说》就《经》,各附其章,疑者阙之。又采诸众杂集为刑(形)名二篇,略解指归,以俟君子。其或兴微继绝者,亦有乐乎此也。(《晋书·隐逸传》)

按名理之学,迄魏复作,而胜以科学精神,故能有契于《墨经》。篇中所言,或尚不免小小纰缪,今亦不复指陈。书行身隐,其或有所不得已者乎?按《隐逸传》中人物,惟"二鲁"最有特识,鲁褒作《钱神论》以攻击当时全体社会之贪污。此皆非纯盗虚声者所能企及也。

中国自汉迄明,虽变乱时起,而社会之根本组织,固未变也;故其流行之学说,亦无所变。惟自明末与西洋接触,又经张李之扰乱,满清之宰割,而风气稍变。其中如颜元一派,反程朱之激烈,乃墨子之"非儒"也,其坚苦卓绝,又墨子所谓以绳墨自矫虽枯槁不舍也。然当时儒家经学之旧瓶未破,虽有甚新之酒,不能不装于《周礼》之"乡三物。"且颜氏虽不非墨,以其人崛起穷阎,见闻不博,于《墨子》之书,似未睹也;如于《墨》书有所见,其学说之成就,其必有以异于彼也欤!然颜氏之行,虽有似墨者固不得谓之墨学也。

其正式治墨学者,则以乾隆嘉庆及道光初年为一期。时则有武进张惠言,仁和卢文弨,阳湖孙星衍,镇洋毕沅,江都汪中,高邮王念孙,德清丁杰,许宗彦,皆江苏浙江二省人也。直隶则有大兴翁方纲。此诸人者,张惠言有《墨子经说解》善言名理;毕沅集诸人之校解以为《墨子注》,王念孙有《读墨子杂志》,《读书杂志》内。则均《墨书》考证之学也。其于《墨书》文字有所是正,又采古书之涉于墨子者,别为《表微》一卷;且作序以推崇墨子不恤与传统之儒言相抵触者则汪中也。此于《墨》书,可谓义理之学矣。汪氏所作《墨子序》,考证亦多创获,兹节录其批评之语于次。曰:

墨子之学,其自言者曰:"国家昏乱,则语之尚贤尚同;国家贫,则语之节用节葬;国家喜音沉湎,则语之非乐非命;国家淫僻无礼,则语之尊天事鬼;国家务夺侵凌,则语之兼爱非攻。"此其救世,亦多术矣。《备城门》以下,临敌应变,纤悉周密,斯其所以为才士欤!传曰,"世之学老子者,则绌儒学,儒学亦绌老子"。惟儒墨则亦然。儒之绌墨子者,孟氏荀氏。《艺文志》董无心一卷、《非墨子》。今亡,孔丛诘墨伪书,不数之。荀之《礼论·乐论》,为王者治定功成盛德之事,而墨之《节葬》《非乐》所以救衰世之敝,其意相反而相成也。若夫兼爱特墨之一端,然其所谓兼者,欲国家慎其封守,而无虐其邻之人民畜产也。虽其先王制为聘问吊恤之礼,以睦诸侯之邦交者,岂有异哉?彼且以兼爱教天下之为人子者,使以孝其亲,而谓之"无父,"

斯已枉矣。后之君子,日习孟子之说,而未觌《墨子》之本书,其以耳食,无足怪也。世莫不以其诬孔子为墨子辜。虽然,自今日言之,孔子之尊,固生民以来所未有矣;自当日言之,则孔子鲁之大夫也,而墨子宋之大夫也,其位相埒,其年又相近,其操术不同,而立言务以求胜,虽欲平情核实,其可得乎?是故墨子之诬孔子,犹孟子之诬墨子也,归于不相为谋而已矣。吾读其书,惟以三年之丧为败男女之交,有悖于道。至其述尧舜,陈仁义,禁攻暴,止淫用,感王者之不作而哀生人之长勤,百世之下,如见其心焉。《诗》所谓"凡民有丧,匍匐救之"之仁人也。其在"九流"之中,惟儒足与之相抗,自余诸子,皆非其比历观周汉之书,凡百余条,并孔墨,儒墨对举;杨朱之书,惟贵放逸,当时亦莫之宗,跻之于墨,诚非其伦。自墨子没,其学离而为三,徒属充满天下。吕不韦再称"钜子"《去私》篇《尚德》篇,韩非谓之"显学,"至楚汉之际而微;《淮南子·氾论训》孝武之世犹有传者,见于司马谈所述,于后遂无闻焉。惜夫!以彼勤生薄死而务急国家之事,后之从政者,固宜假正议以恶之哉?乾隆上章困敦涂月,选拔贡生江都汪中述。

按此序作于乾隆四十五年,庚子,即西纪一七八〇年,亦即"八国联军"入北京以前之一百二十年也。当时汪氏虽为墨子辩护,而结以"后之从政者,"不宜假正义以恶之;孰料当时即有一"从政者"因此假正议以恶汪中哉?且其人即汪氏相识,又孙星衍《墨子注后叙》所谓"不谋,同时共为其学,皆折衷于先生指毕沅。或此书当显,"而属望颇殷之"大兴翁洗马覃谿"也。覃谿即方纲,其《书墨子》有云:

有生员汪中者，则公然为《墨子》撰序，自言能治《墨子》且敢言孟子"兼爱无父"为诬墨子，此则名教之罪人，又无疑也。昔翰林蒋士铨掌教于扬州，汪中以"女子之嫁往送之门是何门?"为问；蒋不能答，因衔之，言于学使者，欲置汪中劣等。吾尝笑蒋之不学也。今见汪中治《墨子》之言，则当时褫革其生员衣顶，固法所宜矣。汪中者，昔尝与予论金石，颇该洽，犹是嗜学士也。其所撰他条亦尚无甚大舛戾。今或姑以此准折焉，不名之曰生员，以当褫革，第称曰。"墨者汪中，"庶得其平也乎？然而夷之怃然以后，则已身向正学矣；所以孟门弟子尚许之，尚惜之，书曰"墨者夷之。"若汪中，岂能当此称哉？（《复初堂文集》卷十五）

　　当时所谓"名教之罪人，"重则足以砍头杀身，以此归罪汪中，足见其形势之严重。而治墨学之人，乃以"墨者"为罪名之表示，更滑稽可笑也。然汪中之特识，益见其倜乎远矣！但使翁氏不为官僚而生长墨学空气稍浓之环境中，吾知其态度，亦必稍异也。

　　自"鸦片战争"历太平天国以迄现在，此九十余年之间，中国之巨变，二千年来所未有也。政治，社会，经济种种，莫不剧变，且至今而尚未已。俞樾序《墨子间诂》有曰："嗟乎！今天下一大战国也。"若以今为战国，固不相同，然战国与现代之中国，其变迁之比例正相同也。盖均由此一时代过渡而达彼一划然不同之时代，亦即由此一社会过渡而达彼一社会也。当此过渡之历程中，一切与传统精神相戾，而固有文化学术皆不足以应此世变矣。于是欢迎新知，则有所谓"洋务"与"欧化，"……而以他人寻求"异教"精神，于我固有文化之中,则墨学尚矣。此一时期,关于墨学之著述甚多,不暇缕指。就其较著者言之:则有苏时学、俞樾、孙诒让、王闿运、曹耀湘及张纯一诸人,乃就全书加以校订笺注者也。其就一部分如《经上下》及《说》加以籀绎者,则梁启超、邓高镜、张其锽、谭戒甫诸人也。以印度唯识、因明,或西洋科学、逻辑,与墨学作比较研究者,则章炳麟、胡适、章士钊、冯友兰,诸人是也。汪氏《表微》不传,其于墨子生平,墨学历史,有所比辑考证者,诒让、启超之外,则陈柱、钱穆诸人也,其或于墨学茫无所知,而耳闻人言《墨》书所蕴之富,则震惊而不知所措,曰墨翟外国人也!禽滑厘外国人也!……视彼邦为神圣,等先民于愚顽,而不察两国文化情形,中外交通史迹。此亦有人焉,何足选也!

上举诸人,于墨学虽各有所得,足为此道功臣;然用力勤劬,著作精审,足以沾溉后学于无既者,则惟瑞安孙诒让;其著述甚多,而文辞畅达,使新学小生,能知有所谓墨子与所谓墨学者,则新会梁启超也。今于此二人,稍加评述。

孙氏所著曰《墨子间诂》,乃以许慎注《淮南王书》题曰《鸿烈间诂》,"间者发其疑牾,诂者正其训释"也。孙氏于经学为古文派,本说经家法,笺释诸子,故独睎慕叔重,遂用题署。其书《间诂》十五卷,以校释五十三篇之文也;《目录》一卷,考七十一篇之佚存也;《附录》一卷,则《篇目考》,《墨子佚文》与《旧叙》也;《后语》二卷,《墨子传略》,《墨子年表》,《墨学传授考》为上卷,《墨子绪闻》,《墨学通论》,《墨家诸子钩沈》为下卷也。光绪十九年癸巳十月自序。谓:

> 余昔事雠览,旁搜众家,择善而从。于"毕本"外,又获见

> "明吴宽本"顾千里校"《道藏》本,"用相勘核,别为写定。复以王念孙引之父子,洪颐煊及俞樾戴望所校,参综考读。……研核有年,用思略尽。校记则云"覃思十年,略通其谊,凡所发正,咸具于注。"丁酉年与梁卓如书则云"覃校廿年,略识恉要。"谨依经义字例,为之诠释。至于订补《经说》上下篇,旁行句读,正兵法诸篇之讹文错简,尤私心所窃自喜以为不谬者。

翌年,甲午夏,属吴门梓人毛翼庭以聚珍版印成三百部,质之通学。俞樾叙之,有曰:

> 瑞安孙诒让仲容乃集诸说之大成,著《墨子间诂》。凡诸家之说,是皆从之,非皆正之,阙略者补之。至《经说》及《备城门》以下诸篇,尤不易读;整纷剔蠹,螾摘无遗;旁行之文,尽还书观;讹夺之处,咸秩无紊。盖自有《墨子》以来,未有此书也。

俞氏虽誉之如此,盖非溢美。然孙氏尚欿然不自足,谓聚珍本《间诂》成后:

> 吾友黄中弢学士为详校一过,举正十余事,多精塙。……余亦自续勘得賸义逾百事。有前误读,误释,覆勘始觉之者,咸随时迻录,别册存之。此书最难读者,莫如《经》《经说》四篇。余前以未见皋文先生《经说解》为憾。武进金武祥臧有先生手稿本,急属……驰书求假录,金君得书则自校写一本寄赠,得之惊喜累日。既又假得阳湖杨君葆彝《经说校注》,亦间有可取,因与张《解》并删简补录入册。……此书甫成,已有旋

觉其误者,则其不自觉而待补正于后人,殆必有倍蓰于是者,其敢侈然以自足邪?甲辰春,取旧写别册,散入各卷,增定为此本。

此乃光绪三十三年丁未四月,孙氏题"定本"《间诂》之语也。其用力于是书,前后盖三十年矣,宜其成就有非他人所及者。

孙氏训释之精勤既如此,其评骘墨学,亦有可采者。如云:

> 墨子……身丁战国之初,感悕于犷暴淫侈之政,故其言谆复深切,务陈古以剀今。亦喜称道《诗》《书》,及孔子所不修百国《春秋》;惟于《礼》则右夏左周,欲变文而反之质,《乐》则竟屏绝之:此其与儒家四术六艺必不合者耳。至其接世务为和同,而自处绝艰苦,持之太过,或流于偏激;而非儒尤乖戾。然周季道术分裂,诸子舛驰,荀卿为齐鲁大师,而其书《非十二子》篇于游夏孟子诸大贤,皆深相排笮,洙泗斯斯,儒家已然。墨儒异方,跬武千里,其相非,宁足异乎?综临厥书,释其纰驳,甄其纯实,可取者盖十六七。其用心笃厚,勇于振世救敝,殆非韩吕诸子之伦比也。庄周《天下》篇之论墨氏曰:"不侈于后世,不靡于万物,不晖于数度,以绳墨自矫,而备世之急。"又曰:"墨子真天下之好也,将求之不得也,虽枯槁不舍也,才士也夫!"斯殆持平之论与?(《间诂》自序)

又曰:

> 墨子……劳身苦志,以振世之急;权略足以持危应变,而

> 脱屣利禄,不以累其心。所学尤该综道艺,洞究象数之微。其于战国诸子,有吴起商君之才,而济以仁厚;节操似鲁连,而质实亦过之;彼韩吕苏张辈,复安足道哉?谨……略考始末,以裨史迁之阙,俾学者知墨家持论虽间涉偏驳,而墨子立身应世,具有本末。自非孟荀大儒不宜轻相排笮;彼窃耳食之论以为诟病者,其亦可以少息乎!(《墨子传略序》)

其于墨子为所心折,而备致推崇,大抵皆此类也。

孙氏有《与梁卓如论墨子书》自述治墨经过,而望卓如致力斯学。其书略云:

> 曩读《墨子》书,深爱其撢精道术,操行艰苦,以佛氏等慈之恉,综西士通艺之学,九流汇海,斯为巨派。徒以《非儒》之论,蒙世大诟,心窃悕之。孳校十年,略识恉要,遂就"毕本,"补缀成注。然《经说》诸篇,闵谊眇恉,所未窥者尚多。尝谓《墨经》楬兴精理,引而不发,为周名家言之宗;窃疑其必有微言大义,如欧士亚里大得勒之演绎法,培根之归纳法,及佛氏之因明论者。惜今书伪缺,不能尽得其条理;而惠施公孙龙窃其绪余,乃流于僞诡口给,遂别成流派,非墨子之本意也。拙著印成后,间用近译西书,复事审校,似有足相证明者。……以执事研综中西,当代魁士,又夙服膺墨学,輒剌一二奉质,觊博一哂耳。……贵乡先达兰浦特夫两先生,始用天算光重诸学,发挥其恉:惜所论不多,又两君未遘精校之本,故不无望文生训之失。盖此学晐举中西,邮彻旷绝,几于九译乃通,宜学者之罕能津逮也。近欲博访通人,更为《墨诂补谊》;傥得执事

赓续陈邹两先生之绪论,宣究其说,以饷学子,斯亦旷代盛业,非第不佞所为望尘拥篲,翘盼无已者也。

此书乃作于光绪二十三年丁酉,卓如则梁启超之字也。

梁氏既时称道墨义,后以维新未成避地日本,乃于壬寅癸卯间,为《子墨子学说》及《墨子之论理学》刊布于《新民丛报》,即今汇刻之题曰《墨学微》者。其《叙论》于墨子即备致讴歌景仰之忱。如:

> 新民子曰:今举中国皆杨也,有儒其言而杨其行者,有杨其言而杨其行者,甚有墨其言而杨其行者,亦有不知儒不知杨不知墨而杨其行于无意识之间者。呜呼!杨学遂亡中国,杨学遂亡中国!今欲救之,厥惟学墨惟无学别墨而学真墨,作《子墨子学说》。

其颂扬墨氏,视汪中、孙诒让更过之矣,乃地与时为之也。越十余年又成《墨子学案》民国十年印行谓"与少作全异其内容矣,"然于墨子之讴歌赞叹如故也。翌年又印行《墨经校释》一书,则孙氏昔年之所期望于卓如之旷代盛业,至是始缴卷也。且自号任公,乃取墨义,其他文字亦时言及墨学。而其文章笔锋常带感情而具魔力,为当时学界所喜诵;故虽述墨氏艰深之学,而无晦涩不明之患。墨子于此时,固如得一有力之宣传人员矣。

然梁氏为人,有才学而乏特识,故主张屡变而无一贯宗旨。距《墨经校释》印行之后一年,梁氏发布《先秦政治思想史》,一名《中国圣哲之人生观及其政治哲学》,言及墨家者几及四分之一,而对于墨子之态度则大变矣。兹试举其批评孟子诋毁墨氏之言以为例：

《学案》云：

> 孟子以距杨墨为职志，他说的"摩顶放踵利天下为之，"却真能传出墨子精神，不是罪案，倒是德颂了。但他说兼爱便是无父，因此兼爱便成了禽兽。这种论理学，不知从哪里得来？（页一五一）

《思想史》则云：

> 今所欲质墨子者，……假令爱利有实际不能兼施之时——例如凶岁，二老饥欲死，其一吾父，其一人之父也，墨子得饭一盂，不能"兼"救二老之死，以奉其父耶？以奉人之父耶？吾意"为亲度"之墨子，亦必先奉其父矣。信如是也，则墨子亦"别士"也。如其不然，而曰吾父与人父等爱耳，无所择，则吾以为孟子"兼爱无父"之断案，不为虐矣。（页一九八）

前则为墨子辩护而反对孟子，后则为孟子辩护而诋毁墨子，时间不出三年，何为如是矛盾耶？按"假也者今不然也，"梁氏所设二老饥欲死之例，以墨子"昭昭然为天下忧不足，"何致有此困境。

梁氏态度转变之原因，自然最为复杂，兹姑置其根本者不谈，其次要之关系，则朋友之影响也。如《公孟》篇墨子讥儒家"乐以为乐"之答案，梁氏见解，亦前后大不相同。《学案》云：

墨子更把这种观念扩充出去,以中用不中用为应做不应做的标准。凡评论一种事业,一种学问,都先问一句:"有什么用处。"如:

"问于儒者曰:'何故为乐?'曰:'乐以为乐也。'子墨子曰:'子未我应也。'今我问曰:'何故为室?'曰:'冬避寒焉,夏避暑焉,室以为男女之别也。'则子告我为室之故矣。今我问曰:'何故为乐?'曰:'乐以为乐也。'是犹曰:'何故为室?'曰:'室以为室也。'"(《鲁问》)(按宜改《公孟》)

这是墨学道德标准的根本义。若回答不出个"什么用处来。"那么,千千万万人说是好的事,墨子也要排斥的。(页三三。)

这虽未讴歌,亦未反对也。迨《思想史》中则于此事极力反对。曰:

抑吾侪不慊于墨家者,犹不止此。吾侪以为墨家计算效用之观念,根本已自不了解人生之为何。墨家尝难儒家曰:

"子墨子问于儒者,曰:'何故为乐?'曰:'乐以为乐也'……是犹曰'何故为室?'曰:'室以为室也。'"《公孟》

尊实利主义者,或引此以为墨优于儒之证:谓儒家只会说个"什么,"墨家凡事总要问个"为什么。"吾畴昔亦颇喜其说,细而思之,实乃不然。人类人生事项中,固有一小部分可以回答出一个"为什么"者,却有一大部分回答不出个"为什么"者。"什么都不为,"正人生妙味之所存也。为娱乐而娱乐,为劳作而劳作,为学问而学问,为慈善而慈善,……凡此皆"乐以为乐"之说也。大抵物质生活——如为得饱而食,为得暖而衣,

> 皆可以回答个"为什么;"若精神生活,则全部皆"不为什么"者也。试还墨子之例以诘之曰"何故为生活?"墨家如用彼"所以为室"一类之答案,吾敢断其无一而可。最善之答案,则亦曰"生以为生"而已矣。墨家惟无见于此,此其所以不足为圣王之道也。(页二一二)

其毁墨子可谓至矣。而三年之中所以前后不同至于此极者,则前说为胡适化,后说为梁漱溟化,参观胡氏《哲学史》页一五三——五五。梁漱溟《东西文化及其哲学》页一三二。"畴昔亦颇喜其说,细思之实乃不然,"即用梁漱溟之唯识学以杀胡适之实验主义也。

然梁氏之书,晚年已不甚受人欢迎,故《政治思想史》传布不如前三书之广矣。是自墨学之观点言之,梁氏宣传之功,仍浮于诋毁之罪也。

夫自乾嘉以迄今日,关于墨学之著作,多矣。吾今别为一目录,以附于左。然则此即墨学之复活耶?曰否,否。此抱残守缺之功夫,非墨家所重也,若墨子复生于今日,见此在蟫编蠹简中讨生活之情形,其必嗤之以鼻,而谓吾辈不可教矣。但非墨学有复活之机,何为《墨子》之书,又独显于此时耶?故此可谓墨学之声影而非所谓墨学之精神也。惟自清季以来,至于今日,彼抱一信仰,努力实行;"将求之不得也,虽枯槁不舍也,""赴汤蹈火,死不旋踵;"此有名无名为革命而牺牲之志士,斯真墨子之精神复活哉!斯真墨子之精神复活哉!

附近世墨学书目表

著者	书名	附注
毕沅	《墨子注》	
汪中	《墨子》	中作《墨子序》谓"其书多误字,文义昧晦,不可读,今以意粗为是正,阙所不知。"是有校释也。"定其书为正外篇,又以其徒之所附著为杂篇,"则次第亦改易。今未见传本。
王念孙	《读墨子杂志》	在其所著《读书杂志》内。
苏时学	《墨子刊误》	
俞樾	《墨子平议》	在其所著《诸子平议》内。
孙诒让	《墨子间诂》	
王闿运	《墨子注》	
王树枏	《墨子斠注补正》	
曹耀湘	《墨子笺》	
刘师培	《墨子拾补》	
尹桐阳	《墨子新释》	
陶鸿庆	《读墨子札记》	
李笠	《定本墨子间诂校补》	
张纯一	《墨子间诂笺》	
	《墨子集解》	
刘昶	《续墨子间诂》	
陈柱	"《墨子刊误》"《刊误》	
	《定本墨子间诂补正》	
支伟成	《墨子综释》	
以上为就全书加以注释考订者		

续表

著者	书名	附注
张惠言	《墨子经说解》	
杨葆彝	《经说校注》	
梁启超	《墨经校释》	
邓高镜	《墨经新释》	
张子高	《墨经注》	
胡 适	《墨辩新诂》	刊行者仅《小取篇新诂》
张子晋	《新考证墨经注》	
	《墨子大取篇释》	
伍非百	《墨辩解故》	
张其锽	《墨经通解》	
	《大取篇校注》	
胡韫玉	《墨子经说浅释》	
张之锐	《墨经注绪论》	
	《墨子大取篇释义》	
钱 穆	《墨辩探原》	
胡国钰	《墨子小取篇解》	
谭戒甫	《墨经易解》	
鲁大东	《墨辩新注》	
栾调甫	《读梁任公墨经校释》	
以上为就《墨经》或其他一部分加以注释考订者		
汪 中	《墨子表微》	
孙诒让	《墨子后语》	
梁启超	《墨学微》	
	《墨子学案》	

续表

著者	书名	附注
章炳麟	《原墨》	
章士钊	《章氏墨学》	
胡韫玉	《墨子学说》	
胡怀琛	《墨子学辨》	
钱 穆	《墨子》	
卫聚贤	《墨子小传》	
马宗霍	《墨学论略》	
释太虚	《墨子平议》	此与俞樾之书,其名虽同,然彼在考证,此为批评。
以上为就墨子生平及其学说加以研究或评论者		
陈 澧	《论墨子》	《东塾读书记》
江 瑔	《论墨子非姓墨》	《读子卮言》
章炳麟	《原名》《明见》	《国故论衡》卷下
	《诸子学论略》	
梁启超	墨家政治思想	《先秦政治思想史》
胡 适	《墨子》	《中国哲学史大纲》第六篇八篇
	《别墨》	
蒋维乔	《杨墨哲学》	
王桐龄	《儒墨之异同》	
章士钊	《名墨訾应考》	
柳诒徵	《诸子之学》	《中国文化史》第二十八章
冯友兰	《墨子及前期墨家》	《中国哲学史》上册第五章十一章
	《墨经及后期墨家》	
此类涉及墨子之著作甚多不能备列,以上择其有特见或专资比较者。		

上列各书,自知不免挂一漏万之消;然即此亦有尚未全读者,此表之作,欲为按图索骥之助,非敢以识途老马自居也。

下卷
墨子之姓氏国籍学说辨

第一章　驳墨子非姓墨说

廉江江瑔著《读子卮言》（商务印书馆出版），其中颇多善语；惟《论墨子非姓墨》一章，以为墨家均废姓去氏，则踳误矛盾，持之不能成理。然自信甚坚，（如曰："几经岁月，益以参稽而证据昭昭，颠扑而不可移。"又曰："铁案如山，不可动摇，虽至愚者观于此，亦必恍然于墨子果非姓墨，而不致讥予之妄矣。"）自许备至；（如曰："汉魏以后诸儒，遂至疑墨氏专家之学，而为墨子一人之姓，墨学之精义乃湮没而无余。然精光虽蕴，久而不掩，至余而始明之，或如孙氏星衍之言，此书当显耶？"）世人不察，贸然信之者，往往而是，（如顾实《汉书艺文志讲疏》，陈柱《墨学十论》等）变本加厉，且有因以造墨翟为印度人之说者，（如胡怀琛《墨子学辨》。）而攻瑕匡谬，未见其人，甚矣习非之足胜是也。爰就江氏之说，加以驳难，而去妄显真，傥亦实事求是者所乐闻欤？

江氏谓墨非姓，列举八证，然所以使其怀疑者，当在汉以前无加子于姓上以称"子某子"之例。兹不惮烦琐，详举其语于此。曰：

《墨子》原书多称子墨子，夫称曰子者为尊美之词，不系于别号，即系于姓。然皆称曰某子，断无以子字加于姓之上者。若子思子，上子思二字合为孔伋之字，下子字乃尊称之词耳。唐宋以后去古日远，名称亦漓，始有以子字加于姓之上。若唐之刘禹锡自称子刘子，宋之程颐自称子程子，明之刘宗周亦自称子刘子，于例绝无所据，于理更不可通。禹锡不学，无足深怪；程刘二氏为当世大儒，乃亦不免，此则因言宋学者，绌于考据，故有此陋妄之称谓。秦汉以前，则绝无之。今称曰子墨子，适与子思子之称同。若云墨为姓，然则孔子亦可称子孔子，庄子亦可称子庄子乎？"（原第六证）

若问孔庄是否可称子孔子，子庄子，吾将应之曰"可。"按自称"子某子，"固为刘程三人之陋妄，然谓秦汉以前无称"子某子"者，则其陋妄亦不下于刘程矣。《列子》书中常称子列子，此或晋人伪造，姑置不论。《公羊传》言子沈子者三，（一在隐十一年，一在庄十年，一在定元年。定元年，《穀梁传》作沈子。）言子公羊子者二，（一在桓六年，一在宣五年。）言子女子（闵元年）子司马子（庄二十九年）者各一，此外则有子北宫子等，皆"子某子"之明征，江氏何以置而不举耶？然此犹可曰，《公羊》晚出，至汉始写定，未必为秦以前所有也。《荀子》书引宋钘语，则称子宋子；《墨子》书于子墨子外，又称子禽子；均出战国，事实彰显，安得谓秦汉以前绝无称"子某子"者乎？江氏曲解证据，谓此为后人所乱或后人所加。然《庄子》书中，称列御寇为子列子者五；一在《达生》篇，如"子列子问关尹曰；"四在《让生》篇，如"子列子穷"等。江氏谓《庄子》内无称子列子者谬矣。至《国语·越语》下，王孙雒称范蠡，一则曰，"子范子！先人有言曰：无助天为虐，"再则曰，"子范子！助天为虐不祥；"范明明为姓，且在春秋之末，墨翟以前，以此推论《墨》书，墨之为姓，又何疑乎？然则何以不称某子而称"子某子？"曰此语言演变之例也。春秋之世，尊称则曰某子，弟子称师亦用之，如孔门称仲尼曰子，是矣。师于弟子则直呼其名,或称"汝,尔",《论语》中其例甚多。战国则不然,师称弟子亦曰"子",呼为汝尔则甚不敬,《孟子》所谓"充无受汝尔之实"是也。弟子于师,欲尊美之以示异于常人,不得不加以区别。故何休《公羊解诂》释子沈子云,"沈子称子冠氏上者,著其为师也。不但言子曰者,避孔子也。其不冠子者他师也。"墨门称翟为子墨子,著其为师,与彼相类。其称禽滑厘为子禽子者,滑厘学于墨子,尽传其学,《庄子·天下》篇以与墨翟并称;滑厘有弟子曰许犯,索卢参,更有再传弟子曰田系,故滑厘确为墨门祭酒;其犹《论语》之称有子曾子者欤?荀子与宋钘,学派不同,未必有师弟关系,或以其德美邵,故称子宋子以尊异之,如《庄子》之称子列子也。(孟子称宋轻为先生。)至王孙雒之称子范子,或彼与范氏有师弟关系,故吴遣以议和;或败国之使,屈节求成,故特加尊异于此主战之元老,所谓"使者往而复来,辞愈卑,礼愈尊。"(见《国语》)则不可考矣。然此种子某子称谓,以愚"陋妄",就所知秦汉以前证据推论,则起春秋之末,盛于战国,灼然明甚。江氏不达语言转变之理,致疑于子墨子之称,更加揣测,谬论百出,"一叶蔽目,不见泰山"其谓是乎!至江氏谓"子"多系于别号,以成子某子,则亦不然。如《子思子》,《汉志》著录,只曰《子思》,并无下子字,此江氏所已知也。《子华子》乃宋人因伪《家语》等书之说而伪造,与《吕氏春秋》所载子华子思想不甚类,更以《庄子》证之,安知其非系子于姓耶?(注一)

江氏以不达子墨子之例,误以墨非姓,于是更进而谓墨家无一称姓者。此近日墨翟为印度人论所从出,今全录其言以资商榷。江氏曰:

"《汉志》所录墨家者流,仅有六家:末为墨子,首即史佚;此外四人:曰我子,曰随巢子,皆不著其姓;曰田俅子,曰胡非子,疑亦非姓。班注于此四人,亦不详其姓名,颜师古亦不及之。当必皆为姓名外之别号,自无可疑。墨家诸人无一称姓,则墨子之墨,断非姓,明矣。窃疑墨家之学,内则薄葬,外则兼爱,无亲疏之分,无人我之辨,示大同于天下,与《礼运》所谓不独亲其亲,不独子其子之义同。以宗族姓氏为畛域之所由生,故去姓而称号,以充其兼爱上同之量,又与释氏之法同。此孟子所以斥之为无父——原注:墨氏兼爱,只不别亲疏,非不爱父;即亲中亦不只父一人。孟子独斥为无父者,盖以其因兼爱而并革其父姓氏,而忘己所从出也。(注二)惜此理千古无人道及。——此亦墨氏之学,所以独异于诸家而高出于千古也。《孟子》一书,所载当世之人,皆详其姓氏,而于墨者夷之只冠以墨者二字,而不言何姓。《论衡·福虚》篇言墨家之徒缠子,缠亦非姓。是皆可为墨家不称姓之证,可以与此相发明。是凡墨家之学者,无一称姓者,固不特墨子为然矣。"(原第五证)

此节所述,谓墨家之学者均不称姓,而以《汉志》墨家所著录及夷之为证。更以此种假定,循环互证,而断言墨子非姓墨。按姓氏标帜,在后世本无深义;释氏废之,原无不可也。然普遍遵行,恐俟异日,墨虽兼爱,尚无是事。《孟子》所载"墨者夷之,因徐辟而求见孟子。"赵注:"夷之治墨家之道者,徐辟孟子弟子也。"夷之与徐辟对举,其为姓名无疑。故孙奭疏云,"夷之治墨家之道者姓名也。"即使舍传注而就本文推证,叙述则曰夷之,对称则曰夷子自称则去夷而言之,曰"之则以为爱无等差。"然则夷非姓而何乎? 试以《汉

志》所著录者而论:《尹佚》虽伪托,尹当为姓。(江氏每喜改原文以就己说,如《尹佚》则称史佚。下文引《韩非子·显学》篇子张之儒,子思之儒,则加"氏"于子张下,以与颜孟漆雕称氏者相混。)《田俅子》当即田鸠,田鸠为墨者,其事见《韩非子·外储说左上》篇,及《吕氏春秋·首时》篇。田固姓也。胡非随巢二子,虽单姓复姓尚有异说,然书缺有间,事所常见,未可以为废姓也。缠我二子,亦复类是,虽不能断其为姓,又岂能断其废姓乎?班颜二氏不注其姓名,或为阙疑,或以人所共知而省略,则无从质证。然如流传最盛之儒家,《侯子》一篇无注,《徐子》四十二篇仅注曰"宋外黄人,"《公孙尼子》二十八篇仅言"七十子之弟子,"况墨在东汉已成绝学乎?班氏于《墨子》七十一篇下注曰"名翟,为宋大夫,在孔子后;"则犹于儒家晏、曾、宓、世,诸子下,注曰名婴,参,不齐,硕也;道家鬻、筦、庄、列诸子下,注曰名熊,夷吾,周,圄寇,也。彼既为姓,此独可谓非姓乎?若谓"班氏撰《汉志》只云墨子名翟而不言其姓,固心焉疑之;"(江氏语)然则班氏于管晏庄列诸人亦疑其废姓乎?且班氏姓名全注者于《平原老》下曰"朱建也,"于《老子邻氏经传》下曰"姓李名耳,邻氏传其学,"不过数人;岂此外皆废姓乎?是有以知其不然也。况墨家诸子可考见其姓氏者,不一而足,如高石子自称曰石,(《耕柱》篇石三朝必尽言……无乃以石为狂乎?)则高当为姓。公尚过自称曰过(《鲁问》篇越王大说,谓过曰)墨子对人亦称之曰过,(《贵义》篇今若过之心者)则公尚亦当为姓。胜绰墨子称之为绰(《鲁问》篇"我使绰也"一节中,言绰者四)则胜亦姓也。此三人皆墨翟弟子,就本书直接推证,而知其未尝废姓。再以此法推断则得二人,皆为墨氏之学者也。如徐弱告其师孟胜曰,"弱请先死以除路,"(《吕氏春秋·上德》篇)则徐当为姓。屈将子见胡非子曰,"将闻先生非斗,而将好勇。"(《太平御览》四百九十六引《胡非子》)则屈亦姓也。而《韩非子》言"有相里氏之墨,有相夫氏之墨,有邓陵氏之墨,"以与颜氏孟氏漆雕氏仲良氏孙氏乐正氏之儒相对,而别于子张子思之儒,已足以知相里相夫邓陵为姓。(均见《显学》篇)《庄子·天下》篇则曰,"相里勤之弟子,五侯之徒;南方之墨者苦获,已齿,邓陵子之属。"以此互证,可知相里名勤,邓陵氏又称邓陵子,其为姓也,尚何疑哉!凡此皆就先秦古籍推证所得,而后世注家之言,并未取资;而墨家之未废姓去氏,灿若观火矣。此外墨子弟子如高何、高孙子;禽滑厘弟子如许犯,犯弟子如田系;墨家钜子如孟胜、腹䵍、田襄子;均当为姓名具备者。即如滑厘弟子索卢参,近有以为印度字译音者,然中国实有索卢氏,不足为奇。是凡为墨学者,均无废姓之痕迹。若以江氏墨非姓而为学派名之说推求,则田也,徐也,胜也,孟也,屈也,许也,公尚也,索卢也,相里,相夫,邓陵也,岂均为学派名乎?江氏亦必哑然失笑矣。但于此可得一通则,即春秋时冠姓于子以为美称;战国以来则多以名字间于姓与子之间。墨家诸人以外,就《汉志》所著录者而言:儒家有公孙尼子,孙卿子(江氏以卿为荀子之字,亦见《读子卮言》),鲁仲连子;阴阳家有邹奭子;名家有公孙龙子;杂家有尉缭子;均其明证。知此称谓演变之例,则《隋书·经籍志》于随巢胡非二子,以巢非为名者近是。梁玉绳以随巢胡非为复姓,胡非则本之《通志·氏族略》,随巢则不知何据?似涉轻断。疑其废姓者,则更误矣。由此观之,江氏所谓墨家废姓说,乃无一而不妄。(墨家姓氏不可考者惟郑人翟,可疑者惟跌鼻一二人。然古籍散佚,各家所常有,未足为病。况《庄子》寓言十八,其《列御寇》篇所言:"郑人缓呻吟裘氏之地,只三年而缓为儒,使其弟墨。儒墨相与辩,其父助翟,十

第一章　驳墨子非姓墨说

年而缓自杀。"若以此为例,则其兄缓亦然,岂儒家同废姓乎?)

江氏中坚之言,尽于上举二条,余则更觉牵强。如云:

> "墨之为姓,墨子一人外更无所见。惟古有墨胎氏为孤竹国君,伯夷叔齐即其后。然夷齐后即无闻,断非墨子所出。且墨子之前后,亦绝无墨姓其人,是不特墨子非姓墨,且恐其时并无墨之一姓矣。"(原第四证)

夫姓氏至繁,而其人之显晦不一,未可以"赵钱孙李"之眼光,遂谓世无此姓。按墨氏在明代尚有高陵人墨麟,洪武中以国子生擢监察御史,永乐初升兵部侍郎,寻兼少詹事,卒谥荣毅,《续通志·氏族略》亦收之,虽未必为墨子之裔,是墨子以后固有墨姓也。墨子以前,虽难深考,然墨子本出于贱人阶级,(穆贺称墨子之语,见《贵义》篇)其先当无显者。江氏遂以墨无此姓,直未之思也! 至墨之得姓,其说不一:《世本》谓"宋襄公子墨夷须为大司马,其后有墨夷罕。"《路史》谓"宋成公子墨台之后。"《通志·氏族略》则谓墨台之后因避仇改为墨氏,又改为怡氏。《姓考》则云,"孤竹君本墨胎氏改为墨氏。"庄季裕《鸡肋》篇载《论语音注》引《春秋少阳》篇谓伯夷姓墨名允,叔齐名志。凡此种种,无由断定郑樵《氏族略》所谓"大抵氏族之家言多诞,博雅君子不可不审,"其在是乎? 要之,必春秋战国时代已有姓墨者,则无可疑。否则秦汉以后,墨学消沉,诋之者视为禽兽,孰肯以墨为姓,自跻非人之类若墨麟耶? 或谓墨子乃宋后而居于鲁,若孔子之为者,上所举《世本》以下诸说,似可为佐证,但恐氏姓之家,认墨子为宋大夫,加以附会,故有此说,今尚不敢断定也。

江氏又曰:

>"孟子多拒墨之词,或单称之曰墨;《韩非子·显学》篇亦皆单以墨称。古籍所载,有单称名而不知其姓者,而断无单称姓而不著其名之理。今孟韩皆单称曰墨,则墨岂得为姓乎?"(原第七证)

按孟韩所指之墨,已成学派之名,自当别论(其说详后。)至谓古籍所载,无单称姓而不著其名者则非事实。即以《汉志》儒道二家而论:有《漆雕子》十三篇,注云,"孔子弟子漆雕启后;"有《景子》二篇,注云,"说宓子语,似其弟子;"《李氏春秋》二篇,无注;《侯子》一篇,李奇曰,或作《俟子》,是皆儒家有姓而无名也。道家有《老子邻氏经传》四篇,注"邻氏传其学;"《老子傅氏经说》三十七篇,注,"述老子学,"《捷子》二篇,注,"齐人,武帝时说;"《楚子》三篇则无注;此皆有姓而无名也。《史记》所举楚人南公,盖公言黄老,洛阳吴公荐贾谊,亦皆著其姓而失其名也。凡此皆无关宏旨,亦以见江氏之疏耳。

由以上各说观之,则墨之为姓,可以确然无疑矣。然墨氏之姓,胡为与诸家有异,而使江氏生疑以起异说?曰;墨学为翟一人所独创,与他家不同。《淮南子·要略训》云:"墨子学儒者之业,受孔子之术,以为其礼烦扰而不说,厚葬靡财而贫民,久服伤生而害事,故背周道而用夏政。"其背周道明为儒家从周之反动;其用夏政,则节财薄葬与禹相类,非禹时已有墨学也。且墨子贵创,不独未尝因袭,更以因袭好古者为非,观《公孟》《非儒》所载,可以知其故矣。"公孟子曰,'君子必古言服然后仁。'子墨子曰,'昔者商王纣,卿士费仲为天下之暴人,箕子微子为天下之圣人;此同言而或仁不仁也。周公旦为天下之圣人,关叔为天下之暴人;此同服或仁或不仁。然则不在古服与古言矣。且子法周而未法夏也,子之古非古也。'"(《公孟》篇)是其法夏特以讥讽儒家,岂自法夏而曰不在古服古言乎?《非儒》篇则言尤锐利。"儒者曰,'君子必古言服然后仁。'应之曰,所谓古之言服者,皆尝新矣,而古人言之服之则非君子也。然则必服非君子之服,言非君子之言,然后仁乎?'又曰,'君子循而不作。'应之曰,'古者羿作弓,伃作甲,奚仲作车,巧垂作舟。然则今之鲍函车匠皆君子也,而羿,伃,奚仲,巧垂,皆小人邪?且其所循,人必或作之,然则其所循皆小人道也?"(均《非儒》篇)贵创好作之精神如此,又岂肯规规然以法禹而用夏政哉?《汉志》于墨家,虽列《尹佚》二篇于前,又曰"墨家者流,盖出于清庙之守。"然所述贵俭,兼爱,上贤,右鬼,非命,上同,固为翟之所长;(《尹佚》书今不传,马国翰辑本,所载史佚语及遗事,与墨家不类。)即"见俭之利,因以非礼;推兼爱之意而不知别亲疏;"亦翟之所蔽也。则与所叙他家,迥然不同。明夫墨学为翟所独创,则江氏所谓"未有墨子之前,已有墨家之学"(原第三证)者,其说不攻而自破矣。

学为墨翟所创,与他家不同,秦汉以后乃有"墨家"之称。刘班列于诸子十家,乃循俗为之,非于名称有何深义也。(按诸子分家,亦犹佛教之分宗,其名或以义,或以地,或以人,原无定轨。)江氏以九家名称之例,证墨非姓(原第二证)不其瞀乎?且此义江氏亦非不之知也。于《论九流之名称》已见及此,如曰:"儒为学士之通称,非孔门所得独有;道为学问之总汇,非老庄所得自私;曰纵横,曰杂,又未得为专家之名;""凡兹之类,命名之意,均有未安;"是其例也。徒以欲曲证墨非姓,故为所蔽,而取材于未安之名耳!且学而分家,其习始于司马谈父子"论六家要指。"秦以前则多以名姓为分合,《荀子·非十二子》,虽举其名而不列其家;《庄子·天下》篇于儒家外亦举彭蒙、田骈、慎到、墨翟、禽滑厘、老聃、惠施、公孙龙之畴,亦不指其为某家之学,(均江氏语,见《论九流之名称》)然则以姓氏为学派之分合者,正先秦之旧例,江氏何以自违其说耶?

墨既转为学派名,则凡为墨学之人,称曰"墨者"然此未必为墨翟本意,乃事势所适然也。故墨翟在时,未见此称。今《墨子》书仅《小取》篇两见,所谓"墨者有此而非之"是也。(《小取》篇"子墨子曰"字,而所论名学极精,当非翟在时所有。)江氏不达此理,而曰,"墨者之义指学墨子之人言之;学墨子之人非必姓墨,何以系其师之姓?"谬矣!(原第八证)又曰,"韩愈为文,最有古法;其《原道》篇中有佛者老者之称,当是袭孟庄诸子称"墨者"之例。然佛者之佛,老者之老,亦皆非姓。"按佛者之佛固非姓,老者之老,岂初即学派名耶?而"老或是姓,"近人胡适已有此说。且不曰道者而曰老者,抑又何欤? 此无义例可寻,而引以曲成其说,惑矣!

江氏所举诸证,已略加批驳,可以见其疏谬。至以"古人称谓之例",枉相比附;(原第一证)而篇中又曰,"古人于此类称谓,绝不拘于一律。故古有称周孔,孔姓而周非姓;有称老庄,庄姓而老非姓;且与墨子对称,亦多有称儒墨,称老墨者,而儒老亦均非姓,岂能执此而疑之乎?"于此既知其不一律,于彼必欲一律以求之,自说相违,其妄甚矣!

墨为翟之姓,已如上述。此外当附论者三事:一曰翟为姓。江氏既云墨家废姓,又袭伊世珍之谬说而以翟为姓,既嫌诬枉,又自矛盾,听者均知其非,不必详论。二曰翟贵俭而形容枯槁,深合于墨字之义,故以墨名其家,人亦咸以墨子称之。按墨家要义在兼爱,俭乃其一端耳。墨字涵义,非徒瘠墨,绳墨,而"贪墨"亦其大者。故古有墨刑,多以惩贪,而《左传》言"贪以败官曰墨。"然墨子之教则在廉,(如《吕氏春秋·不二》篇:孔子贵仁,墨翟贵廉。《尸子·广泽》篇:墨子贵廉,孔子贵公。)廉与贪相反,岂肯以此名其学乎?(江氏云"《荀子》一书言儒字甚多,如云偷儒转脱,〔见《修身篇》〕为懦弱畏事之意〔见杨倞注〕。荀子儒家也,岂有举此不美之名,以自名其学哉?"明于彼而昧于此,亦其蔽也。)若谓以绳墨自矫;则司马迁曰,"申子卑卑,施于绳墨。"(《史记·申韩列传》)刘向曰"孙卿道守礼义,行应绳墨。"(向校《孙卿书》录)是凡综核名实与律己严肃者,均有绳墨之称,不独墨家为然矣。三曰"疑墨子既发扬墨学,因而以墨自名,或别字为子墨,故《墨》书亦称子墨子。"按江氏此说,以仅知今有《子思子》之例,为系子于字下,而不知冠子于姓上,古有此例,(说详前)乃生是谬。若必持此说,试问禽滑厘何以称子禽子,岂滑厘发扬"禽学"耶?——江氏之说既逐一论之如右,墨子姓墨,墨家均未废姓,当可以了然矣。

注一:按子华子学说,除见《吕氏春秋》外,《庄子》中亦有之,《让王》篇载子华子见昭僖侯,以下文子列子例之,华当为姓,释文引司马云,子华子,"魏人也。"《则阳》篇载魏莹与田侯牟约,田侯牟背之。犀首季子闻而耻之,华子闻而丑之曰云云。释文"华子魏臣也。"更就两篇中所述华子与子华子之思想言之,大略相同,当系一人而姓华者也。

注二:江氏曾谓孟子非拒杨墨(《卮言》卷一第八章)。此谓因墨子去姓而为孟子所辟,亦自矛盾,按孟子实拒墨,而墨亦未曾废姓,乃辟其兼爱也。

附录　驳墨为刑徒奴役说

　　自江瑔"墨子非姓墨"之说流布以后,胡怀琛以墨翟为"黑狄,"予有所商榷,别详后篇。顷见钱穆《墨子传略》(《百科小丛书》本《墨子》之第一章)亦信墨非姓之说,而于"墨"字别有解释。其言曰:

> 余考墨乃古代刑名之一。……古人犯轻刑,往往罚作奴隶苦工。……故知墨为刑徒,转辞言之,便为奴役。墨家生活菲薄,其道以自苦为极,故遂被称为墨了。

　　钱氏之意如此,篇内虽列六证,但仅足以见墨子出身贱人,勤劳刻苦,富于牺牲精神,而不足以证墨非姓而为刑徒奴役之义也。即如《荀子·礼论》篇谓"刑余罪人之丧,不得合族党,独属妻子,"亦仅讥斥墨家薄葬的非礼,而非以墨字为黥墨罪人之意而致讪笑也。

　　墨之为姓,钱氏所引英布之事,最足证明其言有曰:

> 后来汉初有一个黥徒,他本姓英名布,但是当时多呼他黥布;他以后封到王爵,便是黥布的徽号,已经流行,司马迁做《史记》,为他作传,也迳题《黥布列传》,而在文中声明他本姓英氏。现在墨子也居然以墨为姓了,可惜司马迁对于墨子的事迹也知道得很少,没有把他的真姓氏记出。

第一章　驳墨子非姓墨说

按司马迁虽对于墨子的事迹知道得很少，无以记出其真姓氏；但墨子为显学大师，其弟子及后学与当时之人，岂皆如迁之疏，无以记其真姓氏乎？且迁虽迳题《黥布列传》，篇中发端即曰：

> 黥布者，六人也，姓英氏。秦时为布衣，少年，有客相之曰，"当刑而王。"及壮，坐法黥，布欣然笑曰，"人相我当刑而王，几是乎？"

既述所以称黥布之故矣，而传中仍多称英布。班固《汉书》乃复题《英布列传》也。至所以称黥布之故，说者亦不一，如司马贞《史记索隐》云：

> 布本姓英，……以少时有人相云，"当刑而王。"故《汉杂事》云，布改姓黥以厌当之也。

如《汉杂事》所云，则黥乃布所自改。而钱氏乃云："儒家反唇相讥，……所以才加上他们一个墨家的徽号，这明是讥笑他们。但是墨家却实认不讳。"又曰："因此，那一派人便得了一个墨者的称呼。……墨子是那一派的先生，人家讥笑他说那位先生是'墨先生'，墨家也就直认不讳的都呼他为'墨先生'了。"夫呼马应马，呼牛应牛，固有此种，然在名人显士，必有真姓氏可求。如太史公人或称为"腐迁，"而仍知其姓司马是已。况墨之义亦示贪污，非仅刑徒奴役耶？是乃误信江氏墨非姓之说而望文生义，成有此曲解也。

笃信钱氏之说而广证之者，则有冯友兰冯氏关于《墨子之考证》有曰：

> 墨子所主张者为"贱人之所为；"此其所以见称为墨道也。然墨子即乐于以墨名其学派。此犹希腊安提斯塞尼斯（Antisthenes）之学之见称为犬学，而安氏亦乐于以此名其学，死后其墓上并刻一石犬以为墓表也。——《中国哲学史》上册，页一一〇

安氏之刻苦精神，固有类于墨子，然彼流于出世，墨子则为入世者耳。然安氏之学，在希腊，恐远不如墨学在战国时之显，吾人于犬学（Cynics）之外，尚知有安提斯塞尼斯（Antisthenes）；何以灭墨子之姓氏而不著耶？以希腊之事例之，墨为姓而成学术之称者，亦犹有柏拉图而有柏拉图派，或新柏拉图派（New-Platonism）；有亚里士多德而有亚里士多德学派（Aristotelinism）。至所谓犬学，其说不一，但如冯氏所举，则犹孟子称墨翟为"禽兽"耳。倘使孟墨并时而生，墨子闻而以"禽兽，"名其学，则犬犹禽兽，墨犹安提斯塞尼斯也。是则此例适足以证墨为姓氏而已矣。

第二章　驳墨子为印度佛教徒说

自胡怀琛发表墨子为印度佛教徒说以后，予草论与之商榷，前后多次。计两方文字，则有下列各篇：

（甲）胡：《墨翟为印度人辨》（《东方杂志》卷25，号8）
　　　我：《墨子非印度人论》（《知难周刊》期78）
（乙）胡：《墨翟续辨》（《东方杂志》卷25，号16）
　　　我：《驳胡君怀琛墨翟续辨》（《知难周刊》期88）
（丙）胡：《关于墨翟问题之讨论》（《知难周刊》期80）
　　　我：《再论墨子非印度人》（同上，期87）
（丁）胡：《关于墨翟问题讨论之讨论的两封信》（同上，期90）
　　　我：《墨翟国籍问题之最后一函》（同上，期96）
（戊）胡：《讨论学术与笔战》（同上，期101）
　　　我：《介绍一个讨论学术的妙法》（同上，期112）

此讨论之篇目也。至其内容，我愧"输攻，"幸胡氏亦未"墨守，"终承认墨子并非佛教徒。

今此问题既成过去，兹仅录予所作《墨子非印度人论》及《驳墨翟续辨》二篇。胡氏之文，既无单行本，旧杂志亦不易觅，则录其《墨翟为印度人辨》一篇于后，以见此问题所由起也。

一　墨子非印度人论

墨子之生地，为鲁为宋说虽纷纭不一；而其为中国人则古今一揆，尚无异议也。最近胡怀琛君著《墨翟为印度人辨》一文，揭于《东方杂志》（第二十五卷第八号），则以墨子来自印度，并非此土所生。其言虽甚辩，惜征验不充，未足以餍吾心。爰就胡君之说，略献所疑，加以评骘；再引往事，藉证其非，而造斯论。盖事实彰明，未可颠倒，以诬前人；若因墨翟圣哲，引之以为中国重，而故与胡君异撰，则非褊心所敢尔也！

胡君从江瑔"墨子非姓墨"之说，进而疑"墨"为"貊"之转音，或"蛮"之转音，"翟"即为"狄"之异文。"墨翟"即"貊狄"或"蛮狄，"两字并称，如"蛮貊""夷狄，""戎狄"是也。以"貊狄"或"蛮狄"二字代人名者，对于不知姓名之外国人，遂以此称之。因而断曰，"如是，墨子为外国人，可无疑矣。"吾以为胡君之说非也。夫"墨"与"蛮""貊"，同声固可相转，"狄"亦有作"翟"者；然古书虽多假借，用本字者其常，用假借者其偶。《墨子》书中称子墨子，及他书言墨子墨氏墨翟者无虑千数，无一作"蛮""貊"者；《墨子》书中自称翟及先秦两汉三国之书言墨翟者亦无虑数百，无一作"狄"者。今向壁虚造，谓墨为蛮貊之转音；因"夏翟""陵翟"之与"狄"通，乃以偶者概其常，则亦异夫实事求是者矣。此其一，就令"墨翟"即为"貊狄""蛮狄"，中国人以是称之，墨子不应以此自承。盖于不知姓名之外国人，固有以种族或地名称之者，如呼蒙古人曰"蒙古"，然蒙古人不以是自称也。即如晋宋时之称胡僧，天竺僧人,今日之称洋鬼子,外国人,事诚有之;然系泛指一类之僧与一类之人,不闻于某一僧一人称之曰胡僧,天竺僧人,洋鬼子,外国人,视同私名,"呼牛应牛,呼马应马"也。此其二。胡君知"蛮貊"假音说之不可通,既而以为墨翟者"黑狄"也,因面黑或衣黑故称墨。衣之黑否,无甚关系,墨子是否衣黑亦无以质言。至以肤色别人类族,古诚有之;明代称荷兰人为红毛夷或红毛国人,亦有用以泛指一切欧洲人者。然教士西来,自利马窦以降,皆自著姓名,未闻称某一人曰红毛氏,曰红毛子,或红毛先生,亦未闻某一人自称曰夷以为私名,若墨子之称狄——翟——也。故以墨翟为"黑狄"而比之红毛国人者,儗失其伦矣!此其三。夫以墨子姓名稍异常人——予仍信墨子姓墨名翟之说,别有《释墨》一文,兹不具述。——远惑伊世珍《琅环记》之诬说,近信江琼《读子卮言》之偏见,兔丝依木,蜥蜴援墙,附会无所不用其极,亦见其惑矣!前章驳墨子非姓墨说,即由《释墨》一文改定而成也。

胡君以墨子为外国人,持之未见有故,言之不能成理;而古籍中足以反证墨子非外国人者则往往而有孟子辟异,素重夷夏之分,其告陈相有曰:

……吾闻用夏变夷者,未闻变于夷者也。陈良楚产也,悦周公仲尼之道,北学于中国,北方之学者,未能或之先也;彼所谓豪杰之士也。子之兄弟事之数十年,师死而遂倍之!……今也南蛮鴃舌之人,非先王之道:子倍子之师而学之。亦异于曾子矣,吾闻出于幽谷,迁于乔木者;未闻下乔木而入于幽谷者。《鲁颂》曰:"戎狄是膺,荆舒是惩。"周公方且膺之;子是之学,亦为不善变矣!(《滕文公》篇)

夫许行楚人,孟子以夷夏之见,严斥如此。墨子之学,更非孟子所喜,目之以无父,儗之于禽兽,使墨子如为外国人,岂孟子不知,知之而不责耶?且墨子虽兼爱,以其本中国人,夷夏之见亦未能尽忘。其谓公尚过曰:

"子观越王之志何若?……抑越不听吾言,不用吾道,而我往焉,则是我以义粜也。钧之粜,亦于中国耳,何必于越哉!"《鲁问》篇,《吕氏春秋》亦载此事,其言略同。墨子曰:

"……越不听吾言,不用吾道,而受其国,是以义粜也。义粜何必越,虽于中国亦可!"(《高义》篇)

"中国"之义,虽古籍不一,以与越对举,则犹夷夏也。使墨子如为外国人,万里航行,而达此土,则中国与越等耳,何必更存此蛮触之界哉?鲁阳文君言于楚惠王则曰:

"墨子北方贤圣人,君王不见,又不为礼,毋乃失士!"(《渚宫旧事》二)夫所谓"北方贤圣人"者,犹孟子所谓"北方之学者"也。使墨子如为外人,偶居鲁国,则以其屡游于楚同一侨寓,断不谓之北方人矣。——墨子游楚,可考者三:(一)《鲁问》篇公输般至楚为舟战器,亟败越人;墨子与论钩拒。(二)《公输》篇般为云梯将攻宋;墨子至郢见般与楚王,乃不攻宋。(三)《贵义》篇墨子游楚见惠王;王以老辞。而墨子与鲁阳之关系,尚不与焉。——况墨子见楚惠王献书,《渚宫旧事》系之惠王五十年。孙仲容《墨子传略》谓:以"墨子生于周定王初年计之,年盖甫及三十。"而论钩拒,止攻宋,尚在其年之前。使墨子而为外人,年二十,孑然来自异域。言语之不通,文字之隔阂,又当鲁国好儒术恶异端之地;数岁之间,遽流北方圣贤之誉;"持其守圉之器,在宋城上而待楚寇者有弟子禽滑厘等三百人。"学术之精如彼,弟子之盛如此;墨子虽"才士,"岂以一外国人短时所能几及哉?此必无之事也!

胡君以墨子为外人,国人不知,典籍莫载,喻之以唐时景教。其言曰:"景教之东渐也,……亦但谓其在元明时耳;直至最近,始知在唐代已东来矣。墨子亦犹是也。"曰是不然。夫景教在唐代甚微,于世无大影响,其教徒又乏杰特之士,所以泯泯无闻。倘其时高僧崛起,远之若达摩,佛图澄,竺法兰;近之如利马窦、龙华民、汤若望;是岂国人不之知,典籍不之载耶?墨子显学,与儒术并称。(《韩非子·显学》篇)孟子曰:"杨朱墨翟之言盈天下;天下之言不归杨则归墨。"(《滕文公》篇)《吕氏春秋》:"孔墨徒属弥众,弟子弥丰,充满天下。"(《尊师》篇)其他孔墨儒墨对举者,先秦古籍中,不可胜数;其学之光大如此。而墨子又救世之急,仆仆往来于鲁卫宋楚;非隐逸谲诈,若老聃,鬼谷,鹖冠之伦也。使墨子而非此土所生,岂当世皆不能知,必待二千余年始克一旦而发此秘乎?

夫证以孟子之论,鲁阳文君之语,及其夷夏之见与墨学之盛,则墨翟之非外国人,可以信而无疑矣。墨子既非外人,则其非印度人,于理固不待辩。惟以祛俗人之疑,折论者之心,仍略言焉。

胡君据《贵义》篇,日者曰,"先生之色黑,不可以北。"因谓墨子肤黑,指为印度人。推此例也,则《备梯》篇有曰,"禽滑厘子事子墨子三年,手足胼胝。面目黧黑。"岂禽滑厘亦印度人乎?此犹可曰,憔悴过甚。若《战国策》所云苏秦"形容枯槁,面目黧黑"也。然《晋书·后妃列传》:武帝曰:"卫公女美而长白,贾公女丑而黑短,"则明指肤色高度而言。岂卫氏为欧陆颀晳之女子,贾后为非洲侏儒之妇人耶？故日者之言未足断墨子为印度人也。

　　胡君又谓兼爱、非攻、节用，无一不与佛学相合；天志、明鬼，所谓天即佛，鬼即菩萨也；而《墨经》之名学，即印度之因明。羌无征验，以其学说横加比附，此大谬也。夫兼爱非攻节用之指，岂惟墨子与佛相合，即孔老之说，耶稣之教，东西圣哲之学，亦不甚远也。墨子之所谓天，"兼而爱之，兼而利之；兼而有之，兼而食焉。"（《天志》篇）此岂佛力所可比伦？而所谓鬼者，虽福善祸淫，报应不爽；此乃春秋时之旧说，墨子无所发明。观《左传·国语》所载鬼神之事，可以了然，更不必与菩萨涂附也。《墨经》之名学，远绍孔子正名之法，旁际施龙名家之言，日积月累，始臻斯境，原非"墨子突然发明，一蹴即造此精深之域"也。至其法术，不独与因明相合，亦与欧土"《逻辑》"相通。亚里士多德氏后墨子百余年，印欧则多同种；亚氏不闻往自印度或中国，墨子乃生于梵土，其谁信之？且印度因明传于此土者，皆在陈那改良以后；至"古因明"与《墨经》名学，异同如何，亦难质言矣。要之，学说偶同，未足为异；盖昔慎到有言，"治水者茨防决塞，虽在夷貊，相似如一；学之于水，不学之于禹也。"（《列子·汤问》篇张湛注引。）今见墨学与佛教，一二类似之处，即曰墨子来自印度，不已诬乎？

　　胡君援引《孟子》而曲解之，谓墨氏无父即出家；摩顶放踵即秃头赤足。是视墨子为僧伽也。夫所谓墨氏无父乃指其兼爱之说，亦即夷子所谓"爱无等差，施由亲始"也。无父与禽兽，同为由兼爱推论之辞，原非叙述之语；若泥而不通，如江琼谓无父为去其宗族姓氏，以符兼爱之义；胡君谓即为释氏。然则杨氏无君，亦即远如盗跖操金椎以葬，下见六王五伯而敲其头；（《吕氏春秋》）或为鲍生非君之说；（《抱朴子》）近如卢梭民约之论，中俄委员之制乎？

而所谓"无父无君,是禽兽者,"杨墨二氏又皆两翼四足之动物乎?据孟子"溢恶之言,"以为实录,斯已瞀矣!至"摩顶放踵,利天下为之,"乃与杨子拔一毛而利天下不为,相对成义;所以见墨子救世之殷,而非言其状貌也。《孟子·离娄》篇:"今有同室之人斗者救之,虽'被发'缨冠而救之可也,"《庄子·天下》篇:"禹亲自操橐耜,而九杂天下之川,'腓无胈,胫无毛,'沐甚雨,栉疾风。……而形劳天下也如此。"又曰:"将使后世之墨者,必自苦以'腓无胫,胈无毛,'相进而已矣!"此言救斗之急与劳苦之极,皆以足与毛发为喻。胡君不顾文义之安否,而独以摩顶放踵为释氏之装,岂未之比勘耶?且墨氏救时,释家出世,根本精神,固相去如胡越矣。而墨子之言曰:"丈夫年二十,无敢不处家;女子年十五,毋敢不事人。"(《节用》篇)又以久丧为"败男女之交,"(《节葬》篇)是男女皆应嫁娶也。墨子如为和尚,在冯焕章将军演说和尚革命娶妻以前,中印僧伽,有此方便之制度否乎?亦足以资一噱也!

胡君以墨氏弟子之名,多极怪僻;如随巢子、胡非子、我子、缠子、彭轻生子、腹䵍,疑如后世僧人之法号。索卢参则印度字之译音也。是亦不然。夫墨者轻生守法,视死如饴;若孟胜死阳城君之难,弟子死之者百八十三人;二人致命于田襄子,可以无死矣,仍反死于荆(《吕氏春秋·上德》篇)。腹䵍之子杀人,秦惠王已令吏弗诛矣;腹䵍不许,而遂杀之(《吕氏春秋·去私》篇)。是以其后多绝,姓氏不显;而墨学又复中衰,故其姓名不常与耳目相接。今日视之,乃觉怪僻。否则腹䵍之名何如壤驷赤、邦巽、句井疆、邬单、狄黑、罕父黑(皆仲尼弟子)而随巢子胡非子不犹今所谓申党秦非韩非子耶?至其以索卢参为印度字译音,则视索卢参三字"尤奇"。后汉有索卢放,以《尚书》教授,建武间征为洛阳令,徙谏议大夫。

(《后汉书·独行传》)后秦有索卢曜往刺符登,为登所杀。(《晋书·姚苌载记》)然则索卢放,索卢曜亦为印度字译音,其人皆印度人欤?

至如钜子制度,似禅宗之衣钵相传。固也。然不能以此为佛教制度,而证墨子为印度人。盖禅宗晚出,在中国成于达摩,后墨子约千载;若以此与国籍有深切关系,则达摩当为中国土著,而非来自"西天"矣。

韩非有言:"无参验而必之者,愚也;弗能必而据之者,诬也。故明据先王必定尧舜者,非愚则诬也。愚诬之学,杂反之行,明主弗受也。"(《显学》篇)今参验各说,而定墨子为中国人;虽与胡君之辨异趣,其亦可以免于愚诬之讥也夫!

> 按胡君以墨翟为"墨狄",旁证虽多,而无一实例。考陶弘景《真诰稽神枢》篇云:"墨狄子服金丹而告终。"(据孙仲容引)翟正作狄,与胡君之说相成。然而不足信者,以其与葛洪谓墨子为地仙之说,同一诡诞;且年代弥远,异文讹字,自然难免也。作者附记。

一九二八年九月一日。

附　胡怀琛:《墨翟为印度人辨》

今人于老子之姓名,疑问甚多,人所共知。而于墨子则不然,墨子之国籍,为鲁为宋,固有问题,然墨子之姓名,则自《史记》以后,《读子卮言》以前,皆无异辞,曰"姓墨名翟。"直至《读子卮言》,始创言墨非姓,乃其学派之名,取刻苦自励,面目黧黑之义,而疑翟为姓,墨翟并其学派与姓名并称之也。然鄙意犹以为未尽然。

《读子卮言》谓墨非姓,共有八证。而其最有力者,谓墨苟为姓,则不当称"墨家。"如"儒家"不称"孔家","道家"不称"李家"也。又谓,不当称子墨子,如子思子之类,非以"子"加于姓上也。又谓,韩非子谓,有相里氏之墨,有相夫氏之墨,有邓陵氏之墨,孟子谓墨者夷之,墨苟为姓,均不当如是云云。又谓墨子前后及其同时,均无姓墨者。又谓墨子弟子,多有称姓,盖实行兼爱,无别亲疏,已废弃姓氏不用,何得墨翟独称姓,其言大抵如此,今不多录,读者可参考原文。(《读子卮言》卷二第二十七—三十八页。)其辨墨非姓,可无疑义矣。

然余犹有进者,墨固非姓,翟亦非姓,翟更非名,"翟,"即"狄"也,古多通用,《禹贡》"羽畎夏翟",《汉书·地理志》,作"狄",檀弓注,"是时在翟",释文本作"狄"而"戎狄"尤多作"戎翟"。如《国语》"自窜于戎翟之间"。是也。

"狄"作"翟,"至貌,晋时犹然。《搜神记》云,"胡床,貊槃,翟之器也。羌煮,貊炙,翟之食也。自太始以来,中国尚之,贵人富室,必畜其器,吉享嘉实,皆以为先。戎翟侵中国之先兆也。"(崇文本《搜神记》卷七。)

《穆天子传》云,"陵翟致贿(郭璞注,陵翟,隗姓国也。音峻。)"良马百驷,归毕之宝(郭璞注,毕,国名,言翟前取此宝也。),以诘其成,陵子蜀胡口东牡。(郭注,夷狄有德者称子,畴胡,名。)又云,"陵翟来侵,天子使孟念如毕讨戎。"(天一阁刊本《穆天子传》卷五。)

《搜神记》"狄"皆作"翟"。《穆天子传》原文皆作"翟",而郭注或作"翟",或作"狄",总之,狄字在魏,晋时犹多作"翟"也。

"翟"为"狄"之异文,"墨"亦疑为"貊"之转音,或"蛮"之转音,"墨狄"即"貊狄"或"蛮狄"两字并称,如"蛮貊""夷狄""戎狄"是也。

以"貊狄"或"蛮狄"二字代人名者,对于不知姓名之外国人,遂以此称之也。如晋,宋时之胡僧,天竺僧人,今日之洋鬼子,外国人,皆是也。如是,墨子为外国人,可无疑矣。

不然,谓墨翟系指其面目黧黑而言,亦无不可。墨翟者,黑狄也。古有长狄,因其身长而言。明人称荷兰人为红毛国人,今人称非洲土人为黑人,均此例也。又不然,因其所着之衣服为黑色,而称黑翟,亦无不可。如古之赤狄,白狄,均因其衣服之色而得此称也。总之,其为外国人无疑。

然则墨翟果为何国人曰在彼时舍印度外,更无他国。故疑墨翟为印度人。假定因面目黧黑而称墨翟,则印度人本为棕色,在当时人视之,宜乎其为墨也。假定因衣黑而称墨翟,则僧衣缁衣,缁亦黑色,后世尚有"缁流"之称、宜乎当时有墨翟之号也。

况《墨子》书中,亦常言其面目为黑色,《贵义》篇云:"子墨子北至齐,遇日者,日者曰,'今日帝杀黑龙于北方,而先生之色黑,不可以北。'墨子不听,遂北至淄水,不遂而返。"此"黑"字,从来读者只解作因形容枯槁而黑,不知其肤本作黑色,乃墨子特别形容也。苟因形容枯槁而黑,乃常有之事,未必为日者所注意,惟其肤作黑色,有异于中国人,故日者特别言之。此尤可证墨翟之为印度人矣。

再一考墨子之学说,其重要之部分,曰"兼爱"曰"非攻"曰"节用"无一不与佛学相合。

至其"天志""明鬼"则为佛教。其所谓天,所谓鬼者,即佛与菩萨也。在当时传译至中国,乃变为天,为鬼耳。

尤有进者,《墨经》之名学,即印度之"因明"也,梁任公《墨学微》(附录第一一三十七页)《墨子学案》(第九十二一一百四十二页)言之甚详。梁先生谓墨子之发明,暗与"因明"相合,而不知墨子之"名学",即"因明"也。此种学术,为中国素所未有,孔子虽言正名,老子虽言无名,然方法均与墨子之名学不同,夫素所未有,而墨子突然发明,一蹴即造此精深之域,疑无是理。其必本于"因明"无疑。

再就孟子斥墨子之言而辨之。孟子曰,"墨氏兼爱,是无父也。"(《孟子·滕文公下》)朱注云:"墨子爱无差等,而视其至亲,无异众人,故无父。"然犹今视之,无父即出家。江瑔亦谓无父为去其宗族姓氏。以符兼爱之义,又与释氏之法同。而不知即为释氏也。

孟子又斥墨子云,"墨子兼爱,摩顶放踵,利天下为之。"(《孟子·尽心上》)朱注云,"兼爱,无所不爱也。摩顶,摩突其顶也。放,至也。"而朱注实本于赵注。赵注云,"兼爱他人,摩突其顶,下至于踵,以利天下,己乐为之也。"焦循疏"突"字云,《庄子·说剑篇》云,"我王所见剑士,皆蓬头突鬓。《荀子·非相》篇,孙叔敖突秃。杨倞注云,突,谓短发可凌突人者。故庄子说赵剑士蓬头突鬓。突,秃声转。突即秃。杨氏解为短发是也。"

按据焦循疏,"突""秃"声转。是"突"即"秃"也。摩顶者,突顶也,即秃顶也,亦即今所谓和尚也。"放"当解作放任之"放"。放踵者,足不着履也。赤足,亦为佛教仪式之一种。如此,则摩顶放踵,乃释家之装。孟子所云,乃谓秃顶,赤足,是牺牲其身体而利天下,非若杨子之一毫不肯牺牲也。若依赵注,朱注。则谓墨子牺牲其自顶至踵之毛与发,然何故须突其顶,则无事实证明。故不若解为秃顶赤足之为佳也。

再从墨子弟子方面辨之,当时墨子弟子甚多。《吕氏春秋·当染》篇云:"孔,墨徒属弥众,弟子弥丰,充满天下"是也。而其弟子又皆抱舍身救世之志,甘为教义而牺牲。《淮南子》云,"墨子服役者百八十人,皆可使赴火蹈刃,死不旋踵,"是也。此种精神,非宗教家不能有。今人多谓其近于耶教,却不知其为佛教也。

墨家又有"钜子制度。"《庄子·天下》篇云,"以钜子为圣人,皆愿为之尸,冀得为其后世。"是可见"钜子"地位之尊。梁任公解释"钜子,"谓其似天主教之教皇,同时不能有两。但教皇之制,前皇死后,新皇由教会公举,而"钜子"之制,是由前任指定后任,如"禅宗"之衣钵相传。此言甚是,然仍未知"钜子"之制度,即佛教制度也。

墨子弟子之名,多极怪僻。据孙诒让《墨子间诂》所搜,弟子十五人,再传弟子三人,三传弟子一人,治墨术而不详其传授者十三人,杂家四人,其中如随巢子、胡非子、我子、缠子,皆曾著书者,而其姓名皆不经见。"随巢"或谓是氏(梁玉绳说)或谓巢是名。(《隋志》注说。)"胡非"或谓复姓,(《广韵》说)或谓非是名(《隋志》说。)"我"与"缠"亦绝不似姓。其他如彭轻生子,腹䵍,索卢参,更似译音。疑墨子弟子之名,亦如后世僧人之法号(其弟子中,至少有若干人如此)或竟有若干人,为印度人也。

或曰,"在二千余年前,交通不便,印度之墨子何以能至中国也"曰"是不成问题。二千余年前与一千余年前相比,时间上固相差甚远,而物质文明之程度,则相若也。晋南北朝时,有帆船。周时亦有帆船。晋之法显,能以帆船往,梁之达摩,能以帆船来,周之墨子,独不能以帆船至耶。"

或曰"法显之往,达摩之来,国人知之,典籍载之,何独于墨子之为印度人,则未闻言及也。"曰"此亦不足为怪。景教之东渐也,国人所知,典籍所载,亦但谓其在元,明时耳,直至最近,始知在唐代已东来矣。墨子亦犹是也。"

或曰"信如君说,墨学即佛学,何以今所传《墨子》书与后世佛经文字不相似也。"曰"此亦无足怪。《墨子》书之文字,固不如后世之佛经,然亦不如'儒家''道家'之书,此可见其自成一种文体,而非中国所固有。且同为《心经》,鸠摩罗什译本与玄奘译本与法月译本不同,其他各经,多有如此者,安得就文体不同,而指其不似佛书,此但就文字之表面言之耳。即论其实质,东土'十宗'各不相同,甚至有冲突之处,而'禅宗'且非印度所有,适成为震旦之佛学。则墨子学说,亦岂能一一尽合于后世之佛书,但其大意如是耳。"

或曰"墨子之学,出于夏禹,《庄子·天下》篇言之,后世信之,君何得独有异言"曰"墨子之学,出于禹,是墨子之托言也。墨子以一外国人,欲传其学,其教于中国,非借用中国圣人之大名,又谁信之,如清末李佳白传基督教于山东,亦常引孔子之言,以此大得听者之信仰也。墨子托禹,何犹不然。吾人试以墨子与禹一比,除刻苦节俭以外,其他无相同处,可以知矣,况夫黄老,老庄,周孔,孔孟,其一脉相传之学派,同时人或后人,多有并称其姓名者,而禹墨则不经见并称,是亦可见禹墨之关系,不如黄老,老庄,周孔,孔孟之深且切也。"

或曰"'墨翟'即为'墨狄'而单取'墨'字以为其学派之名,在周,秦时有先例乎"曰"此正以其为外国之学,在当时为例外,故其学派之命名,亦与'道家''儒家'等不同耳。"

或曰"'墨'既非姓'翟'又非名,何以墨子书中,尝自称其为翟也。何以其弟子称之为子墨子也,"曰"当时人以墨翟呼之,彼亦以墨翟应之,本非姓名也,而已借用为姓名矣。故自称之,其弟子称之,亦犹太戈尔至中国,中国人名之曰竺震旦,于是此印度诗人,亦自称姓竺而名震旦矣。"

或曰"然则墨子之东来也,非先至鲁,即先至宋。君以为孰是,又尝为宋大夫信乎否乎"曰"当先至鲁,其一,墨子由海道来,当先至鲁。(苟谓由陆道来,则与事实不符。)其二,鲁为当时文化最盛之邦,墨子之东来也,固在传彼之学,彼之教,而亦欲观中国之光也。故当先至鲁。至于为宋大夫,事或有之,盖亦客卿之类。如元之马可波罗,明之利马窦,龙华民也。"

或曰"道书中之琅环记,谓墨子姓翟名乌。其母梦日入怀,而生墨子,故以'乌'名。君于此说,以为如何。"曰"道书之言,多神仙怪诞之事,固不可信。然称墨子姓翟名乌,在当时或有此事。他人忽之,惟赖道家之说以存耳。乌为黑色,即墨也。'翟乌'与'墨翟'不过颠倒其姓名耳。然姓名未有可以颠倒者,以此亦足证明'墨翟'之非真姓名。至于梦日入怀之说,当然是后人因'乌'字而传会之也。"

吾于是可得一总结束曰。

一、墨翟者,"墨狄"也。因面黑或衣黑而称"墨",因外国人而称"狄"。

二、墨翟,印度人也。

三、"兼爱""节用"佛学也。

四、"天志""明鬼"佛教也。

五、"名学""因明"也。

六、"无父"出家也。

七、"摩顶放踵"秃头赤足之僧装也。

八、索卢参,印度字之译音也。

二 驳《墨翟续辨》

予既作《墨子非印度人论》对于胡君怀琛《墨子为印度人辨》有所商榷,其后胡君致函《知难周报》记者加以指正,予亦有书答辩矣。(见《知难周报》八十七期)惟胡君函中新证,以时间仓卒,未及讨论;今见胡君《续辨》,说明视前函稍详,故就《续辨》,略献所疑;亦有《续辨》所未有而见于函中者并附著焉。(《续辨》见《东方杂志》二十五卷十六号)

胡君《续辨》,新证甚多,今仍分为各组。讨论如下:

(甲)墨子与释迦牟尼之生卒年代

墨子与释迦生卒年代,其说纷歧,莫衷一是;尤以释迦为甚,有相差至数百年者。兹就胡君所认定者为准,一加批评。

胡君依据梁启超《墨子学案》,吕澂《印度佛教史略表》,定墨子与释迦之年代如后:

第二章 驳墨子为印度佛教徒说

墨子生于周定王元年至十年之间;(西纪前468—前459年)

卒于周安王十二年至二十年之间。(西纪前390—前382年)

释迦生于周灵王七年;(西纪前565年)

卒于周敬王三十四年。(西纪前486年)

胡君谓"墨子之生,在释迦灭度后约二三十年,其至中国(原注,假定如此)当为释迦灭度后约六七十年。非不可能之事。"夫墨子既以释迦灭度后二三十年生,当释迦灭度后六七十年而至中国;是墨子来中国时已三四十岁矣。然孙仲容《墨子年表》及《墨子传略》并谓墨子见楚惠王献书,年盖甫及三十,而与公输般论钩拒,止楚攻宋,尚在其前。胡君固深信孙氏之表者也,而此与之冲突,岂墨子尚在印度而佛法广大,能分身以"语般,止战,献书"耶?若非推翻孙说。则所假定墨子当释迦灭度后约六七十年来中国,实"不可能之事"矣!

胡君于此必引梁氏之言,谓"献书当是墨子三四十岁时事,"则亦难圆其说也。孙氏谓墨子当生于周定王之"初年"(非谓元年,)原可伸缩,与梁氏所谓定王元年至十年之间不悖。如墨子生于定王十年,——献书在惠王五十七年,——则其时止二十七岁;就令墨子生于定王元年,——则惠王五十七年亦止三十七岁,而见公输般止楚攻宋,梁氏亦列其年之前,谓墨子当在三十岁内外;则胡君谓墨子三四十岁自印度来者,终不可能也。(按余知古《渚宫旧事》明明系献书于惠王五十年,孙氏从之,梁氏亦未言其谬;若无证据而妄改唐人之说,则甚不可。)若谓墨子于释迦灭度后三四十年即来中国，则墨子止一二十岁；当时佛教是何情形（是否完全成立），以予愚陋，颇少稽考；而墨子幼时能否完全承受，亦有可商也。故墨子与释迦年代问题，以胡君之矛，攻胡君之盾，已觉冲突若此，尚望其更加斟酌也。

至墨子与阿育王之关系，胡君既目谓"牵强附会""知不足信，"予亦不必再论。但须注意者，阿育王以国家力量，遣使弘布佛教，不闻直接输入中国；墨子生阿育王遣使前二百年，私人东来，而能成一教派，"言盈天下，"事之奇诡，有如此者乎？若无征验决难置信也！

胡君所列旁证，则止足反证墨子非印度人。何则？现既无《墨教碑》出土，亦无敦煌"金匮"之《墨教经》也。唐代景教岂能与墨子事同年而语！马可波罗史籍失载，向无以为中国人者，且其"旅行记"又足以证明。墨子事，于印度既无文献可征，于中国则氏籍班班可考，何能与马可波罗相比？杨老圃考定唐之"昆仑奴"即非洲土人，固甚可信。然墨子亦非其比也。以今事例之，沪址富翁雇一印捕，外商用一黑奴，世人可以无须过问。杜威、罗素、杜里舒、太戈尔，来华讲学，国人岂有不知者乎？故"昆仑奴"千年无人考证，而"西天"高僧来此土，则记载详明，吾故以所列旁证乃足为反证也。惟近有一事与墨子是否印度人，可资比较，则苏曼殊国籍问题是也。（见柳亚子编印之《曼殊全集》附录）但曼殊生数岁即随母来粤，又酷好中国文化，后虽出家，仍华化之佛教徒，故曼殊是否日本人，彼自谓"身世有难言之恫"而吾人至今亦不能断定。墨子则不然，如胡君言，是彼三四十岁始来华。又去姓削发，异服，（僧装，）于重宗法"非先王之法服不敢服，"（赵武灵王胡服，当时有人反对，）"发肤不敢毁伤。"（后世尚嘲秃奴）之社会中，世人岂不之知? 典籍乃反失载耶? 可以决无是事也!

胡君所引朱士行《经录》《汉武故事》《隋书·经籍志》,皆不足以证墨子为印度人,自云"录之姑备一说",予亦存而不论。

(乙) 所谓事实上之证据

胡君所谓事实上之证据,一言以蔽之:则均非事实,不足以为证据也。试言其故:

(一) 胡君最有力之证据,则为《墨子》书曾言火葬。然而非也。夫义渠国虽在秦之西,毕引《括地志》,孙引《周书·王会》篇孔晁注,《后汉书·西戎传》,俞引《史记·秦本纪》,疏通证明,以为在今陕西之西,甘肃庆阳诸县也,可以灼然无疑矣。若谓渠旧本有作秉者,此乃形似而误;如为一地异译,则"渠"与"秉",无论古今音,相差甚远,断难混同,且印度诸邦,虽在古代,尚未闻有义秉之国也。就令退一万步言之,义渠即印度,更足以证墨子非印度佛教徒。何则? 火葬本佛教之制,墨子若为佛教徒,当然不应反对。《节葬》篇云:

"今执厚葬久丧者言曰,'厚葬久丧果非圣王之道,夫胡说中国之君子,为而不已,操而不择(景云同释)哉?'

子墨子曰,'此所谓便其习而义(俞云义犹善也)其俗者也。'

'昔者越之东有輆沐之国者……

'楚之南有炎人之国者……

'秦之西有义渠之国者……然后成为孝子。此上以为政,下以为俗,为而不已,操而不择,此岂实仁义之道哉? 此所谓便其习而义其俗者也"。

"若以此若三国者观之,则亦犹薄矣;(王:犹,已也,)若以中国之君子观之,则亦犹厚矣。如彼则大厚,如此则大薄,然则葬埋之有节矣。"

谓火葬为非"仁义之道,"为"已薄,"为"大薄;"且与食长子,弃大母,厚葬,诋为同类恶俗,是明明反对火葬也,佛教徒应如是乎?

(二)弃大母,杀长子之俗,《节葬》篇以为在越之东铪沐之国;《鲁问》篇载鲁阳文君语墨子则曰:

"楚之南有啖人之国者桥,其国之长子生,则鲜而食之,谓之'宜弟';美则以遗其君,君喜则赏其父。"(按桥疑即国名)

是又以食长子为桥国之事也。胡君既以秦之西为印度矣,则此弃大母食长子者,无论"越之东""楚之南"方向相反,何以复指为印度耶?(立东西于地球上本不易,然一人一地则无差异。)且胡君以食长子为印度风俗,所据者《百喻经》也。其言曰:

"往昔世时,有妇女人,始有一子,更欲求子。问余妇女:'谁能使我重有子?'有一老母语此妇言:'我能使尔求子可得。当须祀天。'问老母言:'祀须何物?'老母语言:'杀尔之子,取血祀天,必得多子。'"

事出《喻经》,明为寓言,犹此土所云"剖腹藏珠"之类也;安得视为事实! 杀子祀天,又与自食而献君者有别;纵为事实,亦系"愚人妄举"（胡君语，）乌睹所谓"便其习而义其俗"者耶？当时如有此风俗，则此妇奚待问诸老母？故此事未足以释轪沐与桥之恶俗也。若以此事奇特，除《喻经》外更无所闻，则古代尝用人以祭矣，易牙尝杀子以食君矣，（见《管子》）宋人尝"易子而食矣，"（见宣公十五年《左传》及《公羊传》）事更质实，与《喻经》之譬况不同，何以必附之印度耶。

印度今虽有"撒提"（Suttee）之风，然殉者多系无子之少妇，非母或大母也。且撒提犹吾国所谓"死烈"或"殉葬"，与"遗弃"不同。《节葬》篇明言"大父死，负其大母而弃之，曰：'鬼妻不可与居处'。"仅言遗弃，则非撒提也。撒提系殉死者之意，如吾国古代遗命以某人为殉也。轪沐国人以恶死者而并及其妻，故谥曰"鬼"妻而弃之，亦与印俗不同。胡君以中国古代平民社会无殉葬俗，此明言轪沐之国，非言华俗也。且弃大母非殉葬，与中国印度无关，想系当日野蛮民族之风俗，安可以此与印俗牵合，而诬墨子为印度人？且胡君既以印度为古代世界文化发源之地，而以食长子与弃大母之恶俗尽归于彼土，前后矛盾亦不可解。

（三）说书未必即讲经，即使为讲经亦未必墨子效于印度。夫说书无以证其为讲经，安知"说书"二字不与上"谈辩"相对，同为动词耶？就令书为名词，何以知其即为"宣传式之讲学？"至"公开讲演"在战国时诚有之，然为道家儒家所行。《鲁连子》曰？

"齐之辩者曰田巴，辩于狙丘而议于稷下，毁五帝，罪三王，一日而服千人。（按似无政府主义者）有徐劫弟子曰鲁连，谓劫曰：'臣愿当田子，使不敢复说。'"（此据《文选》曹子建《与杨德祖书》李《注》引。《史记正义》与此微有不同。曹书原文则为"田巴……罪三王,訾五霸,……鲁连一说使终身杜口。"注又引《七略》曰:"齐有稷,城门也。齐谈说之士期会于稷下者甚众。")

若非公开演讲,田巴无以"一日而服千人,"鲁连亦不能一说而使田巴终身杜口也。《史记·孟荀列传》"田骈学黄老道德之术。"《汉书·艺文志》道家有《田子》二十五篇,云名《骈》,游稷下。田巴学说与骈相类,亦道家也。鲁连则《汉志》有《鲁仲连子》十四篇,列入儒家。是则道家儒家已有公开演讲。胡君以为宣传式之讲学法,在当时儒家道家均无有,似稍误矣。田巴虽在墨子后,然学派不同,未必取法墨子,而墨书中除附会"说书"二字,亦无以见公开讲演之迹也。故吾以为讲学非墨子效法印度者此也。

(四)《墨经》中之几何学,胡君以为出于印度,亦非事实。胡君之言曰:

"古人于天文学虽有所发明,而与几何学无关。几何之不能发明者,因无须乎此也。古代须用几何学处,至多为量田之面积,无须乎较深之几何学。……就情理而言,中国古代生活简单,日用之器,亦极拙陋,无须乎几何学,可断言也。"

此皆臆揣之辞,未足以尽当时情实。夫井田割划,日用器物,或无须几何学;而须几何学者乃别有所在也。如胡君之说,印度几何学之发生,以谨于"鬼事"制造神几耳。中国古代"鬼事"或不如印度之谨,人事一方面所须于几何学者固甚亟。伟大之建筑,宫室台榭如姑苏章华之属,运河若吴之邗沟,长城虽世以为秦皇所筑,实继燕赵之遗烈也。兵器战具之进步,若云梯钩拒之备。玩好之器,如削竹木为鹊成而飞之,三日不下。(见《鲁问》篇)此皆须几何学始克成功者也。墨子节用,建筑玩好方面固无所赖于几何学;然以实行非攻,因"善守御,"(《史记·孟荀列传》)兵器之应用也。且当时几何学亦必达相当程度,未必为墨子"凭空发明此理;"公输般辈之精于制造者,想亦能明其术,惜无书传世耳。《墨经》中之几何学,亦以附七十一篇而幸存。若使单书行世,不随秦火俱扬,亦与《汉志》历谱十八家同尽矣。鲁胜曰:"自邓析至秦时名家者,世有篇籍,率颇难知,后学莫复传习;于今五百余岁,遂亡绝。《墨辩》有《上下经》,《经》各有《说》,凡四篇,与其书众篇连第,故独存。"(《晋书·隐逸传》)以名概形,则几何学之亡,当亦不少也。胡君不察此理,以几何学为墨子一人所擅,而墨子窃诸印度,不亦诬乎?至其引《隋志》所载诸算书,有来自印度者,乃在中印沟通以后之事,未可与《墨经》比附也。

(五)胡君以"鸡三足"之说,其远源出于佛书,而用为墨子来自印度之证,亦"无鸡"(稽)可笑也。按公孙龙"鸡三足"之说,的解如何,殊无定论。今人章士钊始依司马彪所解,(彪云"鸡虽两足,须神而行,故曰三足。"见《庄子·天下》篇注。)演为论式:

> "无鸡一足,一鸡较无鸡多两足,故一鸡三足。"(《名学他辨》)

此是否与公孙龙原意吻合,未敢质言也。胡君见《百喻经·索无物喻》有某二人语将车人云,"与我物来!"答言,"无物。"又复言,"与我'无物。'"以此"无物"二字,遂过信章氏之说,与"无鸡"二字两相牵合，仿佛八比文中截搭之法，而证墨子为印度人。寻胡君所用逻辑法式：

> 墨子名学中，有公孙龙鸡三足之说，
> 鸡三足之说，即司马彪所谓须神而行，
> 须神而行即章士钊所谓无鸡一足，
> "无鸡"一足似《百喻经》之与我"无物"；
> 《百喻经》出于印度。
> 故墨子为印度人。

此如可信，则刘勰所谓"迥犬似人，转白成黑，"不为谬误也。勰之言曰："专以类推，以此象彼。谓犬似玃，玃似狙，狙似人，则犬似人矣。谓白似缃，缃似黄，黄似朱，朱似紫，紫似绀，绀似黑，则白成黑矣。"（刘勰《新论原名》。此喻本于《吕氏春秋》）胡君之论，何以异此！

且胡君以施龙之学出于墨子，若引梁启超胡适之说则可；今引章氏之说则未可。章氏著《名墨訾应考》（《东方杂志》廿纪念号）以证名墨两家"倍谲不同，"决非相为"祖述，"（施龙《汉志》列名家。）惠子言"一尺之棰，日取其半，万世而不竭；"墨子言"非半勿斱，则不动，说在端。"章氏谓"两义相对，一立一破，绝未可同年而语。且以辞序征之，似惠为立而墨为破。"今胡君又以施龙"无鸡"之说，祖述墨子，而墨子乃窃之印度者，不亦诬乎？

以上所论五事，均就胡君《续辨》加以商榷；以下试就胡君致《知难周报》讨论墨翟问题书中所举者，一为评骘。

（六）胡君谓墨子书中多寓言，而寓言来自印度，此亦不然。试就胡君所举《鲁问》《公孟》《公输》诸篇而论,仅用一二比喻,尚不足称寓言。其论式用对辩体颇似梭格拉底之"产婆术"也。凡文学发达至某一境域,各种辞格与体式,自然产生,区区寓言,不必来自印度。胡君以为来自印度之征者,则彼已于佛书中寻出与《庄子》《韩非子》《吕氏春秋》相同之寓言,在六则以上。夫在寓言,佛书如彼之多,在百家亦不胜枚举,以六则与庄韩吕偶同,而谓墨子及其比喻法,均来自印度,是犹见甲乙二人毛发相似,而断其高曾必同。无乃太滑稽矣乎?至其举《孟子》"宋人有悯其苗之不长者,"而谓战国前后寓言多流行于宋,以与墨子仕宋牵附。夫墨子是否仕宋尚属疑问,(胡君亦谓墨子居鲁,则于鲁影响宜更大。)而寓言称宋人固不少,而称他国者亦多,即以《孟子》而论,齐人一妻一妾,楚大夫欲其子之齐语也,即言齐楚;其他秦人越人亦莫不有。庄韩之书,亦类是也。胡君若作文说明时,甚望其将孟庄韩吕诸子,《国语·战国策》诸书中之寓言,一一比辑,较其国别,宋与他国孰多?更与《佛书》及《新旧约》《伊索寓言》《天方夜谈》诸书比勘,较其同异,果古人所谓"东海西海有圣人,此心同,此理同"耶?抑战国诸子蹈袭于印度耶?然无论如何,墨子书中之"辟"(同譬)"举也(同他)物而以明之,"(《小取》篇)惠施所谓"以其所知,谕其所不知,而使人知之"(《说苑》)者,尚未可与庄韩诸书中之寓言同日而语也!

(七)胡君以唐《大周石刻》所用"正"字,与《墨经》"同长以正"之"正"均作古文"𠙹;"遂曰"后世佛书中多袭用墨子书中字。"单文孤证,遽下断语;既违朴学考据之风,亦乖内籀归纳之法,实事求是者当不尔尔也。《说文序》曰,"孔子书《六经》,左丘明述《春秋传》,皆以古文。"若使许氏之言可信,后世又不改为今隶,则"投心正觉"一语,不使仲尼丘明及孔门诸子均变为印度人耶?《大唐刻石》以吾浅陋,未窥原文,仅据毕氏所引耳;胡君以为"佛书,"想无讹误。但孙氏《间诂》云,"岳亦见唐《岱岳观碑》。"《岱岳观碑》是否亦为佛书? 若非佛书而为道家言,然则老子亦来自印度耶? 以此推概,其谬自见矣。且佛教初来,译经多用老庄玄语,"四十二章"之经。读之犹《道德》五千言也。尚不能谓老子来自印度,况一字之偶同乎? 以近事为例,斯宾塞尔之学,与庄子不啻相差天壤矣;然严氏译其所著《群学肄言》,谟知,接知,(《物蔽》篇)直用《南华》之语。此视正字书法偶同者已进一步;然则庄子之国籍岂能因此而异乎?

(八)胡君谓晋宋时释道不分,转而将《墨子》混入道书,此尤滑稽可哂者。夫释教东来,墨氏如为同种同教之人,当然可以同时光大,且或借以标榜矣。何至反而混入道书? 如为释道不分之故,则利马窦初来,亦尝服沙门服,自称沙门矣!唐代景教,此后益为人所共知;未闻转而混入"道书"佛经"可兰"中者何耶? 至道教之成,远承燕齐方士之诞说,旁附印度宗教之皮毛,以老庄之非鬼神,破迷信,牵入其中,已嫌不类。墨子明鬼敬天,则有相似者。若谓道墨殊涂,墨子苟非由释氏而转入道家,无由混合,则远于事理矣!

(九)胡君《读墨子杂记》中,所言者二事:曰"《墨经》中宇宙名称出于佛书,"曰"墨子书中之棋。"夫"解带为城,以牒为械,"(俞以牒本字当作挟,挟犹箸也。)翟守,般攻,非演习战守之法,而为著棋以分胜负;试问当直皖战争时,吴佩孚与段祺瑞著棋以决雌雄,果将孰胜孰负耶? 胡君可以比类得之矣。此与墨子是否印度人无关,可不深论。其言《墨经》中宇宙名称,出于佛书,亦殊不然。按宇宙字《墨经》及《经说》作"宇久"。《管子》作"宙合"。(《管子》

虽多后人附益,然《宙合》篇无从断其不在《墨经》前。)宙即久,合则宇也。其言曰,"天地,万物之橐;宙合有(又)橐天地。"是墨子以前已有表时间空间之宇宙名词矣。(其详见《知难》七十七期《杂脍》宙合条。)《庄子·庚桑楚》篇,"有实而无乎处者,宇也;有长而无乎本剽者,宙也。"注"宙为古今之长,而古今长无极;宇有四方上下,而上下四方未有穷处。"《尸子》《淮南子》《汉志》列杂家,所谓"兼儒墨,合名法"者;其所言宇宙,或袭《墨经》。庄子矫矫。颇讥墨氏。《庚桑楚》之文,岂能谓其窃自墨子耶？且《文子》及《三仓》均言上下四方谓之宇,往古来今谓之宙。《文子》如非伪记,则亦先于墨子矣。要之,宇宙之名,皆用引伸之义,久与宙则以一声之转而相通假(可参阅《说文》段注刘昶《续墨子闲诂》)若用本义,则"久为从后炙之,象人两胫后有距也。"(《说文》语)然则今之用为"悠久""迟久"者,亦可谓译自印度耶？是高诱虽以宙为栋梁,亦可无疑矣。至《易》言"乾坤""古今,"不如"宇宙"之精密,此自进化之理应尔。若问墨子何所需要而忽然想起"久宇"二字,然则道家之《管》《文》《庄》何所需要而想起"宙合"与"宇宙？"予与胡君又何所需要而讨论墨子是否为印度人耶？故谓《墨经》中久宇名称出于佛书者,于事于理,均嫌其疏矣。

（十）胡君谓"墨子之非命论,与佛理略同,梁启超已有是说。《墨经》之知识论,胡适亦举以与佛学相比。"遂指为墨子出于印度之证,亦谏言也。按章太炎论惠施曰,"唯识之论不出,而曰万物无有哉！人且以为无归宿,"(《国故论衡·明见》)适之随顺其意,曰,"惠施公孙龙诸人,都带有唯识的意味。"(《名学稽古·惠施公孙龙之哲学》)胡君所谓适之举以与佛学相比者,当指此也。然唯识论晚出,或以为非释迦时所有;惠施之学本与墨子有别,所论各

事,又出于《天下》篇,以此证墨子为印度人已颠倒矣。梁氏谓墨子非命论与佛理略同者,其大旨曰:

> "其足以为墨子学说(指非命说)树一奥援者,则佛之因果说是也。佛说一切器世间有情世间,皆由众生业力所造。……故一社会今日之果,即食前此所造之因;一个人前此之因,亦即今日所受之果。……此佛教之大概也。故佛教者有力而无命者也。"(《墨学微》及《墨子学案》附录)

末更以颂圣语结之曰:

> "呜呼!佛其至矣!使墨子而闻佛说也,其大成宁可量耶?"

愚于佛学,虽少探索;然以常识衡之,梁氏之言似犹未当。佛虽说一切器世间有情世间,由众生业力所造;而其因果说则将因果关系推之太远,往往视为非业力所能左右亦犹荀子所谓"庄子蔽于天而不知人"耳。乌睹佛教有力而无命者耶?就事实征之,中(墨)印两圣,当时既有入世出世之殊;而末流之弊,佛为不痛不痒"食粟而已"之僧尼;墨则成为敢死之任侠,以匹夫抗暴主大奸,其有力无命,果何如耶?梁氏所论佛墨力命之异同,既已如此;而叹墨子不闻佛说,胡君乃云墨子来自印度,其相距乃若天渊矣!

胡君以墨子之学,在中国来源不清,亦多疑之过。夫以墨名家,其为翟自创可知(墨子非姓墨说,不可信),《汉志》言其出于清庙之守,诚不尽然也。至《墨经》中之形学,力学,光学,名学,知识论,墨子固有所发明,实以战国时代科学发达,加以墨门诸子之缀辑,继进,始克成兹钜观。若谓均墨子一人所发明,或其窃诸印度;然而庄子有进化论,荀子有戡天主义,韩非子有人口论,岂彼三人窃培根达尔文马尔萨斯?抑三子均为英吉利人耶?达于彼而拘于墨,非固则诬矣。

就以上十事观之,吾谓胡君所举,均非事实,不亦信而有征乎!

(丙)余论

夫墨子与释迦年代之冲突如彼,事实之不合又如此;其非印度人可以了如指掌矣。此外尚有可商者,《墨子》书非翟一人自著;施龙之说,尤不能并为一谈。印度事迹,古今不同;佛书真伪,亦复杂出。胡君似未注意及此,加以分别也。至欲证墨子为印度人,宜多举直接事实;若于学说中毛举细故,吾前曾言之矣:就令可信,仅可谓墨子学说与印度有关,不可谓墨子为印度人;况所举皆牵强附会者乎?此于方法亦宜审虑也。

第三章 驳墨子为印度婆罗门教徒说

　　自民国十八年,胡君怀琛刊布《墨子学辨》,其书有胡君自印本,未载发行地址。现收入《古史研究》第二集上册。其冬予即草《〈墨子学辨〉商兑》一文,以献所疑,而未发表也。二十四年春,见卫君聚贤《古史研究》第二集商务印书馆出版,亦在证墨子为印度人者,予乃草《墨子果印度或亚拉伯人欤》一文,加以商榷。惜其文遗失,乃再草一篇,名曰《评古史研究者之墨子国籍观》。兹汇刊于此,则墨子是否婆罗门教徒,庶几可以判定矣。

一 《墨子学辨》商兑

　　自胡君怀琛发表墨翟为印度人之说以后,予以所疑,与之商榷,亦既详哉其言之也。胡君虽时赐答辩,或加修正,然仍自信甚坚,最后乃成《墨子学辨》一书,为其定说。予本不欲再事哓舌,以费时日,惟胡君云:"此文公布后,以前载《东方》及《中国学术周刊》各文均作废;如有与予讨论者,宜根据此文。"所谓此文,即《墨子学辨》也。其书《总结》,且谓:"余之希望亦甚有限,只望此问题能成问题而已。"此固胡君谦挹之语,然其望人讨论之心,则灼灼明矣。兹以愚昧之见,再就胡君新说一献其疑,傥亦胡君及学者所乐闻欤!(胡君云:"读者如愿诚恳的精密的讨论,余当竭诚欢迎。若夫断章取义,强词夺理,或驳其一枝一节,或仅以空言相责者,皆非余所敢领教也。"予之驽钝,精密与否,不敢自必。至于诚恳,则几三熏三沐,始敢执笔也。)

胡君此辨,文甚繁富,要义则在墨翟为印度婆罗门教徒,其他皆枝叶也。试择其要点,衡论如下:

(一)以姓名肤色论,适足证墨子非婆罗门人

墨子是否婆罗门教徒,于其姓名肤色,当有重大关系。然予就其姓名肤色考察,适足以证其非婆罗门人也。夫墨非姓之说,倡于江琼,胡君袭谬承讹,无所发挥。然江氏所列八证,无一是处,予已批驳于前矣。胡君既盲从江氏之说,而于"墨翟"二字,望文生义,则有三种臆说:

(1)墨翟即"貊狄"或"蛮狄"两字并称;

(2)因其所着之衣服为黑色而称墨翟;

(3)墨翟系指其面目黧黑而言。

歧义之多,游移不定,无如此者要之:如依其说,墨翟本无姓字,只有诨名,绰号,以为标识;墨虽尚质,岂若是之陋乎?江氏之说,既不可信;胡君欲认墨非姓,则须别求论证。今姑退十步言之,假定墨非姓,胡君三说,仍均不可通。

夫以衣服偶黑,而称其人,则犹"褐夫""白衣"之类;用此为一学者之私名,断无是理,其谬可一望而知矣。对于不知姓名之外国人,虽或有特种称谓;"如晋宋时之胡僧,天竺僧人,今日之洋鬼子,外国人,"然此系类名,尚有其一人之私名名,如鸠摩罗什,马可波

罗也。墨子在中国为一大学者,当时受人尊崇,亦应"名从主人",岂以"貊狄""蛮狄"贸然称之乎？墨子肤色如何,殊难质定。《贵义》篇虽载日者之言,谓子墨子之色黑,不可以北。然究以形容枯槁而黑之解,其义为长。即如胡君之说,其肤本作黑色,非关枯槁而然；则更足见墨子非婆罗门教徒也。夫历史上之印度统治阶级,其肤为白色,本阿利安种(Aryan)。故有印欧民族之称。其语言则曰印度欧罗巴语。至其被压迫之土人,始为黑色；所谓达罗毗荼族(Dravidiuns)也。此种事迹,凡阅印度普通史籍者,均能道之；记载之多,随在可见。兹录胡君所举参考书中之《世界史纲》数节于此,以见一斑：

> 梵文史诗,所载事迹,与《伊里亚特》极相似,皆记一种肤白食牛肉之人之故事。此种人来自波斯,至北印度之大平原,侵进印度河,由是而漫布于全印度,征服黑色达罗毗荼人,颇吸收其风俗习尚。——《世界史纲》汉译本上册页二百六

此战胜民族色白,战败民族色黑之说也。然则婆罗门果黑耶,白耶？威尔斯述"印度之阶级"则曰：

> 有谓最初所分阶级之前三类,(按指婆罗门,刹帝利,吠舍)乃征服印度之吠陀(Vedic)雅利安人之子孙,此辈设此严格之阶级分别,以免与被征服之首陀罗及波利安种族混合。——《世界史纲》页一七二

又在"瞿昙略传"中云：

其时印度阶级方始萌芽,婆罗门人虽享特权,有势力,尚未能据阶级最上层也。然在彼高贵之雅利安人与较黑之平民间,其区别已着深痕,若鸿沟之不可越焉。——《世界史纲》页三百一

婆罗门人居印度四阶级之首,为白色之战胜民族亦已明矣。若墨子色白,尚可勉强比附;如果色黑,则断非婆罗门教徒也。今以色黑而认为婆罗门教徒,岂胡君习见沪上"红头阿三"其色多黑,而忘其或为印度土人乃"非婆罗门教"乎?于印度史实与现状,隔膜若此,安能高论墨子是否为印度人乎?若曰婆罗门人虽色白,墨子不妨稍黑,然则中国民族独不能有偶黑之学者乎?故以墨子肤色之黑而论,适足证其非婆罗门人也。有此根本谬误,其论证可以全部推翻。盖胡君之说,虽甚繁冗,推原究委,无非引伸江氏墨非姓之言而已。

(二)墨翟弟子无一为外国人

胡君从墨翟弟子方面,辨证墨子非中国人,则谓禽滑厘疑为匈奴人,索卢参疑为月氏人;而随巢子胡非子等皆不似中国人姓名。胡非随巢之姓名,其所疑与江氏同,前已论之矣。兹就索卢参与禽滑厘之事略论之:

当胡君第一次发表《墨翟为印度人辨》时,关于索卢参则有三语:一曰"索卢参更似译音";一曰"索卢参,印度字之译音也";一曰"其他如索卢参尤奇"。仅此空言,未列证据。予在拙作《墨子非

印度人论》中有曰：

"其以索卢参为印度字译音，则视索卢参三字'尤奇。'后汉有索卢放，以《尚书》教授，建武间征为洛阳令，徙谏议大夫。（《后汉书·独行传》）后秦有索卢曜，往刺符登，为登所杀。（《晋书·姚苌载记》）然则索卢放，索卢曜亦为印度字译音，其皆为印度人欤？"

彼时胡君有书答辩，则并放亦疑为佛教中人。今观《学辨》则曰：

"索卢参，余初疑其为印度人，而'索卢参'三字即印度语译音。闻者颇不以为然。及余详考之，则以为是月氏人，比较的为可信矣。盖有可注意之点三：

其一，'索卢参'三字连读，绝不似中国音。……

其二，后秦有索卢曜，见《晋书·姚苌载记》，称为敦煌索卢曜云。按，敦煌在嘉峪关外，汉为月氏地，然则'索卢'二字疑为月氏语，而索卢参为月氏人。

其三，汉有索卢放，见《后汉书·独行传》。……然则索卢放，其亦婆罗门教徒或佛教徒欤？其索卢参之苗裔欤？

以上第二点尤为重要，余根据此点疑索卢参为月氏人。"

按《独行传》明言"索卢放东郡人。"考东郡为秦取魏地所置，治濮阳，故卫都也。其地所辖，则今山东河北之一部而已。若放与参有关系，则可见俱为中原之人。而《吕氏春秋·尊师》篇所谓"索卢参东方之钜狡也，"更可明白。胡君舍东汉之索卢放，而取后秦之索卢曜,以断定索卢参为月氏人,索卢为月氏语,此种辩证方法,何奇特乃尔。若以胡君之详考,而不知放为东郡人,固"荒天下之大唐,"知之而故颠倒至此,亦"滑天下之大稽"者矣。

胡君以禽滑厘为匈奴人,其理由如下:

"在匈奴语中有音,《史记》及《汉书》均言谷蠡王。谷蠡王当是匈奴官制,与姓名无涉。但其音则相同也。'谷'字颜师古谓应读作'鹿',实则'谷鹿'乃一声之转耳。'滑厘'之'滑'本应读'骨',故禽滑厘《列子·杨朱》篇作'骨厘'。然则'滑厘''谷蠡'相同。'谷蠡',既为匈奴语,'滑厘',亦为匈奴语,滑厘即匈奴人。又按:《前汉书》卷六十六,有刘屈氂,武帝庶兄也。是虽中国人,其名则学匈奴人,当时贵族喜效法外国风俗,宜有此事。"

夫以"滑厘"为名者,战国时甚多;墨书中除禽滑厘外,复有骆滑氂,见《耕柱》篇,此胡君之所知也。鲁国有慎滑厘。见《孟子·告子下》篇,胡君岂不之知? 乃遗而不举,独刺取汉代之"谷蠡""屈氂"缴绕以为证何耶? "滑厘"二字,本不能定禽子之国籍,若必以为言,则以与慎子同国,其义为较胜也! 且《史记·儒林传》言禽滑厘受业子夏之伦,若因弟子以及其师,然则子夏亦外国人耶?

由上所举言之,故索卢参禽滑厘俱不能定为外国人。

(三)由孟子拒墨,反证翟非婆罗门人

胡君从孟子拒墨方面辨证墨子为婆罗门教徒,一曰无父即宗

教家无家庭观念,二曰摩顶即秃头,放踵为赤足:此亦反戾自陷之说也。胡君若依向者之言,以墨子为佛教徒,则袭江氏之说,谓:"无父为去其宗族姓氏,以符兼爱之义,又与释氏之法同,"尚不大误。今以墨子为婆罗门教徒,婆罗门者自以为印度最贵之阶级,矜其门第,以自尊而贱人也,则其为教,正坐有彼家庭观念,而不去其宗族姓氏耳。与墨子兼爱无父,不亦相去万里乎?(按《法经》规定婆罗门人,对于祖先,有维持家系之负债,即非无父而矜重门第也。)至"摩顶放踵,"若非喻其牺牲精神,而为"秃头赤足;"试问与"兼爱,利天下"有何关涉乎?如以秃头赤足,与"拔一毛不为"相对,则《孟子》之文直可谓不通矣。婆罗门教徒是否赤足,吾不得而知,至拔剑削发为瞿昙所行,而佛徒从之,婆罗门教徒未尝秃头也。按兼爱利天下,佛与墨尚有相类之处;婆罗门教,其义与杨子为我相近,与墨子则风马牛不相及也,故由孟子拒墨反足以证墨子为非婆罗门人也。

然由孟子书中,以反证墨子非外国人者,此外尚往往而有。夫孟子辟异,素重夷夏之分,其告陈相有曰:

"吾闻用夏变夷者,未闻变于夷者也。陈良,楚产也,悦周公仲尼之道,北学于中国,北方之学者,未能或之先也,彼所谓豪杰之士也。子之兄弟事之数十年,师死而遂倍之!……今也南蛮鴃舌之人,非先王之道,子倍子之师而学之,亦异于曾子矣。吾闻出于幽谷,迁于乔木者;未闻下乔木而入于幽谷者。鲁颂曰:'戎狄是膺,荆舒是惩。'周公方且膺之;子是之学,亦为不善变矣!"(《滕文公》篇)

夫许行楚人，孟子以夷夏之见，严斥如此。墨子之学，更非孟子所喜，目之以无父，儗之于禽兽，使墨子如为婆罗门教徒，又秃头赤足，孟子岂不之知，知之而不责耶？若谓"既称为翟，则已于名字中指为外国人矣，何必更斥之乎？"然墨子常自称为翟，孟子多称为墨子，墨氏，而称翟者转少；岂孟子之斥墨，反不如墨子之自斥耶？严于许行而宽于墨翟，断无是理。故因孟子之拒墨，可以反证墨子非外国人也。

（四）学术思想方面亦足证墨子非婆罗门教徒

胡君证墨子为印度婆罗门教徒，其中坚之论据，尽于上举姓名肤色、弟子国籍，及孟子拒墨之言，然尚虚妄如彼。其他更属牵强，不值一辩矣。然为祛惑计，故不惮辞费，一加评骘焉。

关于学术思想方面，胡君分为哲学，科学，文学，文字四方面，今仍依次述之：

《墨经》有云："知：闻，说，亲。"《经说》云："知，传受之，闻也。方不㢓，说也。身观焉，亲也。"梁任公《墨经校释》举例解说，偶有与所传《尼乾子经》同者，遂谓《墨经》知识论出于《尼乾子经》。夫梁氏受印度思想影响之深，无庸讳言。至墨家此种知识论，闻知为儒家所最重，了无深义。其说知，亲知，若依章太炎之解释，则亦此土旧闻儒，墨所同也。章氏曰：

> 心能推度曰恕，周以察物曰忠。故夫闻一以知十，举一隅而以三隅反者，恕之事也。周以察物，举其征符，而辨其骨理者，忠之事也。故疏通知远者恕，文理密察者忠。'身观焉'忠

也;'方不廆'恕也。——《检论》三,《订孔下》

由此观之,墨家此种知识,岂待窃之《尼乾子经》乎？其于《尼乾子经》也,胡君云：

"《尼犍子经》即《尼乾子经》。《百论》作'乾,'《百论疏》作'犍,'又谢无量《佛学大纲》作《尼耶夜经》,熊十力《因明大疏删注》作《尼耶也》,即此经也"。

按,尼乾子或尼犍子,梵音如 Nirgrantha,亦有译尼健尼虔者,具译云尼乾陀弗怛罗、尼耶也或尼耶夜,梵音如 Nyaya or Naiyayaka,亦有译尼那者。两家人物不同,思想亦异。(梁漱溟《印度哲学概论》,叙尼耶也派于十七页,叙尼犍子宗于十九页。此非僻书,随处可检阅者。)胡君比而同之,不知何说也。夫尼乾子与尼耶也之不能分,而欲定墨家与尼乾子之异同,不亦滑稽太甚乎？胡君云,若《墨经》不出于《尼乾子经》,则"此种精密之思想,在中国古代,决不能有。即至今日,中国人之思想,大多数犹是笼统,在彼时能分析得如此清楚,似与事实不合。"诚然,诚然！欲求实证,则胡君分析《尼乾子经》与《尼耶也经》,即笼统之适例也。至其以《墨经》说睹与《百论》对照,胡君自知《百论》之成,在佛灭度后八百余年;则后于墨子亦约八百年矣,其时中印棣通,何以不言提婆菩萨取《墨经》以造成之耶？(予非欲如是立论,以近夸大,特质胡君耳。)近人多以佛墨互证,则佛墨精神尚有相类处也。若婆罗门教与墨子根本不同,未可比附。——胡君所谓从哲学方面辨证者其谬如此。

胡君谓墨书科学疑出于印度,其证据则不过印度古有科学耳。曰：

> 印度科学之发达，自有其相当之原因。若中国则何如哉？中国古代生活简单，工艺制造甚为拙陋，无可讳言也。墨子以前，既未有科学，墨子自身亦无所需要，忽然发明，殊非事理所宜有，故疑其来自印度也。

如胡君之说，印度科学之发生，以谨"鬼事，"制造神几耳。中国古代"鬼事"或不如印度之谨，"人事"方面所须于科学者固甚亟。伟大之建筑，宫室台榭如姑苏章华之属，运河若吴之邗沟，长城虽世以为秦皇所筑，实继燕赵之遗烈也，兵器战具之进步，若云梯钩拒之备。玩好之器，若偃师倡人则《烈子》伪书，未可深信；然如削竹木为鹊成而飞之，三日不下，则见《鲁问》篇：皆须科学始克成功者也。墨子节用，建筑完好方面，固无所赖于科学；然以实行非攻，因'善守御，'则兵器之应用也。且当时科学，亦必达相当程度，未必为墨子"忽然发明；"公输般辈之精于制造者，想亦能明其时之科学。惜无书传世耳。《墨经》中之科学，亦以附七十一篇而幸存。若使单书行世，不随秦火俱扬，亦与《汉志》所著录者同尽矣。鲁胜曰："自邓析至秦时名家者，世有篇籍，率颇难知，后学莫复传习；于今五百余岁，遂亡绝。《墨辩》有《上下经》，《经》各有《说》，凡四篇，与其书众篇连第，故独存。"（《晋书·隐逸传》）以名学喻之，则其他科学之亡，当亦不少也。胡君不察此理，以科学为墨子一人所擅，而墨子窃诸印度，不亦诬乎？至其引《隋志》所载诸算书，有来自印度者，乃谓"墨书几何学界说尤似出于印度，"殊不知此乃中印沟通以后之事，未可与《墨经》比附也。——胡君所谓从科学方面辨证者如此。

胡君以《墨经》横行，甚为奇特，疑与印度有关。按所谓"读此书旁行"者，亦犹表谱之"旁行斜上"也。本古代所常有，特非后世帖括之士所习耳，不足为异！又以《兼爱》《非攻》等长篇论说文，非春秋时所宜有。夫墨子生长于战国初年，《兼爱·非攻》等篇，又非翟所自著，乃门弟子述其言论，谁谓春秋时所宜有耶？又以《尚贤上》篇"阖其自入"四字绝似后世佛经中语。按阖其自入，在普通文句则宜作"阖其所自入，"与《论语》"视其所以"句法相同，但省略关系代名词耳。此不知作者以其意易晓，故为沙汰；抑系后世转写夺之？然无关宏旨也。若即以此四字，谓文句结构，与后世佛经中文法相似，岂佛经中不用关系代名词"所"字耶？其谓"中国寓言始于墨，墨子寓言出于印度，"繁征博引，此胡君精心结撰之处也。何以知其然？胡君曰：

> "一则中国之寓言以墨子为最早，二则中国之寓言以宋为出发地，而渐及于他国，以宋为出发地者，因墨子尝仕宋故也。何谓以宋为出发地？盖诸子寓言中假托之人，以宋人为多。……此等寓言，或为诸子引用流传之故事，则其故事必产生于宋；或为诸子所自造，亦必以宋地此类故事最多，故虽自造亦必托名宋人也。然则谓中国寓言发源于宋国，宋国寓言出于墨子，谁曰不宜。"

夫墨书中虽有寓言，不如《孟》《庄》《韩》诸子之善；后来居上，此进化之理则然，不必为墨子病；胡君以此为墨子夸，更可不必也。至谓寓言，以宋为出发地，则更相反。诸子寓言以宋人为题材者，则十九为愚痴一面,如胡君所举《孟子》"宋人有闵其苗之不长者,"《韩非子》"宋有富人,天雨墙坏,"又"宋之愚人得燕石于梧台之东",又"宋人有酤酒者",又"宋人有耕田者"即可见也。若为宋人自作,岂如此自嘲乎?且以称"宋人"而言,更知其非宋人自作。孟庄韩三子,邹楚韩籍也,(庄子,蒙人。或以为属魏,刘向以为宋人。然其精神与楚相类,或疑其为楚人)其寓言从无称邹楚韩人者;庄子称其本国人,则曰"郢人"有垩漫其鼻端,而不泛言楚也。今曰宋人,其为宋以外之人所造,不更明白矣乎?至何以多称宋人,此理甚复杂,或宋为殷后,乃战败民族,故受此嘲弄欤?墨子仕宋为大夫,虽见于《史记》,是否可信,亦殊难言。是则寓言非以宋为发源地而与墨子更无涉。则中国寓言始于墨,已不可信。中国寓言与印度寓言,虽稍有相似处;胡君自谓"墨子寓言未能指明某则出于印度某则。"是所谓墨子寓言出于印度,已自破之矣!

　　胡君从文字方面考证,则曰后世佛书有袭用墨子书中字者。佛书与婆罗门书教义不同,未可并为一谈也。且其所举四字,岳字固见于唐《大周石刻》,然亦见于唐《岱岳观碑》,若《大周石刻》为佛氏语,而《岱岳观碑》则道家语矣。至谓后世佛书中超度之"度",即本于墨书中,"仁者之为天下度也""孝子之为亲度也"之"度";若非胡君深通诂训,"与众不同",不能有此发明!……胡君所谓从文学与文字方面辨证者,如是而已。

　　由上列哲学,科学,文学,文字,各方面观之,则胡君所举又无一不妄,而必强辞附会,不知何为而然也。

(五) 宗教、风俗、器物，各方面证墨子非印度人

胡君由宗教，风俗，器物，各方面证墨子为印度婆罗门教者，以予观之，均适得其反。试述如下：

从宗教方面辨证墨子为印度婆罗门教徒，胡君未尝举一直接论证，仅言墨翟弟子有牺牲精神与婆罗门教之苦行相同耳。夫墨翟"弟子服役者百八十人，可使赴火蹈刃，死不旋踵"（《淮南子》语）者，胡君所谓"皆抱舍身救世之志"也。与诵《尼乾子经》则投渊赴火以求解脱，出于自私自利之心者，根本不同。是则苦行虽有万一相类之处，而动机绝对相反，胡君乃欲牵合，谓墨子为婆罗门教，不亦慎乎？至《天志明鬼》之说，乃中国天道鬼神之旧观念，其思想视儒家尚为落后，此社会浅化者所当然，更不必出自印度也。钜子制度，后世禅宗衣钵相传虽有类似处，而婆罗门教未闻有此也。若谓禅宗学之于墨，尚可勉强附会，今谓墨子出于婆罗门教则甚戾矣！墨子有役使鬼神匿形幻化等术，则后世神仙家所攀附也。按《汉志》诸子略有道墨等家，方技略则有神仙家。神仙家于道家则攀附老子，使破除鬼神之说者化为今日民间所信奉之"太上老君；"况墨子本信鬼神，其攀附之也更宜。而其种种匿形幻化之怪说，非必印度所独有，凡浅化之宗教术士，各社会间均有之也。——故以宗教方面言，墨子非出婆罗门教。

从风俗方面辨证者，如以《耕柱》篇"能说书者说书"谓即佛教之"讲经"；一望而知其妄，可不必辨。《节葬》篇所言较沐国俗，谓即今缅甸风俗，与墨子是否婆罗门教徒无关，置之不论可也。其言火葬与早婚之俗，则胡君所举，更足证墨子非婆罗门教徒也。《节

葬》下云:"秦之西有义渠之国者,其亲戚死,聚柴薪而焚之。"此言火葬,固不待言。然言秦之西,则以方位论,乃非印度,毕沅以为义渠戎国之地,在今甘肃省,则甚当也,此其一。胡君谓义渠无火葬之俗,所据者《前汉书·匈奴传》《后汉书·西羌传》也。此自两《汉书》之偶略,非义渠无火葬也。《荀子·大略篇》云:"氐羌之虏也,不忧其系垒也,而忧其不焚也。"《吕氏春秋》则曰"忧其死而不焚",此所指即义渠等俗也,胡君谓义渠无火葬则疏矣。此其二。胡君谓墨子能知义渠之俗,亦可为其非中国人之证;此则大可骇者。夫墨子由印度至中国成一大学者,既认为事实;而明了中国境内,今甘肃省之义渠风俗,则无从得闻,有是理乎?此其三。且《节葬》篇原文云:

> 秦之西,有义渠之国者,其亲戚死,聚柴薪而焚之,燻上谓之登遐,然后成为孝子。……此岂实仁义之道哉?此所谓便其习而义其俗者也。若以此……观之,则犹薄矣;若中国之君子观之,则亦犹厚矣。如彼则大厚,如此则大薄,然则葬埋之有节矣。

谓火葬为非"仁义之道",为"已薄",为"大薄";且与辄沐炎人之食长子。弃大母,凡亲戚之肉者,诋为同类恶俗,是明明反对火葬也,岂印度婆罗门教徒所为乎?予向为此说,胡君答之曰:"此墨翟为中国人言也。例如墨子《节用》《非乐》,然其见荆王也,则锦衣,吹笙,因也。(见《吕氏春秋·贵因》篇)其不赞成火葬,亦由是也。"曰:不然。夫锦衣吹笙,以见荆王,是否有此,尚不可知;然书中《节用》《非乐》之义,固如故也。若因见中土厚葬而反对火葬;并著于书中,以违平日之所主张;此"曲学阿世"者所为,而谓墨子为之乎?此其四。有此四点,故火葬如非印度之俗,则与墨子是否印度人无关;火葬即曲解为印度之俗,更足证墨子为非印度人也。早婚之俗,则见于《节用》篇。其言曰:"昔者圣王为法,曰:丈夫年二十,无敢不处家;女子年十五,无敢不事人。"此亦中国春秋以来之陋俗,不必认为印度始有之也。《国语·越语》云:

> 令壮者无取老妇,令老者无取壮妻。
> 女子十七不嫁,其父母有罪。丈夫二十不娶,其父母有罪。

是越王句践提倡早婚之俗,已在墨子之前。《韩非子·外储说右》下,则言齐桓公

> 令男子年二十而室,女年十五而嫁,则内无怨女,外无旷夫。

是齐桓公之提倡早婚更在句践之前矣。墨子"托古改制,"谓曰昔者圣王为法,虽与儒家三十而娶,二十而嫁之所谓周制相出入,未必毫无所本也。胡君附会为印度早婚之俗,予已言其与佛家宗旨相违矣。今以婆罗门教而论,则更足证墨子为非印度婆罗门教徒。盖胡君徒知印度有早婚之俗,而不知婆罗门教徒,不独非早婚,实可谓特殊之晚婚也。《俱舍光记》曰:

> 婆罗门法:至年四十,恐家嗣断绝,归家娶妻,生子继嗣。《佛学大辞典》引。

"墨子所谓无不敢云云,是至迟之限度,其早者可以男子十五六而娶,女子十二三而嫁。"胡君此种解释,原甚谛当。然与婆罗门法所谓至年四十始归家娶妻者,一何相去之远乎?岂以墨子之力行,而故乱印度婆罗门教之清规耶?——故以风俗方面言,墨子非出婆罗门教。

从器物方面辨证者,有"辀辐",有"笿",言为匈奴物;有"鏊",谓与今云南出土之铜鼓相同。即使其说可信,亦与墨子是否印度人无关,况牵强附会耶?有"蠡",谓"于印度俗为近";有"璊瑁",言"热带深海中产物,非中国所宜有"。按璊瑁见《太平御览》引《墨子》佚文,毕沅以来,均不之信,疑为《御览》误引。而璊瑁又非印度海中特产可以不论。然胡君于墨书中器物,疏证殊疏。如《备城门》篇云:

　　五步一罂,盛水有奚,奚蠡大容一斗。

胡君释之曰:"《说文》,缶部,罂,缶也。余按,此字从两,贝,是以大贝壳为缶也。"然《说文》明明定罂为形声字,贝取其声,胡君能通六书,不应如是疏陋。果如其说,则"嬰""婴""鸎"三字何以亦有二贝耶?欲曲解伪证,不免心劳日拙矣。且《备穴》篇明明云:

　　令陶者为罂,容四十斗以上,固幎之,以薄骼革置井中,使聪耳者伏罂而听之,审知穴之所在,凿穴迎之。

罂既陶者所为,且容四十斗以上,岂能用大贝壳耶?胡君且用此为根据，谓奚蠡为大蠡，曰"参观上文罍字，可以互证"也。至蠡为螺，固不待言；然是否借字，则不可知。即如胡君言："非滨大海，亦无从得此大螺壳。"又曰："此种大螺产于热带深海中。"然中国非滨大海耶？中国南方非有热带深海耶？故以器物言，亦知墨子非印度人也。

（六）墨学之源流无关于印度

胡君所涉及之问题，除以上所述者，尚有墨学在中国之源流，年代与中印交通三事。既于墨子为佛教徒，自加修正，年代已不成问题。中印交通，虽仅言秦始皇时佛教已入中国，未证明周时交通情形，然亦不必再加讨论。盖其时中印交通为一事，墨子是否印度婆罗门教徒又为一事也。兹但论墨学源流问题如下：

墨学之渊源，出于禹与清庙之守二说，均不可信，胡君之言与予亦同。但胡君曰：

> "若谓墨学中非古之所有者，均为墨翟发明。理由亦不充足。盖一人发明一二事，原不为奇，若墨翟以一人发明许多事，殊非事实所宜有。墨翟何以能以一人兼为哲学家、科学家、宗教家、文学家、军事家乎？故墨学在中国之源不清。"

夫墨子之宗教，在《天志》《明鬼》；其天道鬼神观念，本为旧说，最称卑劣，胡君虽号之为宗教家，未足邵也。《墨子》书本非翟所自著，于诸子中最为质朴，时伤复沓，楚王所谓"其言多而不辩"也。（见《韩非子·外储说左上》篇）胡君称之为文学家，亦嫌溢美。惟以"非攻"而善守御,军事或其所长;然《备城门》以下诸篇所载,未必均出于翟手,如《号令》《杂守》篇等,可以决其为伪作也。哲学科学萃于《经》与《经说》上下及《大小取》六篇,其中言论,盖翟粗引其端,而为其弟子及后学所发挥光大也。此理胡君亦自知之,如云"《墨子》书系出于墨子弟子之记录,"《学辨》页八十三今忽疑以一人发明许多事,以一人兼为哲学家,科学家,……将墨子书中之学术,尽归于翟一人,不亦前后矛盾乎?《墨子》书中所有思想,虽同一问题而稍有不同;此可证其逐渐进步,而非一人骤然发明。即于古昔一事,而态度前后互异,有托古,变古之殊。故所谓三表,有"上本之于古者圣王之事。"《非命》上中下三篇均有此类语。而任举一义,必曰"古者",或"昔者圣王为法",其例之繁,诚不胜枚举;此皆托古也。其在《公孟》篇则墨子之见稍进矣;至《非儒》《经下》诸篇,则墨家后学,勇于变古,非复其师当日之态度矣。(《非儒》与《经》均无"子墨子曰",以出墨家后学为近。毕沅、梁启超之说,不可信。)试录其言于此:

> 公孟子曰:"君子必古言服然后仁。"子墨子曰:"昔者商王纣卿士费仲,为天下之暴人;箕子,微子,为天下之圣人;此同言而或仁不仁也。周公旦为天下之圣人;关叔为天下之暴人;此同服或仁或不仁。然则不在古服与古言矣。且子法周而未法夏也,子之古非古也!"——《公孟》篇

此虽疑古,犹借更古之夏,以抑周,其托古之用心尚在也。至《经下》则不然,已反对复古思想。如:

《经》——推其所然者于未然者,说在推之。

《说》——推:尧善治,自今推诸古也。自古推之今,则尧不能治也。此从梁氏校释。又"尧之义也,生于今而处于古,而异时,说在所义。"与此亦相类。

《非儒》篇则更痛快。如:

> 儒者曰:"君子必古服古言然后仁。"应之曰:"所谓古者,皆尝新矣。而古人服之,则非君子也。然则必法非君子之服,言非君子之言,而后仁乎?"又驳"君子循而不作,"论锋亦与此相类。

此种变古思想,岂当日所能有乎?知墨学之逐渐进步,而成今日所传之《墨子》书,则其渊源明矣。

至墨学之衰微,其原因复杂,外来之反对,有政客,法家(《韩非子》及《管子》中,均有攻击墨家之语,管仲虽生于翟前,其书多战国时法家言。)及君主,而孟子乃一部分也。尤在其自身之腐败,分裂,为致命伤。此理甚长,当别为专篇讨论。(注)若如胡君言,系婆罗门教之故;何以佛学起于印度,婆罗门教犹盛。而佛教在印度反微;一入中国,遂能汲收中国之婆罗门教(墨学)耶?且佛学未盛于中国,而墨学在楚汉之际已微,尚待佛教之汲收耶?如非另有原因,此皆必不可通者也。(注)予所作墨学之勃兴及其衰亡即说明此理,今散入上卷第六第九各章内。

故以墨学源流言,与印度更无关系!

(七) 结论

　　胡君谓如认墨子为中国人,则有八问题不易解决,即思想,文体,学术之源与流,书中言外国风俗及外国器物,国籍,姓名也。吾今已为之释其疑而破其妄矣。不知胡君之意果以为如何也？如认墨翟为印度人,胡君亦举出四问题,即：春秋时佛教是否已传播至他国？春秋时中印是否能交通？墨子书中何以多言中国事？墨翟为外国人,何以不见于中国记载？是也。按,佛教为一事,婆罗门教又为一事,佛教之传播与否,已不成问题。中印交通为一事,墨子是否为印度人又为一事；即使胡君能证明春秋时中印能交通,墨子之印度人尚不能定也,况胡君自谓："春秋时中印能交通无确证"耶？兹亦不再讨论。惟第三项则墨子书中不独多言中国事；且绝不言及印度事,此何故耶？胡君虽举出数项,附会之以为印度事,然实非印度事也。(其说均见前数节所论。)《墨书》中言中国事,则曰,"皆弟子辈所加入,"然则《墨书》之真面目果如何？胡君能举以相告耶？此可疑者一也。墨翟为外国人,不独不见于中国记载,即如马可波罗之见于外国记载者,亦无之也。安可"向壁虚造""凿孔栽须"以为印度人耶？此可疑者二也。

　　尚有更可疑者：以思想言,墨子最重平等。荀子所谓"墨子有见于齐,无见于畸"也。(《天论》篇)又曰："上功用大俭约而僈差等,曾不足以容辨异县君臣……是墨翟宋钘也。"(《非十二子》篇)皆言其平等的精神。然而婆罗门教则最重阶级,其阶级思想之深,虽谓为世界之冠亦无不可也。墨子最重利他,孟子所谓"墨子兼爱,摩顶放踵,利天下为之"也。即在墨家亦自谓："任：士损己而益所为也。"(《经》上)释之者曰:"任,为身之所恶以成人之所急。"(《经说》上)均能表示其牺牲精神。然而婆罗门教所重者利己主义也。国可亡,种可灭,而仍自视为天之骄子,不与其他阶级相往来,墨家岂有此乎?若曰橘逾淮为枳,在印度之婆罗门教如彼;在中土之婆罗门教不妨如此。况耶教腐败而马丁路得兴,墨子亦可为婆罗门教之马丁路得也。然墨子有云:

> "凡入国必择务而从事焉。国家昏乱,则语之尚贤尚同。国家贫,则语之节用节葬。国家熹音湛湎,则语之非乐非命。国家淫僻无礼,则语之尊天事鬼,国家务夺侵凌,则语之兼爱非攻。故曰:择务而从事焉。"——《鲁问》篇

今墨子以平等利他之教,不于阶级最严,利己最甚之本土倡之;而远适此阶级不甚严,利己说较浅之国家,强聒不已,以自苦为极,所谓入国必择务而从事者,固若此乎?此墨学与婆罗门教根本不同者也。

由以上诸事观之,故墨子决非印度婆罗门教徒。

二　评古史研究者之墨子国籍观

卫聚贤君之《古史研究》第二集,乃以"先秦时代中印文化沟通的探讨"为职志者;其所作《墨子小传》有曰:

> 墨子旧以为姓墨名翟,鲁人或宋人,均非。……宋鲁为其

所居处地，非其产生地，产生地究为印度或亚拉伯，亦不易定。

墨子究为印度或亚拉伯人，虽云"亦不易定，"但其所作《小传》及《墨子引书考》与《墨子各篇的作期及其派别》诸文，均认墨子为印度婆罗门教徒者也。夫先秦时代中印文化已有沟通，此绝无问题者，除卫君所举，予亦能举多端以资例证。惟墨子非印度人，予亦几经详考，有以知其确无可疑。用敢略陈其愚，尚望卫君一垂察焉。

卫君中坚之言，在于《小传》，小传所以证墨子为印度人者，一在身体，一在墨子生平及其学术。然观其所列证据，均出附会，试逐一论之，其谬自见矣。

一，皮肤黑色。其言曰：

《墨子·贵义》云"子墨子北之齐，遇日者。日者曰'今日帝杀黑龙于北方，而先生之色黑，不可以北。'墨子不听，遂北至淄水不遂而返。"……《备梯》言禽滑厘是"面目黧黑"。

墨子之色黑，既与禽滑厘之面目黧黑为一类，然黧黑者固古人所常有，如《战国策·秦策》言苏秦"形容枯槁，面目黧黑。"《淮南子·修务训》，言"舜黴黑，"又云，"申包胥赢粮跣足，跋涉谷行，面若死灰，颜色黴黑："均墨子色黑之类也。且禽滑厘初受学于子夏，见《史记·儒林传》，其非印度人可知，谓为外国人者，固绝无根据之妄说也。禽滑厘面目黧黑而为中国人，墨子之色黑，何以即为印度人耶？

且印度人肤色亦不同，土著之达罗毗荼人（Dravidiuns）色黑，而文化程度甚低劣;后来侵入之种族(Arya)雅利安,肤色固甚白者。虽以久居热带,肤色渐黑,究与其土人有别;在战国时代,则视现在之婆罗门人,想更白也。今卫君以墨子色黑而断为印度人,不知视为达罗毗荼人欤? 抑雅利安人欤? 如视为雅利安人,则已矛盾而不可通矣。(卫君言"雅利安于西元前二〇〇〇年左右至印度,"则追战国时,其年尚无战国至现在之久。且初至时则居留于印度河恒河两流域,其地较温和。后始越频阇耶山,达德干高原而至锡兰。故其时之雅利安人,必较现在为白皙。)

二,高鼻。卫君以《公孟》篇有人名跌鼻,因曰:

"跌鼻"亦即低鼻。按世界人种,中国人为低鼻,雅利安人为高鼻,而高鼻人对于低鼻人,则称为"无鼻人。"……墨子称中国人为跌鼻,则墨子为高鼻可知。

按《墨子·公孟》篇与跌鼻之语相连者尚有一节,今录于此,最足以资比较。其言略曰:

有游于子墨子之门者,谓子墨子曰:"先生以鬼神为明知,能为人祸福哉,为善者富之,为暴者祸之。今吾事先生久矣,而福不至;意者先王之言有不善乎? 鬼神不明乎? 我何故不得福也?"……

其人对于鬼神不甚相信,固跌鼻之类也。跌鼻之言则曰:

子墨子有疾。跌鼻进而问曰:"先生以鬼神为明,能为祸福;为善者赏之,为不善者罚之。今先生圣人也,何故有疾?意者先生之言有不善乎?鬼神不明知乎?"……

此两事纵不谓一人之言而记载有异,其同为中国人可无疑也。若跌鼻非一人之姓名或别号,而泛指中国人,则上节何以不称跌鼻?书中又何以不称"有跌鼻"或"跌鼻人?"又何以在《墨子》书中仅此一见? 此皆宜探讨者也。且吾人即使安于见剕,自承"无鼻"(跌鼻,)而墨子亦非即高鼻也。假如今有一无鼻人进而与卫君讨论学问,彼固跌鼻也。卫君岂即金发碧眼之高鼻人耶? 以跌鼻一名,坐定墨子为高鼻,未免轻断矣。按梨俱吠陀(Rgveda)神话中,言有大沙(Dasa)或大斯尤(Dasyu)为黑色无鼻之半恶魔,说者谓即指其先住民族也。是婆罗门人应为白色高鼻,卫君以墨子黑色而高鼻,纵加附会,亦与古书不密合。(此梨俱吠陀之说乃据高观庐译《印度哲学宗教史》转引。)

三,秃头而发不黑。《孟子·尽心上》"墨子兼爱,摩顶放踵,利天下为之,"卫君本此而为言曰:
摩顶即突顶,突顶即秃顶,秃顶即秃头。《文选·答宾戏》班固云"墨突不黔"黔为黑色,是墨子非黑色发人,当为黄色发人。

按班固《答宾戏》云:"圣哲之治,栖栖遑遑,孔席不暖,墨突不黔。"乃以叶韵关系,如是云云。其实在班固前,《淮南子·修务训》则云"孔子无黔突,墨子无暖席。"(据《淮南鸿烈集解》本)高诱注:"黔言其灶突不至于黑,坐席不至于温,历行诸国,汲汲于行道也。"清儒庄逵吉云:"突音深,俗本作突,字误。"是此字是否为突,尚有问题也。兹姑假定为突,亦灶突而非头秃也。就令退万步而假定为头秃,则依《文子自然》篇及《淮南王书》,突头而发不黑者,乃孔子而非墨子;是孔子乃印度人,而墨子非印度人也。卫君于《文子淮南》既取其"墨子无暖席,"以证墨家"自苦为极;"此则仅下取班固而加以曲解,何其虚构与自陷,一至此耶?

四,赤足,其证据则以墨子止楚攻宋,自鲁至郢,有"裂裳裹足"一语。卫君乃曰:

墨子因跑路太多,脚跑伤了,因裂裳裹之。可知墨子平日不穿鞋,至跑路脚伤,无鞋可穿,而用裳裹。

按"裂裳裹足"乃形容之语,易涉夸饰,《墨子·公输》篇原文无之,最得其实,而无盈辞也。昔孙惠有云:"窃慕墨翟申包之诚,跋涉荆棘,重茧而至。"(《晋书》卷七十一)故欲得此事真相,宜将申包胥请秦救楚一事,加以比较研究。

按申包胥请秦救楚,《左传》仅言"申包胥如秦乞师。"(定公四年)《史记》亦仅云"申包胥走秦告急,求救于秦"(《伍子胥列传》)耳。然《后汉书·郅恽传》"裹足而去,"李贤注云:"《史记》曰,'吴兵入郢,申包胥走秦求救,昼夜驰驱,足肿蹠盭,裂裳裹足,鹄立秦庭。'"而《史记》实无"裂裳裹足"之语也。惟《吴越春秋》有曰:"申包胥……之于秦求救楚,昼驰夜趋,足踵蹠劈,裂裳裹足,鹤倚哭于秦庭,七日七夜,口不绝声。"(《阖闾内传》)或以《吴越春秋》为《史记》欤?墨子止楚攻宋,《公输》篇仅云"起于鲁,行十日十夜而至于郢。"《宋策》亦仅云"百舍重茧往见公输般。"最为得实。至《吕氏春秋·爱类》篇始有"裂裳裹足"一语,而《淮南子·修务训》

亦然。《世说新语·文学》篇注,及《文选·广绝交论》注,引《墨子》均有"裂裳裹足"一语者,乃误据《吕览》,《淮南》以为《墨子》,亦犹《后汉书》注,误据《吴越春秋》以为《史记》也。知《公输》篇本无"裂裳裹足"一语,则"赤足"之说已不能成立。若谓他书言其"裂裳裹足,"因断定墨子平日不穿鞋,然则申包胥亦平日不穿鞋耶?亦印度人耶?故赤足而为印度人之说,实谏言也。

以上四事乃就墨子身体方面为言者,或矛盾,或虚妄,无一不谬,则墨子之非印度人已可确定矣。其他各事本可不论,但为杜阅者之疑难,则仍申论之:

卫君于墨子行事及学术思想证其为印度人者,在《小传》中则一曰南方的非中国人。其所以认为南方的非中国人者,则引《墨子·贵义》篇二则,曰:

> 子墨子北之齐,遇日者。日者曰"帝以今日杀黑龙于北方,而先生之色黑,不可以北。"子墨子不听,遂北至淄水不遂而返焉。日者曰"我谓先生不可以北。"子墨子曰"南之人不得北,北之人不得南,其色有黑者,有白者,何故皆不遂也?"
>
> 子墨子南游于楚,见楚献惠王。献惠王以老辞,使穆贺见子墨子。子墨子说穆贺。穆贺大说,谓子墨子曰"子之言则诚善矣!而君王天下之大王也,毋乃曰'贱人之所为'而不用乎?"……

以卫君所引《墨子》书观之,既曰"北之齐"而"南游于楚,"则墨子之生地乃在齐之南,楚之北,则现在考定为鲁人,固无可疑;而曰南方的非中国人,不亦与所引自相冲突乎?

卫君于论肤色时，亦引子墨子北之齐一节而曰：

中国的人看见了墨子，由惊讶而怀疑，由怀疑而谋杀害。据此，可知颜色特别黑，非中国人所应有。但观墨子明云"南之人不得北，北之人不得南，其色有黑者，有白者，何故皆不遂？"则当时实以淄水发生变故，交通断绝，无论人之黑者白者，南不得北，北不得南，其非对于墨子个人，因其色黑而加以杀害，已可见矣。今于此下，则曰：

"南之人……黑，"而"北之人……白"是以南方为黑人，北方为白人。……墨子为南方的黑色人种，当在中国现在的领土以外，非犹太人，即印度的雅利安人。

按《贵义》篇所谓南北，乃淄水之南北；南之人，北之人，明说其色有黑者，有白者。今乃曰"南之人黑，北之人白，"且移其南而极于现在的中国领土以外，而认为犹太人或印度人，此种"无方分"的飞跃态度，巧妙太甚，诚非浅陋如予者所能了解矣。

至穆贺称墨子为贱人，贱人即平民也。战国时平民虽可为官乃跻于贵族之地位，为王侯服役耳。其始终以平民立场，而有组织，有计划，为平民谋利益者，则墨子一派也。卫君谓：

按古代巴比仑希腊印度对待外国人与奴隶一样，故墨子非中国人，中国人以其为贱人。

此则先已坐定墨子为外国人，而有此附会也。

第三章　驳墨子为印度婆罗门教徒说

二曰其籍贯距中国甚远。卫君云：

> 《墨子·尚贤上》"今上举义不辟远，然则我不可不为义。逮至远鄙郊外之臣……四鄙之萌人，闻之皆竞为义。"中国在墨子时用人固打破国界，但远鄙郊外，不惟非其本国，恐指中国以外很远之地。至"萌人"《一切经音义》云"萌，古文氓同。"氓非本国人，如《孟子》言许行自楚至滕，告滕文公原为氓。是墨子为中国以外很远国的人。

此其证据之全文也。所当讨论者：一为远鄙郊外。按《尔雅·释地》：

> 邑外谓之郊，郊外谓之牧，牧外谓之野，野外谓之林，林外谓之坰。

则郊外之地，固甚近也。《周礼·载师》有近郊，远郊。杜子春注云，"五十里为近郊，百里为远郊。"即其明征。鄙则《国语·齐语》有"参其国而伍其鄙。"韦昭注云"鄙，郊以外也。"即曰"远鄙，"亦犹《载师》所谓"远郊"耳。卫君谓"远鄙郊外，不惟非其本国，恐指中国以外很远之地，"毋乃离事实太远乎？

至萌人之萌，乃氓或民之假音，不成问题。《史记·三王世家》："加以奸巧边萌，"《索隐》："萌一作甿"。甿即氓也。《文选·上林赋》"以赡萌隶"《注》引韦昭说，"萌，民也。"《长杨赋》"遐萌为之不安"，注引韦昭说亦同。《汉书·霍去病传》"及厥众萌，"《注》"萌字与甿同。"此皆可证萌与氓同。卫君独取慧琳《一切经音义》，岂以其与印度有关欤？至氓即民，如不加以限制，则为本国人。如《诗·卫风》"氓之蚩蚩,"《毛传》"氓,民也。"即如《孟子》中,《公孙丑上》"皆悦而愿为之氓矣,"《万章下》"君之于氓也,"《赵注》皆云,"氓,民也。"卫君独取许行愿为氓,而武断曰氓非本国人,墨子为中国以外很远国的人,断章取句,望文生义,直无从索解也。

且墨子仅劝国君尚贤,而非自为解嘲。原文云:

逮至远鄙郊外之臣,门庭庶子,国中之众,四鄙之萌人。

是则其远近亲疏,层递可见。乃因此而曲解为"籍贯距中国甚远,"其牵强殊甚也。按吕览高义篇,墨子言"比于'宾'萌",宾萌可说是外国人,但此乃对越而言,更可以证其为鲁人,不得云距中国甚远也。

三曰,在中国曾用翻译。卫君引《经下》云"通意后对。"因谓"通即其翻译。"按通是否即翻译,尚难断定。姑假定为翻译,亦不足证墨子为印度人。盖古代交通阻塞,语言复杂,故治春秋者有鲁语齐语之分。周郑同在河南境内,文化相同,然《秦策》云:

郑人谓玉未理者璞,周人谓鼠未腊者璞。周人怀璞过郑贾曰,"欲买璞乎?"郑贾曰,"欲之,出其璞乃鼠也。"因谢不取。(按亦见《尹文子》及《汉书·应奉传》)

是周郑之语亦不相同也。至楚越虽同在长江流域,言语隔阂,非通译无以相喻。如《说苑·善说》篇载越人之事云:

鄂君子晳之泛舟于新波之中也,……越人拥楫而歌,歌

第三章　驳墨子为印度婆罗门教徒说

辞曰：

"滥兮抃草滥予昌枑泽予昌州州𩜁州焉乎秦胥胥缦予乎昭澶秦逾渗惿随河湖"按此歌不能句读

鄂君子晳曰："吾不知越歌，子试为我楚说之。"于是乃召越译，乃楚说之曰：

今夕何夕兮，搴洲中流。今日何日兮，得与王子同舟。蒙羞被好兮，不訾诟耻。心几烦而不绝兮，得知王子。山有木兮木有枝，心说君兮君不知。

于是鄂君子晳乃揄修袂，行而拥之，举绣被而覆之。

越人之歌，不经翻译，无由明了其义，相差如是之甚，殊出人意表也。是战国时代，虽在今中国境内，必多用翻译，岂能即以此坐墨子为印度人耶？

四曰，因道义与肤色不同被中国人排斥。卫君所谓因肤色不同而被排斥者，

《经说上》云"以人之有黑者，有不黑者也，止黑人；与以有爱于人，有不爱于人，止爱人；是孰宜止？"……《非攻上》"今有人于此，少见黑曰黑，多见黑曰白，则必以此人为不知黑白之辩矣。"

人之有黑者有不黑者止黑人，此特偶举为例，如当时"白马""黄牛"之类，不必视为墨子自己辩护也。墨子即使为黑人，亦无以证其为印度人，说已见前。至《非攻上》尚有"少尝苦曰苦，多尝苦曰甘，则必此人为不知甘苦之辩矣。"白黑甘苦之辩，同为譬喻，乃举他物而以明之

也。今以此证肤色不同而被排斥,昔人云,痴人前不可说梦。卫君固非痴人,其或神经过敏欤?

卫君又引《小取》篇:

> 此与彼同类,世有彼而不自非也,墨者有此而罪非之,无他故焉。

以此为道义不同,而被排斥。按墨家兼爱,而云"杀盗非杀人,"自陷地矛盾。故世有彼而不自非,墨者有此而罪非之也。是直道其所道,义其所义,而不可合世人之道义耳。岂以其道义来自印度而中国人加以排斥耶?

五曰因其自苦为极不合乎中国人的苟安性。夫墨子自苦为极,固也。然以其出于贱人(平民)阶级,故其刻苦精神非贵族或当时普通士人所能堪耳。非完全不合于中国人之性格也。近代颜元一派之儒学,亦与墨家之刻苦相类,亦骤盛而忽衰,岂能谓其非中国人乎?若求此种精神于中国以外,则应附会之于寒带国度以内;至印度则不宜矣。盖印度气候多热,物产丰富,人民习于苟安;即有杰出之贤哲,若佛家及诸苦行外道,虽亦自苦为极,大都以出世之精神为之。故以世事为烦,欲求解脱,又恐坠于轮回,而希求永静之"涅槃,"此种精神,与墨子席不暇暖,突不得黔,以救世之急者,岂复相类乎?是墨家自苦为极,更不能谓其出于印度也。卫君作墨子为回教徒考提要,正谓墨子之道,"均表现寒带'以自苦为极'的精神,"可见其说之未安而流于矛盾也。

其他如墨子生卒年代,及墨学衰微原因,亦有与鄙见不同者,惟已详上卷,兹不具论。由左列五事以观之,则卫君就墨子行事及

第三章 驳墨子为印度婆罗门教徒说

学术思想，推其为印度人者，固无一而非伪证也。

以上就《墨子小传》加以商榷，则墨子非印度人已可明白矣。此外本可存而不论；惟欲求详尽，仍献其疑，如下：

卫君作《墨子引书考》，其要点曰：

"一　《墨子》所引的书，其逸文较先秦任何书为多。

二　所引同一书的语句，音同而字不同，就字解释，意义大乖，似为译音。

三　所引的诗书语句，不类中国文体。

就以上三点，虽不能证明墨子非中国人，但墨子的引书确是奇怪。此文发表后，可以引起人的注意及讨论。——墨子为印度人之又一证"

卫君明言就以上三点不能证明墨子非中国人，但仍即以此作墨子为印度人之又一证，于此要点，自违其说，颇难解释也。至其所举三点，如所引的诗书语句，不类中国文体，一则墨家非乐，因以非诗，故引诗而散文化。二则墨子之教义，行于贱人阶级，欲求通俗，故引书而诘屈聱牙者则使白话化也。其理由详上卷第三章

"《墨子》所引的书，其逸文较先秦任何书为多。"此语似难成立。盖卫君所用以比较者，仅《左传》《国语》《礼记》三书耳。此三书为儒家典籍，而据以考其存逸者，又儒家所传之《诗》与《书》也。儒家为汉以来之正统学派，其所传之典籍，为士人所通习，故与《墨子》所引存佚不同。若在他家，其结果恐不如是。吾曾就《管子》所引《诗》《书》加以考察，《诗》则全亡，《书》亦视《墨子》所引者，亡逸为多也。故其逸文止可谓较先秦儒家书为多，而不得谓较任何

书为多,因其较《管子》固已为少矣。

第二条要点,在文中分为两节:一曰书名太怪,似为译音。其例如下:

《驯天明不解》为印度的 Sama Veda

《三代不国》为印度的 Atharva Veda

《距年》与《竖年》为印度的 Veda

按此绝不能成立。盖 Veda 一名后世佛书中虽有《吠陀》《韦陀》《违陀》《毗陀》《皮陀》《薛陀》《鞞陀》《吠驮》种种异译,盖以译之者派别不同,时代先后又异,故如是参差,然万变未离其宗,与 Veda 两音固相似也。今在《墨子》书中,时代与派别相距不远,何以 Veda 两音,或译《不解》,或译《不国》,或译《距年》,或译《竖年》耶?此其一。"不"字尚可以古无轻唇音,加以解释,至"距""竖"与 Ve,"解""国""年"与 da,则无论古今音皆不相类,此其二。以《驯天明》译 Sama,以《三代》译 Atharva,其音或多或少,与原文绝不相同,此其三。谓 Veda 译为"佛陀,"书中先后屡见,按 Veda 之译,已如上述,佛陀则为 Buddha 之对音,非 Veda 也,(按 Buddha 虽有休屠,浮陀,浮图,浮头,勃陀,勃驮,部陀,母陀,没驮,佛陀之异译。似无以与《吠陀》相混者)此其四。以《驯天》与 Sa 音近以《三》与 Athar 音近,谓"'年'为古'禾'字,'禾'与'陀'音近,'竖'与'佛'音近,是'竖年'即'佛陀,'"皆所未安者。如年,说文云"谷孰也,从禾千声。春秋传曰,大有季"不得即谓古禾字也。此其五。以此五者言之,则上述三书名,决非印度字译音也。卫君于印度学问及古文字声音,决非如是之疏,特偶有所蔽,而未暇详审耳欤?

二曰书的内容大同小异,似为译义。以上面所谓散文化,白话化言之,谓为译义可也;特所译者古书,而非印度典籍耳。古书译成今语,文字自有不同,如《邶风·静女》一诗,今人译之者有顾颉刚、郭沫若、谢祖琼、刘大白、魏建功、董作宾等十余家(见《古史辨》第三册下编)无一相同,即顾氏一人两译亦前后不同。特《墨子》时代引书,则不如今人视《诗经》之古,故各篇所引,相差尚不甚远也。至于书中异文,或以声近,或以义通,则在儒书中亦甚多,如《尚书》之《费誓》一篇,其名即有多种写法,或作《肸誓》,(《史记·鲁世家》)或作《鲜誓》(《史记·索隐》言《尚书大传》如此作)或作《狝誓》(《史记集解》引徐广说)或作《粊誓》(《说文》及《礼记·周礼》郑注)乃其异文之最著者也。即"誓"字亦有多种写法,为便于排印起见,兹不具列。详王引之《经义述闻》第三《誓字古文》条。又如《周书·康诰》:"殪戎殷,诞受天命。"《左传》宣六年引《周书》。亦作"殪戎殷。"《说文》夕部引古文作"殪戎殷。"《礼记》《中庸》作"壹戎衣而有天下。"郑注"衣读如殷,声之误也。"《古文尚书》之《武成》则作"一戎衣,天下大定。"伪《孔传》云"衣,服也。一着戎衣而灭纣。"在儒书中,一语而异文之多,解释不同,尚复如此,何疑于《墨子》引书,其内容大同小异乎?是则以《墨子》中引书之异文,而疑其著者为印度人,决难成立矣。——故《墨子引书考》所列之理由,实不能作"墨子为印度人之又一证"也。

《墨子》引书不足以证墨子为印度人,已如上述。卫君著《墨子各篇的作期及其派别》一文,亦欲证墨子为印度人也。其《墨子各篇作者的派别》一节中有曰:

若获既有异音,而已齿之名,不类中国,《庄子·天下》篇列为南方之墨,当非楚国,而为印度人。

卫君谓苦获即伯夫的异译,故有此说,其误已指陈于前矣。上卷第七章页一四四其以为印度人者,大抵以墨家分三派,下派为印度人苦获已齿派,著作的各篇如下:

> A. 尚贤下,尚同下,兼爱下,非攻下,节葬下,天志下,明鬼下,非命下。
> B. 经上,经下,经说上,经说下,
> C. 七患,辞过。

至其理由在 A 类,则曰:

> 下篇的文法。完全不类中国,《非攻下》有怪形的神,非中国的现象。《节葬下》说越之东輆沐国食长子,楚南炎人国朽肉埋骨,均非中国的风俗,而且非有交通,中国的中原人,是不能知道的。

按下篇文法完全不类中国,此毫无根据。详上卷第三章及本卷第四章《非攻下》怪形之神,亦《左传》《楚辞》《山海经》所常有,《山海经》屈之为印度人所作,《左传》在前,卫君且视为子夏作矣。(见其所著《古史研究》第一集中)輆沐在越东,公尚过曾仕越,炎人在楚南,墨子曾屡至楚国,其弟子亦有楚人或仕于楚者,何为楚南越东之事,"中原人是不知道的"耶?且卫君以印度人大批至中国活动,讲学,而中国人则不许知道楚南越东之事,毋乃矛盾太甚欤?

第三章　驳墨子为印度婆罗门教徒说

其 B 类之理由,则曰:

> 《经上》《经说》《上经》《下经》《说下》四篇,文体不类中国。而且所含的声学光学力学等自然科学非中国所有。其书又系横行书法,均非中国所有的现象。

此所谓文法不类中国,或以其字句太简约欤? 然卫君在 A 类理由中有曰:

> 中国人是"勿多言"的,是上篇系中国人作,每篇平均未满千字,下篇系外国人作,每篇平均在二千字以上,超过上篇的一倍。

是则简约正是中国人"勿多言"的习惯。彼以字多为外国人作,此又以字少为外国人作,则一节之内,自相矛盾矣。自然科学,在彼时环境有发生之可能与需要,"旁作"非即横行,不得谓非中国所有之现象也。说详上卷第八章第四节

其 C 类之理由,则曰:

> 《七患》有"五分之一,……五分之五。"与中国十分之几情形不同。……并有"重其子此疚于队"倒装文法。《辞过》对于住衣食行性的演变,说的很详,这种情形,非看见落后民族的现状,不能如此。按在 A 条亦曰,"数目为五分之几,非中国的现象。"

按古代生活简陋,"落后民族的现状,"随处可见,何必由印度至中

国始能见之,所以疑《辞过》者,不免过辞矣。"重其子此疚于队"王引之云:"当作'此疚重于队其子,'……今本颠倒,不成文义。"王氏此说,最为可信。盖《七患》全篇,文从字顺,明白晓畅,何至此句独倒装如是之甚耶?即五分之五,亦以孙诒让"疑当作五分之三"为是。至谓与中国十分之几情形不同,则颇失考。盖分数无所不可,岂能限中国人于十。如《公羊》昭三十一年云:

夏父受而中分之,叔术曰:"不可。"三分之,叔术曰,"不可。"四分之,叔术曰,"不可。"五分之,然后受之。

《考工记》则言五分者甚多,(如《轮人》:"五分其毂之长,去一以为贤,去三以为轵。"《辀人》:"五分其长,以其一为之围;""五分其轸间,以其一为之轴围;""五分其颈围,去一以为踵围;""五分其金而锡居一,谓之斧斤之齐;……五分其金而锡居二,谓之削杀矢之齐。"《矢人》:"兵矢,田矢五分,二在前,三在后;""五分其长,而羽其一。"《卢人》:"凡为殳,五分其长,以其一为之被而围之;……五分其晋围,去一以为首围;""凡为酋矛……五分其围,去一以为晋围。"《车人》:"五分其长,以其一为之首;……五分其轮崇,以其一为牙围。")计用"五分之几"者,达十三次之多。此外如三分轮人"参分其辐之长、而杀其一。"四分辀人"四分其金而锡居一。"六分轮人"六分其输崇,以其一为之牙围。"以至九分匠人"九分其国,以为九分,九卿治之。"十分辀人"十分其辀之长,以其一为之围。"十二分匠人"堂涂十有二分。"无所不有;惟以五分为较多。安得谓"五分之几"非中国所有,而为印度现象乎?然此可曰《公羊传》与《考工记》或晚出也,至《左氏传》则卫君以为子夏所作者,而隐公元年即有:

> 先王之制：大都，不过参国之一，中、五之一，小、九之一。

此皆用五分之征也。岂均能否认之乎？且今人动言百分比，视古为密，而十分亦视五分为密。卫君所想象者印度文化高于中国也，何以言分数独如是疏略耶？故《卫》君所以证《墨子》之作者为印度人，观此所言，可知其决不能成立也。至其所言作期，或不重要，或详上卷所论，兹可略而不言也。

或曰，卫君所言墨子为印度人，汝既批评之而言其不能成立矣。然此乃消极方面也，汝积极方面所以证墨子为中国人者，其说安在？曰予所作《墨子之生平及其学派》，即所以证墨子为中国人也。阅者可取而观焉，兹篇之作，则在破墨子为印度人说而已，限于篇幅，不能详陈积极之论证也。但墨子非印度人，其他尚有多端，可以证明，试申述于此：

一、许行，楚人也，孟子当其弟子陈相而诋之曰：

> 吾闻用夏变夷者，未闻变于夷者也。……今也南蛮鴂舌之人，非先王之道，子倍子之师而学之，亦异于曾子矣。……《鲁颂》曰："戎狄是膺，荆舒是惩。"周公方且膺之，子是之学，亦为不善变矣。

许行在墨翟以后，楚国在今中国境内，孟子对之，尚复以夷夏为言。卫君以墨子为印度人，身体形容，服饰语言，均复大异，其时去宗法社会尤近，时人独能容忍，孟子反之，亦无一言及此，岂有是理耶？

二、墨子之学,一切以平等为宗旨,荀子所谓"有见于齐无见于畸"也。印度佛教,虽有平等之义,尚不如墨子之彻底。至婆罗门教则极注重其本阶级利益,而压抑他阶级。如《梨俱吠陀中》之《原人歌》(Puruṣa sūkta)谓由原人之头生婆罗门(Brahman)由肩生王族,(Rājanya)由腿生吠舍,(Vais'ya)由足生首陀罗,(Sudra)即已露此消息者也。迨《梵书》(Brāhmana)时代,即婆罗门教确立之时代也,此种不平等倾向,益见激烈,而成为社会制度矣。《般遮云夏梵书》(Pañcavimsā Brahmana)竟谓四姓之间,保护神亦异;婆罗门之守护神为祈祷主,刹帝利为因陀罗瓦尔那,吠舍为一切神,首陀罗无守护神。故首陀罗只有义务而无权利也。墨子平等精神固与婆罗门教之阶级压迫者不合,即其言鬼言神,亦在保护平民,其鬼神固带革命色彩也。《法经》(Dharma sutra)中规定婆罗门之责任与义务,即所谓三负债也。一曰,对于先圣,有学习吠陀之负债;二曰,对于诸神有祭祀之负债,三曰对于祖先有维持家系之负债。墨子虽祀神明鬼,其鬼神与婆罗门不同;墨子变古,则无学习吠陀之虔诚态度;汲汲遑遑,兼爱无父,岂屑维持家系耶?墨子与婆罗门,细为比较,无一不相刺谬,强相混合,岂非奇迹!

三、谈印度思想史者,(如高楠顺次郎之《印度哲学宗教史》等)谓自西纪前五六世纪时始,婆罗门在文化上之地位,已经没落;一切文明设施,悉出于王者之方针,而婆罗门不与焉。故在此时期以前,乃婆罗门文明,而此时期则刹帝利文明也。墨子时代正佛教光芒万丈之时,墨子安得为婆罗门教徒?盖墨子如为婆罗门教所派遣来华,则婆罗门教无此势力;而彼以保守为帜志之教,恐亦无此野心。如谓因印度佛教盛行,婆罗门教无所活动,故东来华土,则以墨子平日奋斗牺牲之性格,彼岂示弱远徙者耶?且以墨子生平考之,吴未亡时,即已讲学,《非攻中》篇所谓"南则荆吴之王"是也。卫君谓其"至中国时在周考王初年。""年当在四十岁左右,"然止楚攻宋,《渚宫旧事》并在楚惠王五十年以前,孙诒让《墨子年表》系于考王元年。若初至中国,则墨子虽才士,岂能深明中国文化?又岂能得禽滑厘等三百人为之服役?况在此以前,已与公输般论钩拒耶?是则证以印度历史,与墨子事实,两均不合也。

总结卫君三文中,所举墨子为印度人之证据,均不能成立,此非卫君之陋也,盖考史亦如演算,公式一误,全盘均差。墨子实非印度人,如欲曲为证成,虽得辩才无碍之律师如卫君者为之辩护,所谓其马虽良,无奈南辕北辙何也!

  关于此问题,去春曾草一文,名曰《墨子果印度或亚拉伯人》欤,长万余言,藉以商榷。适友人为某杂志征稿,乃举以应之,不料竟为该杂志编辑部遗失。今日重写,因兴趣已减,证据不如前篇之丰,如先秦旧籍中《管子》等书引《诗》《书》之逸文,曾详为稽考比较,并请统计专家制成表格,今则不暇再检原书而为之矣。惜夫!

第四章　驳墨子为亚拉伯回教徒说

墨子为亚拉伯回教徒之说,发之者为金祖同君,陈盛良君研究《墨子》文法,亦有以助成其说,卫聚贤君收金陈两氏之论文于其《古史研究》第二集商务印书馆发行,所作提要,更主张之,虽与其墨子为印度婆罗门教徒之说,互相牴牾,则未暇计及也。

金君作《墨子为回教徒考》,所讨论者有五:

一、墨子非中国人
二、墨子书为宗教家言论
三、墨子非佛教及婆罗门教
四、墨子为回教
五、墨子与回教年代的问题

按墨子非佛教及婆罗门教,金君所见与鄙意正同。《墨子》书为宗教家言论,"仁者见仁,知者见知",吾国本有此说;西欧哲学家则有"戴黄眼镜者,所见物皆黄"之喻;所戴如为宗教家之眼镜,宜其所见墨书皆为宗教家言也。墨子非中国人则拾胡怀琛、卫聚贤两君之牙后慧耳,不足深论。但胡卫两君以墨子为印度人,金君则以墨子为亚拉伯人也,而所举证据谓《墨子》长篇论文出于印度俗语,墨子之舆地观念,来自印度,《墨子》中之神话与传说,乃热带产物,皆以证墨子为印度人者。金君矛盾自陷,何为一至此极耶?且此诸说本不能成立,如以《兼爱中》言禹治天下为西北东南四方,与《禹贡》中国九州之系统不合,而印度则分世界为四大部州,疑此为墨子来自印度。殊不知四方乃常言,《诗·大雅》文王有声,"自西自东自南自北,无思不服"等。即《禹贡》虽分九州,其总结则曰:"东渐于海,西被于流沙,朔(北方)南暨声教,讫于四海。"《墨子》本未言四大部州,岂得云与《禹贡》不合乎?其他亦正类此,不必详辩。惟所当注意者,回教传至印度,乃在穆罕默德以后之事,此稍治印度史者均知之也。金君谓:

> 印度文因与佛教关系,今皆不习,然[有]许多甚古之经典,仍有译自印度文者,可知当佛教未昌明时,必有习之者。而墨子或即为印度回教,其弟子亦皆印度人。

此种说法,颇越常识范围,若非举出真凭实据,以助成其说,纵不疑金君所杜撰,或"想当然耳",尚难遽得学者之信从也。至墨子为回教,所举证据,如此牵强,则任何宗教,均可加以附会。如佛教徒,波罗门教徒,固有人附会之矣,然金君附会之于回教,尚不如王闿运辈附会之于基督教,而谓耶源于墨,则教义史迹,尤较密合也。故金君所述前列四项,均可存而不论矣。

吾人于此最当深究者,则"墨子与回教之年代问题"也。金君亦自知之,而恐引起一般人之疑虑,乃曰:

> 普通所知者,回教创始穆罕默德圣人,在耶稣之后,核以中国年代,大约在陈宣帝太建三年,耶稣纪元五百七十年,与

墨子相去甚远。质我者将以为大有力之证。

金君所以破此"大有力之证"者，首在回护。曰：

> 不知穆罕默德实为回教中最后之圣，而集大成者，故言回教必称穆罕默德，犹之言儒家必称孔子，不知孔子乃集尧舜禹汤文武之大成，渊源有自，固非首创也。回教亦然。

夫孔子本非宗教，但孔子以前，虽有尧舜禹汤文武，而中国近世所谓"三教"中之儒教，则完成于孔子。无孔子则无儒教，此不独今文派经学家如此主派，吾人研究古代学术史实者，当知其非过言也。至穆罕默德以前之亚拉伯旧宗教果如何，此最难言。或曰：

> 于穆罕默德以前之阿拉伯，纵不得全称为非宗教的；然在当时，其缺少有支配人心势力之宗教，则无可疑者也。

又曰：

> 回教勃兴时，阿拉伯之信仰界，颇极紊乱纷扰，当时阿拉伯为游牧人，迁徙无常，然其崇拜之神则反是，为一定不变者，毫不与部落之移住而行变迁，故前部落之神，留止于其地方，与后来部落之神，乃一混合糅杂，……故麦加偶像之数乃至数百焉。……致杂乱纷扰，毫无统一之坚固信仰，遂使阿拉伯之宗教，堕落于迷信之中。

此宗教历史研究者所言穆罕默德以前之阿拉伯宗教也。加藤玄智者《世界宗教史》，有铁铮译本。然回教中之学者，多不以此说为然，往往为之辞曰：

> 故谓穆罕默德为缵群圣之传统，集伊斯兰之大成，是诚当矣。如以创造回教之名，加诸穆罕默德之身；未免贻徇俗乖实之讥，不可不加察也。（马邻翼著《伊斯兰教概论》）

其所以须加察于是者，则曰：

> 世之人，或谓回教创于穆罕默德。或谓回教为耶教支流，皆失考之论也。（同上）

二说不同，孰为可信？吾人不暇深考，亦姑徇俗而从历史研究者之说可耳。盖穆罕默德以前之亚拉伯宗教。若果即如穆氏改良以后之灿烂，则穆氏无事力辟偶像崇拜而大声疾呼；彼麦加之人，又何为误会，嘲笑，而终加以迫害耶？金君直视穆氏以前之宗教，与穆氏建立之回教，以为是一非二，毋乃抹煞穆圣在教中之地位欤？是金君之解释未当也。回教诸君注意，愚之此说，正所以推尊穆圣创造之功也。请勿误会。

金君恐亦自知其未会，乃更引证据，以成其说，今不惮烦琐，谨录于此，曰：

> 据我经典，非议他人，恐人将目为自是之谈，不足信。今请先述埃及 Egypt 古史言曰：

据犹太史学家约瑟非师述懿涛之言曰：帖马依奥系埃及十三朝纪之王，王在位时，有回族自外而来，埃及军队不胜而退。厥后回族首长沙拉梯广筑城塞，更征兵二十四万，分成各要塞，以备不虞。沙拉梯师在位十有九年而卒。……其后埃及之复兴也，仍在替白斯 Thebes 境，其时米斯法默都为埃王，大起倾国之师，与回族战而胜之，遂复有埃及，乃勒令牧羊王 Sheep King（回族入埃及后，其王之名也）居塔尼司城。

此其所根据之史料也。金君旋即释之曰：

按马懿涛为埃及史家，生西元前三百年，领祭司，以希腊文译埃及文，著有古史考，……则其言为可信已。穆罕默德在耶稣后五百七十年，马懿涛在耶稣前三百年，是马懿涛在穆罕默德前八百七十年，八百七十年前之史纪，回族已如此强盛，则回教之不创始于穆罕默德也明矣。

金君所引《埃及古史》不知何人所译，未承示及，颇用歉然。但此所谓"回族"者，据西文书所载埃及史迹，则并非"回教的民族"，而为 Hyksos 也。韦尔斯之《世界史纲》。其中有《埃及古史》一节，述此事曰：

埃及被以游牧为生之人所征服，建"牧人朝"，所谓喜克索（Hyksos）（第十六）朝是也，后为埃及土人所驱逐。事约在第一巴比伦帝国兴盛之时，惟古埃及与巴比伦历史上年期对照仍难确定。总之埃及人被征服，久之，始群起而驱退敌人。（汉

译本,页一二〇)

至喜克索或"牧人朝"(Shepherd Kings)之时代,迈尔氏《通史》谓大约在西纪前一九八五年至一五七五年,(Myers: General History p.17. 即 1985—1575B.C.)大抵由后人推测而成,故不甚准确也。傅运森氏之《世界大事年表》于西纪前二一〇〇年则曰黑克索斯人略埃及,是岁乃所谓夏少康十九年辛酉也。于西纪前一六五〇年曰底比斯人复埃及,逐黑克索斯。则当所谓商小甲十七年辛卯也。未知所据何书,要亦史家推测之一说耳。吾人已知回族乃 Hyksos,或译喜克索,或译黑克索斯,而非"回教的民族",则以此为回教不始于穆罕默德之证,固未足信矣。

金君又谓:

> 更按墨子,据梁启超之说,以为生于周定王元年,至十年之间,(西元前四六八至四五九)卒于周安王十二年至二十年之间,(西元前三九〇至三八二)正回族强盛之时,则遣教士由君士坦丁堡至蒙古汗国入中原,或由阿富汗印度而入中国传教,亦非不可能之事。

以墨子时代"正回族强盛之时",岂以所推埃及史家马懿涛之年代,误为 Hyksos(回族)之年代欤?殊不知喜克索占埃及之时代,乃在中国夏少康至商小甲之四百余年间耳,且其武力虽盛,文化甚低,故史家称之曰"牧羊朝"。迨墨子时,则久已还亚洲本地,游牧于亚拉伯(伊斯兰),在历史上匿迹销声,寂寂无闻,而谓派遣教士如墨子者以入中国传教,于此土既无根据,于彼邦亦非事实,欲不谥以梦呓,宁有是耶?至墨家文化博大精深,又岂游牧之民所能产生耶?故墨子为亚拉伯回教徒乃绝不可能之事也。金君虽竭力以弥缝其失,亦欲盖而愈彰耳。其所谓君士坦丁堡及蒙古汗国,在彼时状况如何,金君亦注意及之否。

金君所以考墨子为亚拉伯回教徒者,其不可信已如上述。陈良盛君作《墨子文法的研究》,洋洋数万言,其主旨亦在证墨子非中国人,故其结论有曰:

> 《墨子》中下篇作者,或是外国人,而学习中国文字,因其文字没有相当的训练,所以文中便有非驴非马的句子,杂糅附益于其间。否则作者必是中国人而精通外国文,耳濡目染,于不知不觉间,所做的文体便受了外国文体的影响。

又云:

> 《墨子》中下篇特殊文句,有与中国边地民族及外国文句法相近,尤其是回文。

按此乃绝不足信之谰言,陈君用力虽勤,而此论实未安也。试言其故:

一曰,误解古书。如《节葬下》云:

> 今唯无以厚葬久丧者为政。

此"唯无"或作"唯毋","虽毋",《墨子》中曾迭见,其义即"唯"也。

说详王念孙《读书杂志》,而孙诒让《墨子间诂》引焉。陈君不达此旨,乃于此句诧为外国文法,而大发议论,曰:

> 这句话应改作"今之为政者,若无以厚葬久丧"才合中国普通的文句。现做"今唯无以厚葬久丧者为政"这是主词倒装了。按中国普通的文法,都是主词居前,动词居后。动词居前,主词居后,这样文句是少见的。所以我在《节葬下》篇里,找到了这样特殊的文句,是很奇怪的。

若知"唯无"之义为"唯",陈君改为"顺装",而意思完全"颠倒"矣。且此种句法,本文从字顺,不独《墨子》书中前后一致,即如《管子·立政九败解》云:

> 人君"唯毋"听寝兵,则群臣宾客莫敢言兵。
> 人君"唯毋"听兼爱之说,则视天下之民如其民。
> 人君"唯无"好全生,则群臣皆全其生。
> 人君"唯无"听私议自贵,则民退静。
> 人君"唯无"好金玉财货,必欲得其所好。
> 人君"唯毋"听群徒比周,则群臣朋党。
> 人君"唯毋"听欢乐玩好则败。
> 人君"唯毋"听请谒任誉,则群臣皆相为请。
> 人君"唯无"听谄誉饰过之言则败。

用"唯无"者九,试问如何改为顺装?岂《管子》亦外国文法耶?陈君所谓"这样特殊的文句,是很奇怪的",毋乃少见而多怪欤?要之，欲读先秦古书，宜略通训诂，以免误解；若用躺在沙发椅上，读《申新》两报或《论语》半月刊的态度，以读《墨子》，宜其视同外国文法也。陈君篇中此类妙论，颇复不少矣。

二曰，未能尽例。如"若苟"二字，用为假设连词，陈君谓仅《墨子》中下篇内有之，遍引《书经》《左传》以迨《荀子》，计十种之多，亦云无有。但就予记忆所及，则《左传》言：

> 若苟有以藉口而复于寡君。（成公二年）

《考工记》亦云：

> 若苟一方缓一方急，则及其用之也，必自其急者先裂。若苟自急者先裂，则是以博为帴也。（《鲍人》）

此皆用"若苟"为假设连词也，吾人如有暇暑，详为检阅，恐尚不止此。其他各例，固不暇一一审察，大抵亦此类耳。夫内籀归纳之方，必事例既详，然后著为概说，始能极成而可信。陈君虽加以统计，划成表格，看似完密；然事实既有未尽，而例外无以说明，则由此所推得之结论，谓

> 《墨子》中下篇的特殊文句，不但在中国其他古籍里找不到；就是它的文法也是与中国其他古籍有异的。

以"若苟"为例，则在《左传》《考工记》诸古籍中，明明可以找得到，其文法亦与《左传》《考工记》诸古籍无殊，此种结论，尚足信乎？

第四章　驳墨子为亚拉伯回教徒说

三曰，未能求同。如《尚同》中下等篇有"何故之以也"，陈君遍查《礼记》及《荀子》诸书，以为这样疑问语句，乃古所未有者。殊不知《左传》昭公十三年有曰：

> 我之不共，鲁故之以。

杜氏注："不共晋贡，以鲁故也"。"鲁故之以"与"何故之以"二语，自文法上之见地言，原为一致也，特"鲁"与"何"一为私名词，一为代名词耳。又如《尚贤》中下等篇，有：

> 于先王之书，《吕刑》之书然曰：

陈君谓：

> 本来"于先王之书，《吕刑》之书然曰"这句话在中国的普通文句上，应改作"吕刑之书曰"才合。因为"于先王之书""《吕刑》之书然曰"意义都是一样，在修辞上为求简练起见，"于先王之书"这句话都是应该删去的。

此种删改，已觉武断，且谓《书经》《国语》《庄子》等十书，均无此种句法，是亦未之思耳。按"《吕刑》之书然曰"之"然"字，亦犹《尚书》中"王若曰""微子若曰""周公若曰"之"若"字，同训"乃"也。"于先王之书"则所以解释《吕刑》为何书者，盖墨子之学，乃行于贱人（平民）社会，不加说明，无以使当时浅学之民共喻也。惟他书则限僻书始加解释耳。《庄子·逍遥游》篇有曰：

> 《齐谐》者,志怪者也,《谐》之言曰。

与《墨子》之句其意正同。若改《庄子》为"于志怪之书,《齐谐》之言曰"或改《墨子》为"《吕刑》者先王之书也,《吕刑》之书乃曰"则毫发无异矣。故《墨》与《庄》此类用法不异,特解释之语,一为前加,一为后附而已。更有于所引之书解释尤详者,《国语》《鲁语》云:

> 昔正考父校商之名《颂》十二篇于周太师,以《那》为首,其辑之乱曰:"自古在昔,先民有作,温恭朝夕,执事有恪。"

欲引《商颂·那》篇而详加解释,盖《商颂》本宋人所作,清儒魏源及近人王国维说。当时尚未通行,故贵族中如子服景伯与闵马父相语及之,亦解释不厌其详也。至"称曰自古,古曰在昔,昔曰先民",文辞累赘,陈君在修辞上为求简练起见,又不知应该如何删去也?由《庄子》《鲁语》及《尚书》各例观之,则"于先王之书《吕刑》之书然曰。"其用正同,何疑其为外国文法乎?

陈君于《墨子》文法的研究,其大弊在此,若他小小缺点,不暇缕述;则其所得结果,谓特殊文句,在中国其他古籍里找不到;它的文法与其他古籍有异,固不足信矣。

夫陈君之研究,其所得结论,本不极成,以此不极成之结果,持与外国文法比较,则又犯了一大弊,曰标准不善。标准者,墨家谓之仪法。墨子有言曰:

第四章　驳墨子为亚拉伯回教徒说

> 凡出言谈由文学之为道也,则不可而(以)不先立义法。若言而无义,譬犹立朝夕于员钧之上也,则虽有巧工,必不能得正焉。(《非命中》)

陈君用《墨子》特殊文句与外国文比较者,有蒙古文、西藏文、回文、日文、英文;而谓尤与回文句法相近。然《墨子》书二千余年前之古籍也,回文则今日通行之文字也,如与欧洲文字比较,则宜取希腊,拉丁之古文,而不可取后起之英文。今日与回文句法尤近,试问墨子时代,是否有回文?有之而文法结构如何?若不能与墨子时代之回文比较,而徒取今日之回文,纵曰极相近,则陈君虽巧,而立朝夕于员钧之上,必不能得正焉而已矣。故陈君用墨子与外国文比较之结果,直可谓无结果也。

或曰:陈君所得之结果,汝既批驳之如是,然则《墨子》中下篇之文法。与其上篇或他种古籍独无以异乎?曰:有。当时白话与当时雅言之异耳,其论证已详上卷,见第三章兹不必复陈。至谓乃外国文之关系,则陈君一人之谰言,不足信也。

夫金君以护教精神而作《墨子为回教徒考》,亦犹道教中人谓老子化胡,西涉流沙而有释迦牟尼,虽乖史实,其用意固可原也。陈君之《墨子文法的研究》,虽多疵病,然一时兴到之作,亦未矛盾自陷。独怪卫君以考史为的,自应实事求是,而收此两篇,则不免与其自说相违,殊可异也。如卫君之《墨子小传》谓墨子"因其自苦为极,不合乎中国人的苟安性",是以热带之印度婆罗门教徒始能有此刻苦精神也。今作《墨子为回教徒考提要》则曰:

> 近寒带的大陆,物产不富,居其地的人民,非刻苦动作,不

足以谋生存,故所产的回教,主用武力传教,与耶教佛教以循循善诱不同。《墨子》的《非乐》《节葬》《节用》,均表现寒带"以自苦为极"的精神。

"自苦为极"既为寒带的精神,则所谓印度婆罗门教徒之说,不攻自破矣。回教用武力传教,金君固反对之而有所辩护,卫君若承认其武力传教,而非循循善诱,则与墨子之《兼爱》《非攻》,根本相反,尚得谓墨子为回教徒乎?盖墨子之生地,既非热带,亦非寒带,而为温带中较寒之鲁国,且出贱人,其性更能耐苦,自得其实,强求之国外,故有此矛盾之现象也。

卫君作《墨子引书考》,以为"墨子为印度人之又一证"矣,于《墨子文法研究提要》亦曰"我们不能以现代的回文与古代《墨子》作比,以其相近就说墨子为回教徒。"但在《墨子为回教徒考提要》中则曰:

> 至若《墨子》中下篇文法与回文为近,亦可为墨子为回教徒的一证。

如果此可作墨子为回教徒之证,则卫君其他数十万言之著述,所以证墨子为印度人者,皆可拉杂摧烧之矣,因其均与此说相矛盾也。

要之:金陈卫三君所以证墨子为回教徒者,或谬误或矛盾,故不惮词费,辩之如上;墨子之非回教徒,可以灼然明矣。至墨子为中国人之积极证据,则拙作《墨子之生平及其学派》已详为敷陈,阅者如有兴趣,可以参阅,毋庸赘述于此也。

墨学余论

此稿既写成,阅时已十月,重读之犹有余义未尽,试择其要者,论述之如下:

一 《礼运》大同之义源于墨家说

自清季以来,中国学者喜言大同之说,至今"天下为公"等语,随处可见,足见其影响之深也。然大同之义,虽见于《礼记》之《礼运》,实原于墨家。吾曩有此说,而闻者尚不甚信,兹更一为详陈其理。

按《礼运》曰:

> 大道之行也,天下为公,选贤与能,讲信修睦。故人不独亲其亲,不独子其子;使老有所终,壮有所用,幼有所长,矜寡孤独废疾者,皆有所养;男有分,女有归;货恶其弃于地也,不必藏于己,力恶其不出于身也,不必为己。是故谋闭而不兴,盗窃乱贼而不作;故外户而不闭:是谓大同。

此即大同说之梗概也。然此乃儒家之"史观",谓古代有此一境,而非其理想之所在。故

> 孔子曰:大道之行也,与三代之英,丘未之逮也,而有志焉。

郑玄注云:"志谓识古文",孔颖达疏:'志是记识之名'。是谓古记

有此一说,而非其志趣也。故《礼运》篇中之所道,非大道之行,乃大道既隐,天下为家,"未有不谨于礼者","如此乎礼之急也";所述皆大道既隐后之礼而已。

此种大同思想,儒家平日所未有,惟于墨家则甚合。如天下为公,选贤与能,则《尚贤》之义也。讲信修睦,则《兼爱》《非攻》之说也。不独亲其亲,不独子其子,则《孟子》所诋为兼爱无父,《汉书·艺文志》所讥推兼爱之极而不知别亲疏也。老有所终,以至孤独废疾者皆有所养,男有分,女有归,则《节用》《节葬》之效果,而《七患》《辞过》所陈之理也,墨家注重生产,故有此象,货恶其弃于地也,不必藏于己;力恶其不出于身也,不必为己,则尤为墨子所常言。如"有力疾以助人,有财勉以分人,有道劝以教人",就正面言之也。就反面言之,则"手舍余力,不以相劳;隐匿良道,不以相教,腐朽余财,不以相分:天下之乱,至如禽兽然。"此则爱而利之,乃不必藏于己,不必为己也。谋闭不兴,盗窃不作,外户不闭,则"刑政治,万民和,国家富,财用足,百姓皆得暖衣饱食,便宁无忧"也。大同之义虽与尚同不同,其名或与尚同有关。大同说与墨家之关系,观此可以恍然矣。惟儒家以大同为历史上已过去之一境界。故偶尔说及,而不必求其实现也。墨家则以兼爱社会,为其理想,而欲实现之于今日,明朝,故汲汲皇皇以奔赴之,此其大不同者耳。

以上乃就《礼运》与《墨子》书,两相比勘,直接推证者也。此非予一人之私言,由宋儒以至今日之学者,知之者固甚多也。吕祖谦《与朱元晦熹书》曰:

> 蜡宾之叹,自昔前辈共疑之,以为非孔子语。盖不独亲其亲,子其子,而以尧舜禹汤为小康,其真是老聃墨翟之论。

是吕氏亦以此为墨翟之论也。梁漱溟有《礼运大同说之可疑》论，其言曰：

> 我在民国五年夏天的时候，曾把孔家经籍都翻一遍，自觉颇得其意，按之于书，似无不合；只有《礼运》大同一篇看着刺眼，觉得大不对。……所有孔子的话，我们都可以贯串为一线，只有这里就冲突了。不过我也疏于考证，无法证明他是假的，只怀疑在心而已。后来才看见吴虞先生给陈仲甫先生一封信说及此事：(信略)
>
> 吴先生和他所举诸家的话，其意思不必与我们同，然大家虽各有各的看法，都是觉得这个东西不对是同的。这篇东西其气味太与孔家不对，殆无可辩。晚世所谓今文家者如康长素之流，其思想乃全在此。……他们根本不曾得到孔家意思，满腹贪羡之私情，而见解与墨子、西洋，同其浅薄。所以全不留意孔子是怎样大与释迦。墨子，耶稣不同，而一例称道，搅乱一团。(《东西文化及其哲学》页一三五)

《礼运》大同说，是否浅薄，别为一问题，梁氏所谓与孔子的话相冲突，气味与孔家不对，而见解与墨子同，"殆无可辩"矣。

或曰：孔子原有"均无贫，和无寡，安无倾"之说，《礼运》乃由此推衍，不得谓大同之义，非儒家所有也。按均无贫之说，见于《论语·季氏》篇，其书亦正可疑，如章首"季氏将伐颛臾，冉有季路见于孔子"，朱熹《集注》云："按《左传》《史记》，二子仕季氏不同时，"是已疑之矣。清儒崔述辩之尤力，曰："《季氏》篇文多俳偶，全与他篇不伦,而《颛臾》一章,至与经传牴牾。……且孔子者,对君大夫之称;自言与门人言,则但称子,此《论语》体例也。而《季氏》篇章首皆称孔子,……尤其显然而可见者。"(《洙泗考信录》卷四《遗型》)《颛臾》章既不可信,则孔子是否有"均无贫"之语,亦正难言;然则谓大同说非孔门所有,是非过言也。

或者又曰:《礼运》大同说,如非儒家所有,安知不出于道家?吕氏固认为老聃墨翟之论矣,吴虞亦有《儒家大同之义本于老子说》,引证甚广,而汝独谓原于墨家,岂非有所阿党欤?曰:世以为原于道家者,因郑氏注《礼运》曾引《老子》耳。殊不知黄老之学盛于汉世,而墨学已亡,郑氏亦仅习闻《老子》之说而未尝注意《墨子》书也,故有是说。宋以来儒者亦多如是,其不知源于墨家固无足怪也。且据近人考证,《老子》之学,实后于墨翟;然则道家理想之邦,至治之世,虽谓受墨家之影响亦无不可。至《礼运》大同说之源于墨家,似无可疑矣。

二 墨子与革命思想

有以墨子为反革命派者,此乃郭沫若之言也,予曾引其说而加以商榷矣。(详上卷第九章)顷见郭氏《屈原时代》一文,则于墨子之观察,与前不同。其言曰:

> 在春秋末年,……文化的主体由后进的君子转到了先进的野人,由统治者阶级转到了被统治者阶级。当时的两大学派的领袖孔子和墨子都是宋人而居于鲁者。他们这些人物,

由周人的立场上说来，都是奴隶的子孙。近人有解释墨子之墨为剠墨之墨的，则墨子还是刑馀之人。儒家称道尧舜，主张"有德者必在位"的哲人政治，墨家祖述夏禹，提倡尚贤尚同兼爱非命，在当时都是反贵族的革命思想。他们都不认周人为绝对的权威，要在周人所夸耀的文武之上提出些伟大的传说人物来。他们所用的表现思想的工具也是当时的白话，这是应该注意的。凡用"焉哉乎也"为语助的这种文体，在现今看来虽是文言，而在春秋战国时却是白话。周人的台阁体的文字如诰命雅颂以及金文，"焉哉乎也"的语助几乎是绝对不使用的。到了春秋战国便猛然一变。那时候的文体的变革和近代的文字革命，由文言文改为白话文的，实在是毫无二致。
（《文学》第六卷第二号）

按墨子是否宋人及剠墨之墨，尚有问题，已详拙著内。（见上卷第一章及下卷第一章附论）其谓墨子为"反贵族的革命思想"则确不可易也。即在语文方面，《墨子》书中多方言，视儒书尤白话化矣。因予书上卷已写成，不欲改易，故节录郭氏新说于此，以供参阅。

三　墨子与宗教战争

章炳麟《菿汉微言》中，于墨子甚为不满而加以诋訾。曰：

> 中国之民，徇通而少执著，学术宗教善斯受之，故终无涉血之争。独墨子主兼爱尚同尊天明鬼，而一人一义在所必诛。

> 其言非攻,亦施于同义者尔,苟与天志殊者必伐之,大戮之,此
> 庄生所谓中德者已。庄生云,"为义偃兵,造兵之本。"何者?
> 常战所因,徒为疆场财利之事,胜负既决,祸亦不延。而为宗
> 教战争者,或互数百年而不已。常法偃兵,如向戌宋轻所为,
> 或无大效,要之,亦无害耳。其为天志大义而偃兵者,非徒无
> 效,又因以起宗教战争,是以为兵之本。卒以非乐之故,其道
> 大觳,墨学不用于世。自不然者,墨子之教实与天方基督同
> 科,而"十字军"之祸,夙见于禹域矣。(页二十九)

是以墨子之学足致宗教战争也。章氏又曰:

> 墨子造攻之见,见其《非儒》诸篇。前此孔老并生,外有郑
> 子产之流,已见法家端绪,而未尝以异同相争也。自墨子强欲
> 为同,始与儒家为敌,名为《非攻》,岂非造攻之首乎?幸其不
> 用,未至兴戎也。(同上)

按《菿汉微言》章氏口说于絷居北京之日,由其弟子笔述。此或有所感慨,而为愤激之论也。否则其毁墨子已嫌过当,又与其平日之言论相戾矣。《尚同》固多可议,而谓一人一义,在所必诛,已稍过矣。非攻施于同义,苟与天志殊者必伐之,大戮之,此与事实不符。墨子尝非楚之攻宋伐郑矣,非齐之太王项子牛攻鲁矣;齐楚为其所屡游之地,鲁虽为其祖国,宋郑非必亲于齐楚也。其"天志"何殊于齐楚与宋鲁郑乎?而谓必伐之,大戮之者,果何据耶?所谓天志大义,以起宗教战争,事已无征,安可逆探未然而罪之耶?徇通而少执著,学术宗教善斯受之,乃章氏往日所反对。其所著《诸子学略

说》有曰：

> 中国学说，其病多在汗漫。春秋以上，学说未兴；汉武以后，定一尊于孔子，虽欲放言高论，犹必以无碍孔氏为宗。强相援引，妄为皮传，愈调和者愈失其本真，愈附会者愈违其解故。故中国之学，其失不在支离而在汗漫。自宋以后，理学肇兴。明世推崇朱氏，过于素王；阳明起而相抗，其言致良知也，犹云"朱子晚年定论"。孙奇逢辈，遂以调和朱陆为能，此皆汗漫之失也。

响所谓汗漫之失，非今所谓徇通耶？儒家尤为汗漫，则章氏反对尤力。曰：

> 孔子干七十二君，已开游说之端，其后儒家率多兼纵横者。其自为说曰，"无可无不可"。又曰，"可与立，未可与权"；又曰，"君子之中庸也，君子而时中。"孟子曰，"孔子圣之时者也。"荀子曰，"君子时诎则诎，时伸而伸也。"（见《仲尼》篇）然则孔子之教，惟在趋时，其行义从时而变，故曰"言不必信，行不必果。"……其诈伪既如此，及其对微生亩也。则又以疾固自文。此犹孙叔通对鲁两生曰，"若真鄙儒，不知时变也。"所谓中庸，实无异于乡愿。……君子时中，时伸时诎，故道德不必求其是，理想亦不必求其是，惟期便于行事则可矣。用儒家之道德，故艰苦卓厉者绝无，而冒没奔竞者皆是。……用儒家之理想，故宗旨多在可否之间议论止于函胡之地。……儒术之害，则在彀乱人之思想，此程朱陆王诸家所以有权而无实也。

向所谓趋时,函胡,甚至诋为诈伪者,又非今之所谓徇通耶?

至谓《墨子》《非儒》诸篇乃其造攻之见,如以此为罪,则《孟子》之"非墨",犹视墨家为甚。而《荀子》之《非十二子》,其攻人尤甚墨孟矣。章氏于此种态度,向日不独未加反对,且备致赞许,其言有曰:

> 周秦诸子,推迹古初,承受师法,各为独立,无援引攀附之事。虽同在一家者,犹且矜己自贵,不相通融。故《荀子·非十二子》,子思孟轲,亦在其列;或云了张氏之贱儒,子游氏之贱儒,子夏氏之贱儒,诟詈嘲弄,无所假借。……此可见当时学者,惟以师说为宗。小有异同,便不相附,非如后人之忌狭隘,喜宽容,恶门户,矜旷观也。盖观调和独立之殊而知古今学者远不相及。……古学之独立者,由其持论强盛,义证坚密,故不受"外熏"也。……诸子……所学者,主观之学;要在寻求义理,不在考迹异同。既立一宗,则必自坚其说,一切载籍,可以供我之用,非束书不观也。虽异己者,亦必睹其籍,知其义趣;惟反复辩论,不稍假借而已。外熏乃佛家语,见所引《成唯识论》。

是今以为造攻之首者,响以为独立之学所当然也。何必强独立者而调和之乎?且响谓"墨子之道德,非孔老所敢窥视,"今此云云,直抹煞墨子之人格矣,何耶?

要之,章氏之书乃幽忧时之微言,或惩袁氏独裁专制之弊,故于墨子尚同之义,深加谴责。岂所谓定哀之间多微辞欤?此则不暇深究矣。

四 "惠施与墨家"考辨

顷见钱穆《先秦诸子系年考辨》，其中甚多独得之见，足以颠扑不破者。惟勇于假设，极不可信者，亦所在多有也。关于墨家方面，大抵与其旧所著《墨子》一书相同，新说尚少。以许犯为许行，田系为田鸠，予已辨之于上卷（第七章）矣。今又以《吕氏春秋·顺说》篇，对宋康王以"孔墨之道"之惠盎，谓即惠施之字。（见《考辨》一〇八）乃滥用王引之《春秋名字解诂》之例，其失与犯行鸠系等也。《吕氏·不屈》篇盛毁惠施者，引见上章第八章则谓《吕氏》书成于众手，"窃疑其诬"，而极力辩之。（《考辨》九三）盖以先已坐定惠施为墨徒，故有此疑也。《吕氏春秋》虽成于众手，其毁惠施则前后一致。墨家多《非儒》毁孔，惠盎对以孔墨之道，虽曰"顺说"而然，究不能即定盎为墨家也。盎未必为施，施之非墨家，况除《吕览》以外，更有《庄子》之言可证耶？

只要种子不死,无虑花果飘零
——方授楚和他的《墨学源流》

黄蕉风

一、《墨学源流》与墨学复兴

方授楚是民国时期著名墨学家,他的《墨学源流》是墨学研究不可绕开的重要著作,代表了民国墨学研究的最高水平。该书系统探讨墨学诸核心价值与关键问题,辨正墨学发展史上诸误解和谜团,熔义理发微与拨乱反正于一炉,值得治墨学者一再研读、思考。自民国二十六年(1937年)四月首发于沪上中华书局,尔来七十又九年矣! 今商务印书馆重版此书,对广大读者进一步了解方先生治墨路径、方法论以及彼时墨学复兴浪潮,大有裨益。于墨学界而言亦是一件具有里程碑意义的大事。

迄今将近一个世纪的时间,中国学术范式几经转型和迁移,作为传统学术主体之"国学",亦随外部局势、思潮的变化而勃兴、而沉沦。此"国学"也,亦非铁板一块,即便在"全盘性反传统"(林毓生语)、"打倒孔家店"的文化激进主义浪潮冲击下,还存在"国学"内部的"路线斗争"——最典型的当属"经学的瓦解"和"子学的复兴"。从章学诚的"六经皆史"到胡适的"六经皆史料",几千年来古儒指导人们日用伦常的隐微义理被悬隔,经书被置于近代西方学术分科之历史学和文献学的范畴之下,徒余"个案"与"材料"的价值。加之不敷应对民族危亡和西学冲击,儒家所谓的"通经致用"进一步遭到动摇,其由"活着的传统"滑向"死掉的文本",自然不可避免了。

与之相对的,清末以至民初,中国知识界始终存在着子学复兴的潜流与冲动(需要指出的是,子学之"子",乃诸子百家之"子",非经史子集之"子")。作为先秦诸子百家中与儒学并称"世之显学"的墨学应时复兴,可谓这股思潮的显著代表。彼时学人,致力于从中国传统文化中找到能够与西方"民主与科学"精神若合符节的资源。由于儒家文化的衰微,作为中国传统文化支流和小群的墨家就被知识分子重新发掘出来,用以比附和对接西方先进文化——近代中国思想史上,称为子学复兴的时代,蒙尘千年的墨家思想一度得到重视。彼时涌现出一大批诠墨、释墨、解墨、注墨的墨学专著,除《墨学源流》外,尚有梁任公的《墨经校释》、《墨子学案》,吴毓江《墨子校注》、刘师培《墨子拾补》、岑仲勉《墨子城守篇各篇简注》、谭戒甫《墨辩发微》、王治心的《墨子哲学》,张纯一《墨子集解》等不下百余种,一时蔚为大观。

西化的自由派知识分子和左翼知识分子,以及一些基督徒、传教士,他们关注墨家思想始于发现其与儒家思想的"异质性",或出于改良国民性的考量而援墨入西,或出于"本色化"和传教的需要。然则彼时墨学复兴,除了在学术界有一些回响,于民间则几乎没有反应。牟宗三后来在批评胡适的墨学研究时,认为其以《墨经》中有限的光学、逻辑学、几何学知识,来接引西方的科学技术和工业文明,以验证西学在中国古已有之,西学和墨学"若合符节",十分肤浅。该评语可谓一语中的。彼时墨学复兴,无论是知识界还是教会界,都不过是把墨家作为打击(或会通)儒家的工具,以树立"墨教"的新偶像来取代"儒教"的旧偶像,有着极强的功利主义色彩,背后是彼时国人对于中国万事不如人的文明失落感。

两千年蒙尘,绝学墨道法;十数载开新,诸子百家言! 方是时也,国家由闭关锁国转入国际竞争之局面,国人莫不内求统一,外求独立,有若春秋战国然。中国学术亦面临先秦之后第二次"道术为天下裂","三千年未有之大变局"。《墨学源流》著成于国难日深之际,书中饱含对中国文化尤其是墨子学说的温情与敬意。方授楚自言"墨子之道,摩顶放踵以利天下,而救世之急;今内忧外患深矣,守御无方,利之无术。若腐心于区区文字之末,而曰此墨学也! 是则辱我子墨子于地下矣! 尤愚之所万不敢存此心,而惶悚无穷也!"[①]。梁任公于《子墨子学说》中亦疾呼:"杨学遂之中国。今欲救亡,厥惟学墨"。然墨学果能救国耶? 果不能耶?

方授楚《墨学源流》中多次提及的胡适、梁启超,皆是民国新文化运动的健将。胡适在《先秦名学史》、《中国哲学史大纲》中重新发掘先秦名家、墨家的名实之辩,使得国人破除了中国传统文化无逻辑思维的误区;梁启超则撰写《墨子学案》、《墨子校释》、《子墨子学说》、《墨子伦理学》等墨学论著,开启民国墨学复兴浪潮。胡适、梁启超弘扬墨学的动机,是期望引入墨家"兼爱非攻,苦行济世"的群体模范和墨翟"摩顶放踵以利天下"的伟大人格,以此改良国人长久形成的冷漠、自私、麻木、残酷的民族劣根性和国民性格;

---

① 见本书第3页。

以墨学中所展现的科技精神、逻辑精神、实证精神、牺牲精神来接引西方的自由、民主、科学与人权。一言以蔽之,以"墨家店"取代"孔家店"。他们寄望以墨子学说来振衰起弊、救亡图存,是否成功了呢?

"尊墨"学风之流布,一方面提高了墨学的思想地位,一方面也造就诸多谬误和偏见;学人多勇于天马行空的疑古和发明,疏于谨严笃实的考据辨析,正是有所明、有所见、而弊亦随之。方授楚认为弊在三端:

其一,以墨书为墨子一人所著,其书又包罗万有,而备深湛广博之思;而其人救世捍患,更具艰苦卓绝之行,则视墨子为全知全能之天帝矣——弊在以墨学为应付万事而无穷的"百科全书",不察古代学问运用于现代社会的可能性与限度;又以墨学之创发乃截断众流,凌空蹈虚,前后无所承续,犹如犹太教先知口传神谕而不知其学所自。继以西方社会学、宗教学之"信念伦理""克里斯马"比附巨子制度或尚同、天志,将墨子人格"神格化",以至于如同宗教教主或者上帝一般。

其二,不察墨学发生之背景与其演变进步之经过,于其勃兴骤衰之理,无所了解。则视墨家如光彩炫目之彗星,乍视而终不复见,俨同神迹矣——弊在割裂墨学源流与传承之间的关系,以为墨学经过秦火和汉武一教独尊之后,早已形神俱灭,于后世中国传统文化全无影响,乃"死掉的传统"、"死掉的文本","博物馆化"是其历史命运。

其三,墨家一宗,自有限界,他派若惠施宋钘公孙龙辈,不复稽其异同,均援之以入墨而张大焉。仿若"驱龙蛇而放之菹"——弊在学风疑古过甚,不采信史,好造新说。不但没有让先秦各家文献之学派归属问题得到澄清,反而更陷迷雾。彼时学界不乏以名家道家为墨子后学者的所谓"考据",本来是要示墨学为深渊大泽,结果反显墨学为偏门左道,失却其本来的面目。

以上谬误多涉及义理与考据,方授楚在《墨学源流》中对之辨析甚详。除此之外,他还回应因"尊墨太过"而引起的"两种反响":谓"恐墨家夺儒家正宗而丑诋之";谓"震惊墨家学说之高远,若河汉而无极,则疑为战国时代之中国所万万不能产生者,于是漫然曰墨子非中国人"。① 特别是他针对彼时学界关于墨子墨学自域外空降中土的奇谈怪论,所给予的出入中西古今、兼摄哲学宗教的"比较研究"的大视野,于今人看来仍显得富有十足的战斗性和时代感,堪称开创墨学文章中"护教体"的新局面。

《墨学源流》分上下卷。上卷《墨子生平及其学派》,追溯墨子学说之渊源,梳理墨子学说之体系,纵论墨学之政治、经济、宗教思想,实为"墨学十论"原典诠释的力作;继而考辨墨经之作者与学派归属、具列后墨哲学之知识论与实用科学、归正墨义在历史流变中的歧出,更兼百科全书式的视野。下卷《墨子之姓氏国籍学说辩》,落力回应近代学人对墨子学说的误解和泼污,以一种雄辩滔滔的护教式文体,系统驳斥墨翟非姓墨、墨子为婆罗门教徒、墨子为阿拉伯回教徒、墨子为邢徒奴役等谬说妄见。于"十论义理"诠释、后墨名辨逻辑学等传统治墨理路外,别开一番"比较哲学"/"比较宗教"的新生面。

---

① 见本书第 1 页。

二、《墨学源流》与墨学源流

墨家是中国传统文化中最具有救世情怀的学派,提倡"兼爱""非攻""尚贤""尚同""节葬""节用""天志""明鬼",并在逻辑学、光学、物理学、兵法等诸多方面对中国古代科技有卓越的贡献,李约瑟在《中国古代科技史》中曾称赞"墨家的科学成就超过整个古希腊"。不仅如此,墨翟伟大的人格精神亦为历代所敬仰,甚至作为墨家论敌的儒家代表人物孟子和道家代表人物庄子,都不得不承认他"摩顶放踵,利天下,为之","以裘褐为衣,以跂蹻为服,日夜不休,以自苦为极","不侈于后世,不靡于万物,不晖于数度,以绳墨自矫,而备世之急"。"非圣无法"的李贽亦借墨家思想批判宋明腐儒的"假道学"。"是以圣哲之治,栖栖遑遑,孔席不暖,墨突不黔"(汉·班固《答宾戏》)——纵墨子及其学说自汉代以后隐而不彰,历代仍不乏贤人褒扬其急公好义、剑及履及的伟大精神。

墨子时代,宗法社会趋于瓦解,周天子权威沦丧,诸侯列国征伐不已,平民百姓的生命财产遭到重大损失。墨子出身贱人,起而反动封建贵族政治,身体力行传扬墨家平民哲学和和平主义精神,对当世及后世产生了重要影响。方授楚总结墨家十大核心思想(或曰"墨学十论"),认为墨家因战争于平民有损无益,故倡非攻;非攻又须以兼爱易之,是为方法论,故倡兼爱;彼时贵族把持社会阶层的流通管道,平民无由上达,故倡尚贤;列国分立,政令不一,非攻无由统一,故倡尚同;贵族所行礼乐奢侈淫靡,苛严而厉民,于提高社会最基本之生存条件毫无益处,故倡非乐非礼、节用节葬;

统治阶级以"命"辖制庶人阶级的革命意志,鼓吹安分守己逆来顺受,故倡"非命";又树赏善罚恶的天帝鬼神以加添智识别水平不甚高之庶民的意志,以增其勇,故倡"天志""明鬼";又与儒家每事均对立,虽同尊尧舜禹汤文武周,然取舍相反不同,辩论尤烈,故又倡"非儒",并作专书列于《墨子》中。由是观之,墨子实为彼时平民阶层之"代言人",其行动和主张可目为对封建贵族政治以及"尊周背夏"儒家学派的一场思想抗争,对大国止战非攻、弱国强力从事、贵族俭廉节用、庶民兼爱利他,均起到先导性、表率性的作用。

今人追溯墨学之源流,一般认为墨家脱胎自儒家,或谓墨子曾学儒,因不满儒家繁文缛节而另立新说,后渐成一大学派,"墨家学儒者之业,受孔子之术,以其烦扰而不悦,厚葬靡财而贫民,久服伤身而害事,故背周道而用夏政"(《淮南子·要略训》)。墨家与儒家并称战国时期两大显学,"杨朱、墨翟之言盈天下,天下之言,不归于杨,即归墨"(《孟子·滕文公》),"世之显学,儒墨也。儒之所至,孔丘也;墨之所至,墨翟也"(《韩非子·显学》)。方授楚认为墨学乃由墨子一人所独创,"九流"多以其学术名家,唯独"墨家"乃标举其倡导者一人之姓名,足见墨子地位之重要及其学说之特殊。故"墨子以前无墨学",墨子诚为墨学开山始祖。对于墨学源于尧舜、夏禹或史佚史角的看法,方授楚认为皆别家所述,非墨子自道,不足为据。

墨家是儒家最早的反对派和论敌。《墨子·非儒》对"孔某"极尽讽刺挖苦之能事,几乎是"凡儒家支持的,墨家就反对;凡儒家反对的,墨家就支持"。亚圣孟子论到墨家以"禽兽"相称,曰:"杨子取为我,拔一毛而利天下不为也;墨子兼爱,摩顶放踵利天下为之"(《孟子·尽心》);又曰:"杨氏为我,是无君也;墨氏兼爱,是无父也;无君无父,是禽兽也"(《孟子·滕文公》)。儒家学派另一代表人物荀子在《非十二子》中谈到:"不知壹天下、建国家之权称,上功用,大俭约而僈差等,曾不足以容辨异、县君臣;然而其持之有故,其言之成理,足以欺惑愚众。是墨翟、宋钘也。""儒墨斗法"是中国两千年历史上时间最早、影响最深远的学术论战,是战国时期诸子百家争鸣的前奏。墨家在与儒家的不断辩难中彰显声音,传播思想,收纳门徒,亦因此而遭受自孟子以下儒家所下"无君父"的铁判。所以后世一些同情墨家的人认为墨学沦为千年绝学,乃儒家刻意打压的结果,是思想界一言堂的显见牺牲品。当然,"墨离为三"引发的学派内部分裂、墨者西入秦国被秦制收编、墨家尚同主张中潜隐的独裁倾向、后墨哲学在神义论鬼神观上的逻辑不自恰等,都被认为可能是导致墨学中绝的原因。

墨学中绝的过程乃渐而非顿,于今已成学术界的共识。就外部因素而言,秦火和汉武"罢黜百家,表章六经"后,墨学的传授始有衰微,但不能谓其全为政治环境所逼迫。淮南王刘安时仍有墨者,其后踪迹莫得其详。胡适之在《中国哲学史》中论到墨学的消亡原因有三:其一,儒家的反对;其二,墨家遭遇政客猜忌;其三,墨家后学诡辩太诡。梁启超在胡适的基础上又增一条,认为墨家之道违背人性,墨子虽能独任,天下人难行。①

胡、梁之外,尚有"革命""反革命"论。李季以墨家为代表秦末农工阶级的革命派,由于陈胜、吴广农民起义遭到镇压而失败,以及革命成果为代表新兴地主阶级的刘邦所窃取,以致不能幸存。②

---

① 参见胡适:《中国哲学史》,第250—253页,转引本书第209—210页。
② 参见李季:《胡适〈中国哲学史大纲〉批判》,第174页,转引本书第212页。

郭沫若以墨家为反革命派,其自身的消亡正是"自证"了反革命敌不过历史进化的规律。①

　　胡适、梁启超的说法,涉及墨学中绝的内外因。虽不能谓一无所取,确有草率化约之嫌。方授楚认为孟子辟杨墨时"孟学"尚不彰显,"罢黜百家"时墨学久已衰微,所以言儒家对墨家的反对足致墨学中绝,实在过分夸大。至于"诡辩太诡",乃胡适错把名家当作墨家遗传所造成的歧见,诡辩玄妙乃名家灭亡的原因,非墨家灭亡的原因。由战国末年至西汉初年,中间历时百年,政客偶一为之之事,本不足资证墨学因遭猜疑而致绝灭,不然"秦墨"的历史就不能说清。且儒墨并称先秦两大显学,天下之言不归杨即归墨,墨家昌盛之时门徒云集,声名无远弗届,若真如庄子所言的"反天下之心,天下不堪",墨学自应"及身而绝",何待后乎?

　　李季、郭沫若的说法,方授楚据史料驳之甚详。秦末农民起义,墨家未见热烈参与;倒是暴秦统治,反有拥护的嫌疑,因此不能说"革命的";同时若曰墨家敌不过历史进化的规律,何以其不亡于庄孟荀韩百家争鸣之时,而亡于儒家取得"一教独尊"的地位之后。方授楚谓郭沫若斯论乃落井下石,墨家诚非因"反革命"而亡矣。须知历史留下的不尽都是精华,历史淘汰的不尽都是糟粕。

　　方授楚认为墨学之流传中断于四因:自身矛盾、理想过高、组织破坏、拥秦嫌疑。今人看来,墨家视人之身若视其身,视人之家若视其家,视人之国若其国,超越一己血亲,突破五伦关系,走向互动现场式的"第六伦"(兼相爱,交相利)。兼爱非攻交利,是走出

---

① 参见郭沫若:《中国古代社会研究》(初版),第72—73页,转引本书第212页。

自己,迈向陌生他者的别异的行动,这正是孟子批评的"无父",于亲亲尊尊的社会遗传和习惯法之下,本来难行,无法作为一普遍范式推而广之,适用性似乎不如儒家同心圆式的"推恩"。非攻而赞诛,杀盗非杀人,为了证成止战非攻而陷入目的论和方法论的循环论证,最终流于诡辩。墨子学说为彻底役夫之道,以贱人阶级的道德来教化平民百姓,尚有可为;若推自其他阶级,如贵族、君王,则非善法。其于经济建设上,节流有余,开源不足,对保持最低生活水平或有可为,于扩大再生产实乏善可陈——这正是墨家理论逻辑上不自恰、墨家理想陈义过高而难以实行的原因。

又《韩非·显学》篇云"儒分为八,墨离为三",墨子、禽子死后,墨家学派后继无人,再无一具号召力凝聚力之领导,后墨时代墨家组织分裂崩解之征兆,几可见也。至于墨家西入秦国一事,学界历来存疑。仅依传世经典儒《吕氏春秋》或极其有限的出土秦简的记载,仍不足征,文献不足故也。著名学者何炳棣先生认为秦制的建立,是在政治上实现了墨家尚同的理想;秦国转弱为强非商鞅变法,实为墨者功劳;墨者入秦助秦,为国史一大事因缘,是大一统帝国的隐秘先声。何炳棣先生此论与方授楚暗合,方授楚于几十年前已有如之想象,可不谓学人之间"心有戚戚焉"?

三、《墨学源流》与辩道卫教

墨子学说因其看似自外于中国传统文化主流(尤其是儒家儒学)的"异质性",近代以来一直不乏学人猜测其源流非自生于中土,而是由域外传入;或截然反之,谓西学源出墨学,西教源自墨教。一时间"西学墨源说"、"耶教墨源说"、"墨翟为佛教徒说"、"墨翟为印度人说"等怪论争相崛起。甚至于到今天,还有学者认为墨子学说的原型来自希伯来,墨家教义和犹太教教义相类,墨子的先祖可能是公元前6世纪犹太人"大流散"初期离开耶路撒冷的智者①。谬论与偏见包裹以大言凿凿和雄辩滔滔,竟致不少人信以为真,殊为可悲。

这涉及比较研究的基本范式和方法论问题。常规而言,无非同中存异,或者异中求同。从事对两种经典文本或者两种文化传统的比较研究,原则上应该同异并存,有两种情况:一是相互比较的两者其相同点已被普遍认识,而其差异还有待发掘;二是相互比较的两者的相异已被普遍认识,而相同点有待揭出。尤其对于《墨子》和《圣经》、《古兰经》、佛经和印度教经典的比较,以及墨子学说思想与基督教文化、伊斯兰教文化、佛教文化与印度教文化的比较,要真正做到同异并存是比较困难的,因为在人们心目中,他们正是没有多大关系的异者。因此这种类型的比较研究,更多基于猜想和推测,即便作为一种"思想实验"或者"智力游戏",也大多只能集中在两者相通的方面。求取公约数、合并同类项,是其一般进路。

一味取同容易忽视比较对象之间本质的相异,这个问题在民国初年中国基督教本色化运动中就有显现。由于儒家文化在新文化运动中受到冲击(打倒孔家店的影响),西方传教士和中国基督徒发现无法再沿用明末利玛窦"儒耶会通"的做法来传福音,加之

---

① 朱大可:《在墨翟和拉比之间——论墨子学说的希伯来原型》,载《学术月刊》2014年第4期。

墨子学说在当时得到教会界内外的大力推崇,因而改弦更张代之以"耶墨会通"。彼时教会界涌现出一批神学作品,如吴雷川的《墨翟与耶稣》、张纯一的《墨学与景教》、王治心的《墨子哲学》、张亦镜的《耶墨辨》等,多有将墨家之兼爱比附基督教之博爱、墨家的天志观比附基督教的上帝论、墨家学派的组织建制比附早期使徒社团。当然更多的是高举耶稣与墨翟的人格,认为他们追求真理、肯于牺牲的伟大精神相类,且都站在底层人民的立场向犹太祭祀、封建贵族抗争,几如"阶级同志"矣。于今观之,会觉得上述的说法多有谬妄,且不说博爱与兼爱的根本义不同(一在爱佳泊,一在交相利)、耶稣与墨翟在各自宗教/学派中之身位各异(一为三位一体的圣子上帝,一为学派的开山宗长);就是单以基督教神学的立场判定墨家墨子的位置,最多不过是上帝普遍恩典光照下的东方芸芸一员罢,高不过特殊恩典与犹太先知。同样的,以墨子学说关于天志明鬼的原典教义来看圣父圣子圣灵三位一体、既不相混合又同为一,也会觉得西方的"天"观太过繁复,甚至流于荒唐。

《墨学源流》下卷中涉"比较"的辨正甚多,尤其精彩,其中诸多见解,堪为墨学"比较研究"领域的定论。方授楚从文字学的角度驳江瑔"墨翟"为"貊狄"、"墨子非姓墨",以定墨子非外国人为铁判;以《墨子》原文证胡怀琛歪曲文义,将"摩顶放踵"当作"秃头赤足",驳墨者为僧伽;从历史事实出发,说明禅宗晚出距墨子千年之后,以驳墨家巨子制度近类禅宗之衣钵相承。《墨学源流》下卷中这种立足原典、合参经史、出入古今、贯通中西的申辩风格,创一代墨学护教文本体裁,在方授楚之前,是从来没有过的,足可谓开一代风气之先。试举几例:

从墨书原文的角度出发的辨正。胡怀琛在《墨子续辨》以墨子推崇火葬,试图证明墨子节俭轻死的行事为人风格同印度佛教徒若何符节。胡怀琛以墨子书中述及火葬为自己最强证据,遭到方授楚的驳斥。方授楚认为《墨子·节葬》篇载"秦之西有仪渠之国者,其亲戚死,聚柴薪而焚之,熏上,谓之登遐,然后成为孝子。此上以为政,下以为俗,为而不已,操而不择,则此岂实仁义之道哉?",根据墨子原意,乃"便其习而义其俗者也"而已,绝非行"仁义之道",同食长子弃大母厚葬久丧同为恶习。是以墨子明明以火葬为非。且按"节葬"之根本义,只是因地制宜,因势利导,不失死生之利,与印度佛教徒火葬习俗绝不相同。

从逻辑推演的角度出发的辨正。胡怀琛以《墨子·耕柱》中之"说书"为佛教徒讲经,并谓儒家道家等诸子皆无说书遗传而墨家独有,因此可证墨子为印度佛教徒。方授楚据原典和史实两方面驳之。一曰说书未必是讲经,即使为讲经亦未必墨子效法于印度。按《耕柱》篇原意:子墨子曰:"譬若筑墙然,能筑者筑,能实壤者实壤,能欣者欣,然后墙成也。为义犹是也,能谈辩者谈辩,能说书者说书,能从事者从事,然后义事成也。"——谈辩、说书、从事,俱为动词,说非讲,书非经,可知矣。就令书为名词,也无从断定为佛教徒式的宣传讲学和公开演讲。即或勉强将说书定为宣传讲学和公开演讲,战国时期稷下学宫云集诸子百家,谈说之士会集稷下者甚众,讲者凭恃口才一日服千人不为异事,岂道儒道诸子无"说书",而为墨家独占欤?

从历史事实的角度出发的辨正。"墨子为婆罗门教徒说",认为墨家与婆罗门教皆以自苦为极,思想上有可通约处。方授楚驳婆罗门教徒的修行与禁欲主义仅限于做自利的自了汉,更近杨朱,而绝无可能与墨家"任为身之所恶,以成人之所急"的利他主义精神有勾连。且婆罗门教自矜门户的种姓制度为举世之冠,以平等为根本义的墨子及其学派,怎么可能出自印度阶级压迫的始祖呢。再有"墨子为阿拉伯回教徒说",理由是墨子自苦为极,不合乎中国人的苟安性格;墨子所在地与回教一样,属近寒带的大陆,物产不富,此地人民非刻苦不足以谋生;非乐节葬节用等论说主张,接近生活于寒带的人民所具有的艰苦奋斗精神——此论亦不善。方授楚认为墨家兼爱非攻,回教武力传教,本就矛盾;且墨子生地是在温带较寒之鲁国,自己出身贱人,有吃苦耐劳的品质并不奇怪。又何须假回教而立教耶?

从墨家教义的角度出发的辨正。章太炎《菿汉微言》有"墨子之学足致宗教战争"的观点。其援庄子"为义偃兵,造兵之本"言,认为"墨子强欲为同,始与儒家为敌,名为非攻,岂有非造攻之首"、"墨子之教实与天方基督同科,而十字军之祸,夙见于禹域矣"。方授楚是以举墨书记载墨子止楚攻宋、非齐之太王项子牛伐鲁之例,阐明墨学十论的"天志"无殊于齐楚宋鲁、强国弱国。若谓一人一义,在所必诛,已嫌太过;苟与天志殊者必伐,更与事实不符,与墨家大义相悖。《墨子·法仪》篇有云:天之行广而无私,其施厚而不德,其明久而不衰,故圣王法之;《墨子·天志》篇有云:人无幼长贵贱,皆天之臣也。方授楚持论可谓正矣!

从道术源流的角度出发的辨正。儒家的大同说在中国历史上源远流长。清末以至今天,从康南海到当代大陆新儒家,均喜谈"大道之行也,天下为公"。然而远有吕祖谦、朱熹,近有梁漱溟、吴虞和新墨家学人,均怀疑大同非为孔孟遗传,反似老聃、墨翟之论。方授楚认为大同非源于老聃道家,实乃郑玄注礼引老子言,后世扩而充之方有此论。黄老之术盛极汉世,彼时墨学已亡,郑氏但引老言未及墨论,始有此失。而再比较《礼记·礼运·大同》与《墨子》,两书义理甚相合和,诚如方授楚所言的:天下为公选贤与能,则尚贤之义;讲信修睦,则非攻;不独亲其亲不独子其子,则兼爱不知别亲疏;使老有所终,壮有所用,幼有所长鳏寡孤独废疾者,皆有所养,男有分,女有归,此节用节葬之果效;货恶其弃于地也,不必藏于己。力恶其不出于身也,不必为己,此为墨家"有力者疾以助人,有财者勉以分人,有道者劝以教人"的宗旨;是故谋闭而不兴,盗窃乱贼而不作,故外户而不闭,这是墨家"刑政治,万民和,国家富,财用足,百姓皆得暖衣饱食"之实现境界;大同之义虽与尚同不同,其名或与尚同有关。① 方授楚并未一味取同,搞儒墨会通或以儒解墨,他亦同时指出儒家大同之世和墨家兼爱理想在时空维度上的不同:儒家的大同,是历史上已过去的旧事,可望而不可求,是大道既隐之道;墨家的兼爱,则为墨子及其学派孜孜以求并必欲实现的理想,有实际践履的层次。一个往前看,追慕过去;一个往后看,展望未来。

四、《墨学源流》与国学未来

中国学术最昌明的时代,除了民国之外,就是据今两千多年以前诸侯割据战乱频仍的先秦,彼时百家齐放,诸子争鸣,大抵有"六家九流""九流十家"(司马谈《论六家要旨》;班固《汉书·艺文志·诸子略》),实为华夏文明的第一个历史高峰。传统意义上,统

---

① 见本书 331—333 页。

摄先秦至汉初的主流学派为儒、法、墨、道四家。而自董仲舒"推明孔氏,抑黜百家"之后,儒家之外的诸子逐渐沦为旁支,不再具有主导话语权的地位。当然这不代表儒家之外的诸子传统彻底消亡,它们有的以"民间"和"在野"的"体制外"形式继续存在(如汉初墨侠),有的走向士人内心深处成为修身养性的不二法门(如魏晋玄学);有的借壳上市炼成君王独门家法,所谓"儒表法里"、"霸王道杂之"。儒家自此确实成为了中国文化"大传统"的精神底色,其他诸子学派大部分汇入了中国文化的"小传统"当中,作为文化潜流,影响至今。道家之于道教修仙丹药养生服气的原型意义,阴阳家之于葬师风水堪舆五行数术的原始价值,墨家之于民间会社绿林帮派江湖豪侠的精神原动力等等,大抵皆属此类。如今人们对儒学成为"王官学"之后的中国历史都比较熟悉,却对"一教独尊"之后诸子百家的发展状况不甚了解。尤于在先秦与儒家并称显学、后"中绝千年"的墨家而言,更显面目模糊。

相比近年来不断新出土的儒家文献,相关墨家的出土文献少的可怜。甚至上博简战国楚竹书中的一篇《鬼神之明》的残文,就其学派划分问题,竟有三种截然不同的意见:有认为是《墨子》佚文的,有认为是墨家后学的,有认为是儒家"辟墨"的[1]。除了传世文献《墨子》一书以外,到目前为止,尚未见到任何特别有利于支撑新墨学研究的出土文献,而收录于《吕氏春秋》《汉书》《淮南子》等典外文献的只言片语,多属墨家通识性资料,价值有限。似乎真是蒙尘千年,一朝而斩,再无余续。

---

[1] 参见李锐:《论上博简〈鬼神之明〉篇的学派性质——兼说对文献学派属性判定的误区》,载《湖北大学学报(哲学社会科学版)》,2009年第1期。

然墨学果以成前世劫灰耶？诚如方授楚所言：墨学非真能亡也！一圣人死，其气化为数十贤，子墨子学说泽被儒法道兵农等诸子百家者，何可胜数！发而为行动者的，有许行及任侠一派；尚同、重功利，则见取于法家；节用平等，为道家所吸收；甚至儒家士君子念兹在兹的乌托邦——《礼运·大同》中所描绘的"大同盛世"，更是受墨家兼爱理想所启发而作。

今人从近代思想史的角度回看，会感到清末民初的墨学复兴浪潮对于墨家思想价值的真正重光，作用是有限的。1949年以后的墨学研究学者治墨的方法论很大程度上摆脱不了本质主义的窠臼，无法以人类文明史观来超拔阶级斗争史观，墨家与儒家的学术论战被描绘为底层向贵族的阶级斗争。几十年过去了，仍然停留在我称之为"小乘墨学"老路的训诂考据校勘、"十论"义理诠释外；在介入当下时代的社会议题，例如民族主义、宗教对话上也十分无力。未来的墨学复兴必须在身位上有"信心的一跃"，从未济迈向既济。当代墨学复兴应当发挥想象力，哪怕先作为"思想实验"，从旧思想中开掘新资源。

即便是在今天，相比从事儒学研究的学术群体而言，像方授楚这样对墨学进行专题性研究的学者，并不算多数。过往墨学研究在当今中国大陆，一般归为高等院校先秦文化或者诸子学研究的一部分，属中国哲学和逻辑学的二级学科。若是在逻辑学领域，则属于中国逻辑学史的三级学科，相比以儒学为主要教授科目的高等"国学院"（如武汉大学）和允许独立招生并颁发硕博学位的山东大学儒学研究院，墨学在当前大陆学术分科体制下的地位并不高。且其研究领域多局限在诂字考辨和《墨经》逻辑学，既乏有关墨家机械、力学、光学的专题论著，又乏从汉学角度切入"以经解经"的通识名著。墨学研究的状况,面临文章、考证、义理的全方位落后,也未能突破勘、注、译、述的传统汉学老路。

"道待人而后传"。距先秦千年有余的周敦颐,就曾以"心传"之方法,接续道统千载不传之秘。故蒙尘之绝学虽有如上之困境,也并不妨碍后人思接千载。1997年,时任湖北大学政治行政院教授的张斌峰和供职于山西省教育出版社的张晓芒发表了当代新墨家的宣言式文章《新墨学如何可能》①。这篇以康德式发问为起头的"宣言",阐述了新墨家须在"建本——文化的全观与深层透视"、"创新——对墨学的创造性诠释"上做两方面的工作。文中更提出对墨学做现代性诠释的三重方法,即"作者意""文字意""精神意"。七年之后,时任人民大学孔子研究院研究员的彭永捷又发表了《"现代新墨家"的文化解读》②。彭永捷在肯定张斌峰、张晓芒对墨学开拓之工的同时,也提出了一些批评。如究竟是"援西入墨"还是"援墨入西";"草创而未明"的新墨学如何与当代文化中的各家显学互动;新墨学是否可能沦为应付万事且应之无穷的"高大全""万金油"等。彭永捷的责问可谓切实中肯。新墨学的发明,除了"儒墨比较"中的常规议题,如"境界性内向反求"的"内圣"与"实践性工具理性"的"法仪","家族相似性"的泛爱和"视人之家若视其家"的兼爱的辨析之外,必须超越"墨学的现代价值""墨学的现代意义""墨学对构建和谐社会有什么作用""墨学如何与社会主义社会相适应"等之类的应用性的、即时性的肤浅层面。

墨家作为中国传统文化的"偏统"、支流,本身不具备和儒家一

---

① 张斌峰、张晓芒:《新墨学如何可能》,载《哲学动态》1997年第12期。
② 彭永捷:《"现代新墨家"的文化解读》,载《现代哲学》2004年第2期。

样的文化当量,历来不为人所重视。其实以一种"大国学"的视野观之,墨家作为儒家最早的"反对派",其站在"在野"立场的"他者"视角,非常有利于以文化"偏统"的地位来看文化"正统"的不足,好比以"个体言说"的"独一"来弥补"宏大叙事"的"同一"。毫无疑问,随着当下的国学热潮,墨学又一次面临复兴的机会。其重点也在于促进国学内部的一种反思和批判,给大家提供一种墨学之维。不应该让人们以为国学就是儒学,这是把国学狭隘化。国学不仅是中国之学,更应该是普世之学。墨家的兼爱非攻就是中国特色的普世价值,是最中国也是最普世的学说,放之四海而皆准、历万代而常新。墨家学说经过现代化的诠释,以及原典义理的重光,完全可以开出超越政治儒学的兼具中国特色和普世价值的政治哲学;而墨子精神力的千载相接,更是提振国人道德信仰、民族士气的应有之义。某种程度上,当代墨学复兴正是要继承方授楚、胡适、梁启超等前贤未竟的事业。

　　几十年前,当代大儒、港台新儒家代表人物唐君毅先生曾经慨叹"中国文化花果飘零",而今随着大陆国学回潮的境况,似已不必再如是悲观。中国文化是支撑中华民族绵延不绝生生不息的文化神髓和思想肌理,一种文化的传承,赖有前人播下种子,方有后人收获果实。方授楚有感时人于墨学有所蔽,发愤而作《墨学源流》,凡两卷十五章,显白墨家微言大义,接续墨学千年道统,足可资后代一窥民国墨研成就之格局,亦可资当下新国学、新墨学的创新发明。民国以降,近百年来,我国渐入全球化之新战国时代,将何恃以为国际竞争之才具,将何恃以为立身处世之资本,尤当审慎思之。方授楚已开出一条进路,即参考西方思想,酌采墨家学说,以墨子之道,来应付时代的变化。《墨子·大取》云:天下无人,子墨子之言犹在！诚哉斯言！诚哉斯言！方授楚的《墨学源流》就是这样一枚种子。只要种子不死，无虑花果飘零。

某为墨学后进，少时幸得闻《墨学源流》而记焉，曰：子墨子兼爱以行为本，忧患必与民同。使饥者得食，寒者得衣，劳者得息，贫富得均，贵贱得等，刑狱得公，暴政得诛，贤良得立，乃摩顶放踵所愿行，终身无已，著述讲习，教门斯立。方子深慕墨子芳踪，憾墨学阒蔽，乃发明科圣遗意，立《源流》宗旨以为群墨纲纪。《书》云："一人有庆，兆民赖之。"嗟乎，虎啸而谷风起，龙兴则景云现，昔子墨子金声振于外，灼然玉举，高标圣教。墨者星汉拱于北，响应风从，化若偃草。今大道重光，方涣涣兮，赖吾方子，浏其清矣。墨教汜兮，其可左右，万类同归，殷其盈矣。